历史就是这么离奇

中外宫廷奇案录

黄为/著

北方文艺出版社

图书在版编目（**CIP**）数据

历史就是这么离奇：中外宫廷奇案录 / 黄为编著 . -- 哈尔滨：北方文艺出版社，2013.10

（半壁历史丛书）

ISBN 978-7-5317-3142-9

Ⅰ . ①历… Ⅱ . ①王… Ⅲ . ①宫廷 – 史料 – 世界 – 通俗读物 Ⅳ . ① K109

中国版本图书馆 CIP 数据核字（2013）第 201414 号

历史就是这么离奇：中外宫廷奇案录

编著 / 黄　为

出品人 / 宋玉成

责任编辑 / 李玉鹏　张　喆

出版发行 / 北方文艺出版社　　地 址 / 哈尔滨市道里区经纬街 28 号　　网 址 / www.bfwy.com

邮 编 / 150010　　经 销 / 新华书店

印 刷 / 北京东君印刷有限公司

开 本 / 720 × 1020　1/16　　字 数 / 286 千　　印 张 / 20

版 次 / 2014 年 4 月第 1 版　　印 次 / 2014 年 4 月第 1 次印刷

书 号 / ISBN 978-7-5317-3142-9　　定 价 / 36.00 元

目录

【中国篇】

第二章　夺权之战　敢叫日月换新天

第三章　后宫往事　自古红颜多薄命

第四章　伴君伴虎　难得虎穴暂栖身

第五章　权臣奸相　弄权于股掌之中

【外 国 篇】

历史就是这么离奇

——中外宫廷奇案录

中·国·篇

ZHONGGUO·PIAN

第一章 帝王末路 金玉满堂莫能守

第一节 狠毒妻女痴情郎
——唐中宗糊涂喝下毒饼汤

景龙四年（710年）六月，韦皇后和安乐公主指使人将毒药放进中宗喜欢吃的馅饼里，中宗中毒而死。

唐中宗李显

人物小档案：

NO1. 李显（656—710年），又名李哲，唐高宗李治第七子，武则天第三子，前后两次当政（684年1月23日至684年2月27日、705年至710年），共在位五年半，庙号中宗。

NO2. 韦后（约666—710年），名号不详，唐中宗李显的第二任妻子。京兆万年（今陕西西安）人。父韦玄贞，是一名蜀地小吏，母崔氏。

NO3. 安乐公主（684—710 年），小名李裹儿，唐中宗的第七个女儿，母韦后。史称安乐公主光艳动天下，有“唐朝第一美人”之称。

唐中宗李显是武则天的第三个儿子，他生于公元 656 年，生他时，母亲武则天刚升任皇后。父亲高宗李治给他起名为“显”，后又赐名“哲”，对他的将来寄予了很大的希望。此时，这个皇子未来的人生似乎充满了光明，那么，他的命运究竟会如何呢？

武后是一个为了权力可以不顾一切的女人，她生有 4 个儿子：长子李弘、次子李贤、三子李显、四子李旦。高宗朝的第一个太子李忠因为不是武则天所生，很快就被废黜杀死。武则天的长子李弘被立为太子，但他在一些思想观念上冲撞了母亲，“暴薨”，死因不明。次子李贤是高宗朝的第三位太子，也因为不甘心做傀儡而被废，4 年后在放逐地巴州被逼自杀。就这样，三子李显在战战兢兢中被推上了太子的宝座。李显虽然名字体现了长辈的希望，但他的品行和能力却比不上他的哥哥李弘和李贤，庸柔无能，根本不是治国所需的干才。当然，武则天正是看出了他不是个能够成就大事的人，才放心地让他来当太子。

由于自己的身体状况每况愈下，681 年 7 月，高宗让宰相裴炎辅佐太子李显监国，也就是主持朝廷政务。作为第四个太子的李显有三个哥哥的“榜样”，自然知道轻重，熟知朝中大权一直掌握在母后武则天的手中。

683 年，高宗病逝，李显于同月甲子日继位。第二年改年号为“嗣圣”。即位后，李显尊武则天为皇太后。裴炎受遗诏辅政，政事皆取决于武则天。虽然李显性格柔弱，但 28 岁当皇帝的他还是不想以后的日子都当听令于母亲的傀儡。他开始试图组成自己的集团，重用韦皇后亲戚，把他的岳父韦玄贞从一名蜀地小吏一跃提升为豫州刺史，还想任命韦玄贞为侍中（即宰相），裴炎不同意。李显发怒道：“我以天下与韦玄贞，何不可！而惜侍中邪！”裴炎听后报告了武则天，武则天对李显的举动大为恼火。684 年 2 月，继位才两个月的李显被武则天废为庐陵王，贬出长安。韦玄贞被流放到钦州，后在那里去世。

此后的15年中，李显先后被软禁于均州（今湖北省均县）、房州（今湖北省房县），生活条件十分艰苦。他的身边只有韦氏陪伴，两人相依为命，尝尽了人世的艰难。

比起流放的艰辛，更可怕的是内心的煎熬。朝廷政局一有什么风吹草动，武则天就派遣使臣前去"探望"他们夫妇，他们似乎结局已定，那就是：等待赐死。

李显心中明白，自己不论是在囚禁地"暴薨"，还是被赐死，都不是意料之外的事情。因为武则天在天授元年又废掉唐睿宗李旦，自立为神圣皇帝，由后台走到前台。为了巩固自己的地位，消除异己，她大肆捕杀李姓皇室子孙和对李姓忠心耿耿的大臣。这时，偏偏外面有很多反对武则天的人打出了推翻武周、匡复中宗的旗号。这更加剧了李显内心的恐惧，他越来越担心暴戾强硬的母亲会将自己的存在看做是对她权力的威胁，如果是这样，她是不会因为母子之情而放过自己的。

其实人世上最可怕的并不是死亡，而是生活在死亡阴影的笼罩中，日日等死，死亡却不马上到来，但又随时可能到来，这种恐惧绝不是一般人所能想象出来的。李显在这种情况下，竟然苦熬了15年，这不能不归功于他的妻子韦氏。李显与韦氏是一对患难夫妻，早在"中宗为太子时，纳后为妃"，"嗣圣元年，立为皇后"。在流放生涯中，韦氏显示出女性面对逆境时超乎男性的承受力，成为李显的精神支柱。《资治通鉴》记载：李显在房陵与后同幽闭，备尝艰危，情爱甚笃。每当听说武则天派使臣前来，李显就吓得想自杀。韦氏总是安慰他说："人生祸福无常，最后免不了一死。我们是皇室贵胄，何苦这样呢？"韦氏的鼓励、帮助和劝慰，使李显在逆境中坚持着活了下来。因此，李显和韦氏作为患难夫妻，感情十分深厚。他曾对韦氏发誓说："有朝一日我能重登皇位，一定满足你的任何愿望。"正是这一句肺腑之言，埋下了日后韦氏淫乱涉政的伏笔。

李显生有8个女儿，第七女名李裹儿，是李显被废后，与韦氏赴房州时韦氏在途中分娩的。因当时情况窘迫，李显匆忙中解下衣服做襁褓，所以取名为裹儿，这就是日后的安乐公主。安乐公主自幼姿性聪慧，容貌美艳，给他们夫妇带来了无穷的快乐与希望。李显与韦氏对她十分宠爱，自幼听其所欲，无不允许，所以安乐公主从小就养成了骄横任性的脾气。

直到圣历元年（698 年），在宰相狄仁杰的极力劝说下，武则天才派人把李显和韦后从房州接回洛阳，复立李显为皇太子，这时李显已被流放达 15 年之久。李显被召回到东宫后，武则天看见李裹儿，也格外欣赏她的秀外慧中，遂封为安乐公主。

705 年，82 岁的武则天病重。正月丙午日，宰相张柬之、右羽林大将军李多祚等人突率羽林军 500 余人，冲入玄武门，杀张易之、张昌宗，迫使武则天将皇位传于李显，并改年号为“神龙”。2 月，复国号为唐。就这样，李显在失位 20 余年后，又被推上了皇帝宝座，韦后自然也恢复了皇后的身份。

李显素来性情懦弱，身为一国之君，竟总是在朝堂之上“和稀泥”。景龙三年二月的一天，上朝的时候，有一个御史弹劾宰相宗楚客，说他在跟吐蕃打交道的过程中收受贿赂，有卖国行为，直接导致了唐蕃关系再陷危局。宗楚客堂堂一个宰相，被人指斥为卖国，也顾不得什么朝仪了，马上跟御史吵起来：“我素来一心为国，你说我卖国，是想栽赃陷害！”指天誓日地替自己辩解。按说皇帝无论如何也得好好调查一下，得出一个是非曲直。但李显却让这两人结为兄弟，说既然都是一家人，就和睦相处，谁也别再为难谁了。这样的解决方案简直是莫名其妙，所以当时人都摇头叹气，管李显叫“和事天子”。

和李显恰恰相反，韦后是一个极有野心、权力欲极强的女人，在李显复位后，韦后就仿效武则天，开始干预朝政。“每临朝，皇后必施帷幔坐殿上，预闻政事”，李显又不顾大臣的劝阻，破格追封韦皇后的父亲为王。

不仅如此，韦氏还私通武则天侄子武三思，安乐公主更是嫁给了武三思之子武崇训，导致“武氏之势复振”，甚至比武周时期还有过之而无不及，尽管总有忠臣冒死上书谏言，但中宗一概不听。

手握大权的韦后还不知足，她想效仿武后，自立为女皇。安乐公主也野心勃勃，想要李显让她当皇太女。他们母女又拉拢上官婉儿和武三思，整个军国大权几乎全部落到了她们手中。

李显复位后，立儿子李重俊为太子。韦后因为重俊不是自己所生，对他很不满意；安乐公主也多次向李显请求废掉太子重俊，立自己为皇太女。母女俩平日里对太子重俊百般戏谑，唤其为奴。太子重俊不堪忍受韦后和安乐公主的排斥和打击，更不愿坐待废黜，便铤而走险，带领羽林军三百骑，把武三思杀死在家中，但却没有能够处决韦后和安乐公主，最终兵败被杀。

这以后，韦后变本加厉地揽权作乱，她肆无忌惮地大卖官爵，李显也不加制止，一切按她的意愿去办。韦后还淫荡成性，除了和武三思私通，还在宫中养着三个美男子：一个是杨均，原是一个厨子，特别擅长烹调，韦后见他少年英俊，便把他调入宫中，侍候自己；另一个是马秦客，是御医，一次偶然进宫替韦后治疗感冒，只因他眉目长得清秀，从此以后，韦后有病没病常把他传进宫来伺侍；再一个是叶静，原是马贩子出身，善玩马技，一年元宵节他在灯会上表演马技，被韦后看中。这三个人都做了韦后的幕宾，追随着韦后，不离左右，忠心耿耿。事情传遍宫中，李显只是装作不知道。

对夫人如此，对女儿安乐公主，李显就更娇纵了。

安乐公主娇艳动人，伶牙俐齿，生性风流。武三思的儿子武崇训年纪比安乐公主大一岁，常在宫中出入，偷香窃玉，做下许多风流事情，以致外面沸沸扬扬谣传武崇训上烝祖姑母，传到武则天耳中，觉得太不堪了，便把安乐公主指配与武崇训，以平息浮言。临嫁时贵戚显宦无不往贺，宰相李峤、苏味道，及郎官沈佺期、宋之问等都献入诗文称颂。其实安乐公主与武崇训早已在暗中勾搭上了。下嫁以后不出6个月，安乐公主便产下一男婴。

安乐公主

武崇训的同族兄弟武延秀姿度闲冶，且在突厥数年，通晓番语胡舞，比武崇训年轻英俊，常进驸马府闲谈。安乐公主和武延秀也不避忌，常常在一块儿说笑。武延秀见安乐公主长得天姿国色，便一心一意地在她身上用功夫。安乐公主看武延秀既威武又英俊，还会寻欢献媚，便也把持不住，二人在背地里结下风流私情，终日在府中打情骂俏，合府上下只有武崇训不知情。

后来，武崇训死于太子李重俊发动的政变，安乐公主便乐得与武延秀共叙幽欢，渐渐的二人明目张胆起来，公然与夫妇一般同起同卧。李显闻知，索性将安乐公主许配武延秀。

私生活如此糜烂，安乐公主还要"恃宠骄恣，卖官鬻爵，势倾朝廷"，她想要办什么事，都是自己直接拟好了诏书，让李显签字，李显竟连看也不看就签字应允。

安乐公主还奢侈无度。本来，安乐公主生于忧患之时，长于贫难之中，自当生活俭朴，但她竟和长乐公主比富，"与长乐公主竞起第舍，以侈丽相高，拟于宫掖，而精巧过之"。她们竞相大兴土木，广建宅第，所建宅第不仅在建筑规模上完全模仿皇宫，甚至在精巧程度上还超过了皇宫。长安有一个昆明池，是西汉武帝时开凿的，安乐公主嫁出宫去，心中常记念昆明池畔的风景，便仗着李显宠爱，请求把昆明池赏给她，划到驸马府园地中去。因昆明池地位重要，李显没有答应她。她便自行强夺民田，开凿了一个大池，取名为定昆池，隐隐有超过昆明池，和父亲赌气的意思。

不仅如此，安乐公主日常生活的奢侈也超出了人们的想象。仅看她的一件裙子，就可略知一斑："安乐有织成裙，值钱一亿，花卉鸟兽，皆如粟粒，正视旁视，日中影中，各为一色。"后来，官宦人家和普通百姓都争相效仿。他们搜寻山林，扫荡山谷，张布罗网，见到奇禽异兽就捕获。直到唐玄宗开元年间，皇上在大殿前将这些百鸟毛裙被尽数焚毁掉，禁止有人再穿金、银、罗绮之类的衣服，这才制止住了滥猎奇禽异兽的风气。

骄纵如此，安乐公主仍不满足。"安乐公主欲韦后临朝，自为皇太女"，对女儿有求必应的李显这次没有答应。野心一时不能得逞的安乐公主，竟对百般娇惯她的父亲怀恨在心。

景龙四年（710年）五月，许州司马参军燕钦融冒着杀头的危险，上疏李显："皇后淫乱，干预国政，宗族强盛；安乐公主、武延秀、宗楚客图谋作乱，意在篡权。"李显把告状人燕钦融找来当面盘问，燕钦融慷慨陈词，大义凛然。李显见状，不便表态，只得沉默。其实，李显对妻子和女儿也不是完全没有意见，现在这些丑事连地方小官都知道了，李显觉得很没面子，默默地让燕钦融退下了。没想到燕钦融才出大殿，就被韦皇后的死党——宰相宗楚客派人杀死在殿前。李显虽然没有追究，但却头一次表现出了超乎寻常的愤怒。韦后和安乐公主开始担心起来，于是，她们加快了图谋临朝称制的步伐。

韦后想如武则天那样临朝称制，李显肯定是个障碍；安乐公主屡次求为皇太女不得，也痛恨父亲；而马秦客、杨均担心丑事暴露会被杀头。于是，几人便在一起合谋，于景龙四年六月二日（710年7月3日），杨均做饼，马秦客在饼中下毒，懦弱的糊涂天子李显吃下毒饼，毒发身亡，享年55岁。

随后，安乐公主与上官婉儿伪造起草了中宗遗诏：立温王李重茂为皇太子，皇后知政事。就这样，韦后临朝摄知国政，并改元唐隆，大赦天下。16岁的李重茂即位，是为殇帝，尊韦后为皇太后。韦后想着从此可以像从前的武则天一样，逐渐向女皇过渡。

但是，还没等她们的女皇计划实施，十几天后，安国相王李旦的儿子李隆基和太平公主就抢先发动了兵变，在一个深夜突袭皇宫，将韦后一刀两段。黎明时分，军队冲进了安乐公主府，将正准备梳妆打扮的安乐公主也杀死在了乱刀之下。接着，李隆基和太平公主拥戴李旦做了皇帝。同年七月，新帝睿宗李旦贬韦皇后为庶民，安乐公主为悖逆庶人。韦后和安乐公主贪婪残忍的人生至此算是真正画上了一个句号。

《旧唐书》对李显的评价是："廉士可以律贪夫，贤臣不能辅孱主。诚以志昏近习，心无远图，不知创业之难，唯取当年之乐……不能罪己以谢万方，而更漫游以隳八政。纵艳妻之煽党，则聚楀争衡；信妖女以挠权，则彝伦失序。桓、敬由之覆族，节愍所以兴戈，竟以元首之尊，不免齐眉之祸。"大致意思是说，唐中宗执政期间，不知祖宗创业艰难，心无远图，只追求眼前的享乐，更不能任贤使能，且放纵妻子和女儿结党乱政，最后竟落得身为九五之尊却被妻女杀害的下场，实为软弱无能。

李显其实是一个很好的丈夫和父亲，想当年生活艰苦，是韦氏跟着他一起度过的，他怀有感恩之心；对妻女因受自己的牵连而遭受的种种不幸，他怀有悔疚之意。因此，当上皇帝后，他便实践了当初“异时幸复见天日，当惟卿所欲，不相禁御”的承诺。但他将家事与国事混在一起，不加区分，对妻女放纵，给国家朝廷带来了灾祸，也酿成了自己被“毒鸩”的悲剧。如果李显是个太平王爷，把心思全放在妻子儿女身上，倒也会逍遥一生，可惜他软弱可欺的性格和炙手可热的皇位相矛盾，在宁愿当傀儡皇帝的情况下，却被最信任的亲人毒死，可谓是史上最悲惨的皇帝。

再说说韦皇后。唐代从高宗李治之后，就是阴盛阳衰的局面，唐中宗李显也是如此。韦皇后一心想学婆婆武则天，做个君临天下的女皇帝，但是，她最终却以失败告终。那么，韦皇后为什么没有成为第二个武则天呢?

其实，韦皇后远远没有武则天当年那么大的政治影响力。武则天在当皇太后之前已经当了28年的皇后，临朝参政也已经有23年的历史了。在这23年之中，她有长远的政治纲领，有具体的政治行为，在广大官民之中建立了崇高的威望，朝中大臣多是被她提携的，老百姓也已经习惯武则天的领导了，这时候唐高宗再在遗诏中写上一笔“军国大事有不决者，兼取天后进止”，并不让人觉得触目惊心。后来武则天成为中国历史上第一个女皇帝，虽然也多有坎坷，但还是成功了。

可是韦皇后就不同了。事实上，她才当了5年的皇后，这5年还磕磕绊绊，并没有多大的政治建树，除了淫乱后宫之事以外，人们对她并不熟悉，也不大认可。而且，李唐皇族的力量强大，不容许韦皇后翻天。从武则天称帝以后，李唐宗室对外戚就很警惕了。有武则天的教训在先，所有人都明白，这个时候如果先立一个16岁的小皇帝，再让韦皇后临朝摄政，那就等于默认让韦皇后走武则天的老路了。过不了几年，韦皇后就会把皇帝废掉，自己称帝。到那时，李唐皇族可就又要倒霉了。要知道，武则天称帝后，把李唐皇族贬的贬，杀的杀，因此到中宗朝仍能幸存下来的李唐皇族，都是九死一生。他们对武则天时的那段悲惨历史记忆犹新。这时候再出现一个武则天第二，他们不仅在心理上很难接受，在行动上也很难乖乖就范。

何况在李唐皇族之中，还有两个政治强人，一个是安国相王李旦的儿子李隆基，另外一个就是镇国太平公主。这两个人虽然平常不声不响，但实际上是在韬光养晦，都有很大的隐性实力，力量不可小视。

虽然韦后野心不小，能力和武后却是不可同日而语的。而且她没有政治远见，不够老练，在根基不够稳固，谋划不够周全的情况下，竟然毒死了自己的保护伞中宗李显。毒死了中宗，下一步怎么办呢，韦后心里并没有过细的筹划。所以，最后她不但没有实现君临天下的美梦，反而死于乱刀之下。

韦后和安乐公主本应知艰危之苦、之险，理当自俭、自敬。内助中宗李显，清明政治，安抚百姓，重振李唐王朝。但她们却利欲熏心，贪得无厌，最终竟干出了丧尽天良的悖逆之事。她们一心想效仿武则天，却远没有武氏的才能和决断。机关算尽太聪明，反误了卿卿性命。她们自身最终也成了宫廷斗争的牺牲品。

相关链接：

一辈子处于女人之下的皇帝

唐中宗李显的身世、经历之奇特，在唐朝诸帝中无出其右，在中华所有封建帝王中也属罕见。李显一生两次被立为储君，两次被废又两次登基，为君之路波折起伏，李显的亲人几乎都是皇帝或者渴望成为皇帝的人。他父亲是皇帝，母亲是皇帝，弟弟是皇帝，侄子也是皇帝。最要命的是，李显的妻子和女儿也想当皇帝，并最终为此要了他的命！

男人一生中最重要的三个女人是母亲、妻子和女儿，但李显一生中的这三个重要的女人却把他害惨了，都视其如玩物，都曾起了干掉他的心思，李显一辈子都身处三个女人的淫威之下，受尽迫害。这三个女人“成就”了李显的悲惨一生。

李显怕老婆，在当时就是人尽皆知的事。有一天，李显在宫里举行宴会，叫了好多艺人来助兴。有个艺人自告奋勇上来说，我想唱个曲子，曲名叫《回波辞》，词是新编的，有点得罪皇帝，不知道皇上听了会不会不高兴。李显鼓励他唱。这个艺人唱道：“回波尔时栲栳，怕妇也是大好。外边只有裴谈，内里无过李老。”这是什么意思呢？第一句中的“回波尔时”是开头固定的一句套话，“栲栳”是一种竹筐，在这里没有意义，就是确定一个韵脚。第二句说怕老婆也是件大好事。接着第三句就说宫外怕老婆最有名的人是裴谈。第四句说宫里也有一个典型，那就是李老——唐中宗李显。

艺人唱完这首曲子，惹得大家哈哈大笑。那艺人便笑嘻嘻地看着唐中宗夫妇。李显在一旁也只能尴尬地嘿嘿干笑。这时韦皇后发话了，说：“唱得有趣，赏！”马上赏给艺人好多丝绸。这样看来，把李显和裴谈相提并论，真是一点儿都没冤枉他。

窝囊天子也爱玩

李显早些年颠沛流离，吃了很多苦，所以当了皇帝后，想着一定要善待自己。他特别爱玩儿，最热衷打马球。这项运动在唐朝叫做“蹴鞠”，有点儿像现代的足球，但是既可以打，又可以踢，还可以骑在马上拿球杆打。

> 蹴鞠：起源于春秋战国时期的齐国故都临淄，距今2300多年，是现代足球的雏形。它在唐代最为繁荣，经常出现“球终日不坠”，“球不离足，足不离球，华庭观赏，万人瞻仰”的景象。

俗话说上行下效，当时整个上流社会都以打马球为最时尚的运动。唐中宗李显的两个女婿，也就是长宁公主的夫婿杨慎交和安乐公主的丈夫武延秀，为了讨好老丈人，都拼命地刻苦练艺，就跟《水浒传》里的高俅一样，一门心思地锻炼球技。就这样，马球在当时成为一项风靡一时的娱乐活动。不仅大唐的贵族打，连边塞的吐蕃人也打，而且水平相当不错。

景龙三年，唐朝和吐蕃结束了长期的军事摩擦后，再次建立起友好联系。李显派养女金城公主和亲。吐蕃使者到长安来迎亲，提出打一场友谊赛。按照规则，每队派出十个运动员参赛。吐蕃使者和李显都坐在看台上观看。本来唐朝主场作战，应该稳操胜券，可是唐朝一方却连输了好几局。这下李显可太没面子了。怎么办呢？他使出杀手锏来了，说我们换人，只出四个运动员和你们打。

吐蕃球队一听，刚才十个都打不过，现在四个就想跟我们较量，真是痴人说梦！没问题，打！过了一会儿，四个运动员神采奕奕地闪亮出场了，打得吐蕃运动员无还手之力，最后唐朝大获全胜。这四个王牌运动员中的两个是李显的女婿，还有一个就是大名鼎鼎的李隆基，即后来的唐玄宗。

有一年的元宵节，李显在韦皇后的怂恿下，带着公主和宫女数千人，全都换上平民的服装出宫逛灯市，赶热闹。到夜深回宫，一查点，数千宫女逃走了十之五六。怕声张出去有损体面，李显也只得不了了之。

又有一次，李显在皇宫内召见百官，命令三品以上的官员抛球和拔河，供他和韦后欣赏。朝臣多数是文官，不好嬉戏，直弄得他们个个丑态百出，尤其是那几个上了年纪的大臣，体力不支，拔河时随着长绳扑倒在地，一时站不起来，手脚乱爬。李显和韦后见了，还都开怀大笑。

此外，李显可能是由于长期被关押，冷清的时间太长的缘故，回到长安这样繁华的大都市后，就特别喜欢凑热闹。长安城最热闹的地方要数市场了，李显就喜欢到市场看人家做生意。可是身为皇帝不方便去市场，他就在宫里搞模拟市场。让宫女扮成摆摊卖货的，公卿扮成搞批发的小商贩，到宫女这边来买东西，双方讨价还价，争吵逗趣。还有假扮小偷混于其中的。李显和韦皇后看得不亦乐乎。

唐中宗的定陵

景云元年（710年）十一月己酉，唐中宗李显安葬于定陵。定陵位于今陕西富平县城北20里的凤凰山上。此山是由三个墨青石岩山峰连接而成，好像一只飞翔的凤凰，以此而得名“凤凰山”。陵园为长方形，坐北朝南，地形北高南低，由

唐中宗定陵朱雀门石狮

南面向北分为多层台地，而以陵墓为最高点。周围约十公里，有朱雀、玄武、青龙、白虎四门。在正中山梁凿石穴为墓，并按乾陵的制度，凿石雕各种石像。原有石刻50多件，由于战乱及附近居民盗凿，陵园及四门石刻几乎被洗劫一空。现仅有南面一个石狮、一对石人比较完好，东门及北门虽然有石狮、石马，但都残破不堪。

定陵也有一通无字碑，其高大不亚于乾陵，但遭到了破坏，被镌作72个碾地磙子，虽然没有留下尺寸记录，但从改镌的这个数字足以说明它高大的程度。它与当时的政治没有什么联系，只能看做是旌饰陵墓之物，而后代帝陵又没有沿用，就只能看做是陵制中的一点差异而已。

第二节 一月皇帝命归西

——明光宗命丧“红丸案”

明光宗朱常洛

泰昌元年（1620年）九月，仅登基一个月的明光宗在服食了两颗“仙丹”后，一命归西。

人物小档案：

NO1. 朱常洛（1582—1620年），明神宗朱翊钧长子，明代第十四位皇帝，庙号光宗。

NO2. 方从哲（？—1628年），字中涵。在万历末期曾独相七年，任首辅大臣。对当时的政局有过重大影响，是明末历史上一个重要人物。

NO3. 崔文升，生卒年不详，原为明朝万历皇帝郑贵妃的内侍，光宗朱常洛即位后，升司礼监秉笔，掌御药房。

NO4. 李可灼，生卒年不详，明朝万历时期人物，任鸿胪寺丞。

明光宗朱常洛的一生都是坎坷的，他是怎样艰难地登上皇帝宝座的，为什么继位仅仅四天就忽然病倒，红丸又是什么样的药呢？“明末三大案”之一的“红丸案”背后，又有什么不可告人的内幕呢？

明神宗长子朱常洛的生母王氏，原是明神宗生母慈圣太后宫中的一名宫女，偶尔被神宗皇帝临幸，就生下明神宗的第一个儿子——朱常洛。但是明神宗对王氏没有感情，而且嫌她身份微贱，又是太后宫中之人，以此事为耻，对长子朱常洛也非常不喜欢，迟迟不提把他册封为太子之事。朝廷大臣按照明朝册立长子为太子的原则，向明神宗建议立长子为太子，然而明神宗不喜欢宫女所生的朱常洛，却有意立宠妃郑贵妃的儿子朱常洵为太子，遭到了大臣与慈圣皇太后的极力反对。明神宗与群臣争论达 15 年之久，直到 1601 年，神宗迫于压力，才封朱常洛为太子，而朱常洵被封为福王。

尽管如此，朱常洛的太子生涯始终充满了危险，郑贵妃虎视眈眈，多次想加害于他。朱常洛多年来战战兢兢、如履薄冰，各方面表现中规中矩，让万历皇帝始终无话可说。

泰昌元年（1620 年）八月，当了 48 年皇帝的明神宗朱翊钧死去，朱常洛历尽艰辛总算登上了皇位，成了君临天下的帝王，史称明光宗。

朱常洛想做一个有为之君。他在即位后的前十几天，进行了一系列革除弊政的改革。他发内帑犒劳边关将士，虽是杯水车薪，也是万历朝很难见到的。他罢了万历朝的矿税，因为这种税收曾一度使民不聊生，叛乱叠起。他拨乱反正，将由于进谏而得罪皇帝的言官都放了出来，恢复了官职。面对万历中后期官员严重不足的情况，他重振纲纪，提拔了一批新的官吏，补足了缺额，使国家机器能够正常运转。这一切，都预示着新的政治面貌即将出现。然而，就在这个新皇帝雄心勃勃地要大展宏图之际，他却蹊跷地病倒了。

皇帝正值壮年，为什么就突然病倒了呢？原来，在“太子大战”中失败的郑贵妃此时并不安静，她向朱常洛进献了 8 个美女，以取悦朱常洛。光宗似乎没有一点儿警惕，反而高兴地笑纳了。在当太子之时，光宗的日子过得谨小慎微，在摆脱威胁之后，他开始放纵自己的欲望，如今一下得到这么多美女，自然是夜夜纵乐。

光宗早年精神长期受压抑，身体本就有些衰弱，初登大位，朝政繁忙，自然有些劳累，又贪恋美色，由是不多日就累垮了。到八月初十，身体就不行了，召太医诊视。八月十二日，一心想做一个好皇帝的朱常洛拖着病体接见大臣，大臣们见到皇帝形容憔悴。李逊之《泰昌朝记事》说："上体素弱，虽正位东宫，供奉淡薄。登极后，日亲万机，精神劳瘁。郑贵妃复饰美女以进。一日退朝，升座内宴，以女乐承应。是夜，连幸数人，圣容顿减。"说的就是这个意思。

光宗的病本是纵欲伤身，身体虚弱所致，本来不是什么大病，吃几副补药，静心调养一段时间应该可以复原。但是，掌管御药房的太监崔文升负责为皇帝开方抓药，不知何故，他开的是一剂"通利药"，即大黄。大黄的药性是攻积导滞，泻火解毒，相当于泻药。服药的当天晚上，光宗便腹泻三四十次，身体极度虚弱，处于衰竭状态，病情恶化。

由于崔文升原是郑贵妃的亲信内侍，此事传出之后，朝堂间议论纷纷，都指责其所开药物与医理不符，怀疑是受到郑贵妃的指使，故意用泻药来谋害光宗。有大臣上书指出：医生本来应该"有余者泻，不足者补"，光宗的症状显然是体虚，应以滋补为主，却反而用"相伐之剂"，显然是另有隐情。

虽然光宗就此停药不服，但身体显然已经垮了下来。八月二十九日，他在病榻前召见大臣时，已经拉着皇太子的手有托孤之意，并叮嘱大臣们要抓紧为自己筹备寿宫事宜，显然他自己已经感觉不对，要开始预备后事了。

也就是在这一天，鸿胪寺官员李可灼请求向皇帝进奉能治百病的"仙丹"。据李可灼的说法，"仙丹"是得到道士传授的"仙方"炼制而成的，吃下去就可以治愈皇帝的病。太监们不敢做主，将事情禀告内阁首辅方从哲。方从哲说："彼称仙丹，便不敢信。"在场的大臣们也心存疑问，但是光宗此时已经是到了垂死的地步，对仙丹抱了最后一线希望，他让李可灼速速进药，并把此药称为"红丸"。

> 红丸：又称红铅丸，是一种壮阳药。制法很特别：取童女首次月经盛在金或银的器皿内，再加上夜半的第一滴露水及乌梅等药物，连煮七次，浓缩为浆。再加上乳香、没药、辰砂、松脂、尿粉等拌匀，以火提炼，最后炼蜜为丸。

光宗服用"红丸"之后，感觉还不错，"暖

润舒畅，思进饮膳”，乐意吃东西了，这自然是好事，大臣们都庆幸不已。

但当天下午，光宗怕药力不够，又催促再进一丸药。此时，御医们都认为不合适，但是皇帝频繁催促，无奈之下，李可灼只好又再进一枚红丸。谁也没有料到，次日五更，光宗却突然驾崩，连遗言也未曾留下，一时间，宫廷内外掀起了轩然大波。

首先受到怀疑的就是崔文升和进红丸的李可灼。大臣杨涟认为，在此之前宫廷内外传言说皇帝纵欲，实际上是崔文升用来掩盖他用药害死光宗的借口，皇帝就是被崔文升下药毒死的。杨涟的说法得到了当时的御史左光斗等人的支持。这些正直的大臣认为崔文升的罪比李可灼还要大，因为他懂得医药，是有意用药加害光宗，进而又指出幕后主使人是郑贵妃，要求严惩崔文升等人。

但是，对崔文升的指控很不顺利，一直到明熹宗天启二年，中间几经反复。原因是，除了杨涟、左光斗等人外，朝中大臣大多从一开始就把矛头指向了当时担任内阁首辅的大学士方从哲，认为是他同意李可灼给皇帝用药的，因此最有罪的应该是方从哲。这实际上掺杂了很浓重的权力倾轧因素。

事情之所以会这样，和方从哲本人的处置不当也有关。最初，对李可灼进红丸导致皇帝死亡应该被治死罪，大多数大臣都同意，但是方从哲却不同意，反而下令让李可灼以疾病引退，并送给他很多钱财。这样，其他敌对的官员就抓住了把柄，纷纷引经据典，认为方从哲同意李可灼进药，虽无害君之心，却有狱君之实，要求首先处置方从哲，以泄神人之愤。

一开始，新帝熹宗还为方从哲开脱，但是，在晚明时期，朝廷之中朋党互相倾轧非常厉害。既然有这样一个很好的攻击机会，方从哲的政敌自然不会放过，于是形成了一个攻击方从哲的群体。明末著名的东林党人也支持处置方从哲，名士高攀龙就力主惩罚方从哲，并称其为“贼臣”。结果，方从哲想逃脱罪责，慌忙上书请求退休。即便这样，声讨他、要求严办他的书文仍然很多，方从哲只好一面竭力为自己辩护，一面自请削职为民，远离中原。

直到后来，内阁大学士韩扩将进药的前后始末详细地写在给熹宗的奏疏中，指出服不服红丸，都是光宗一人决定的，确实与方从哲无关，才使方从哲摆脱了困境。他的奏折报上后，这场风波很快就平息了下来。不久熹宗颁下圣旨，“将李可灼削官流戍边疆，崔文升逐出北京，发往南京安置”。其实这都是很轻的处罚。特别是崔文升，至魏忠贤掌权后，因为受其赏识，又被重用提拔为总督兼管河道。只是在大臣们的连连上折抨击下，熹宗才最终判决崔文升被杖一百，然后发往明孝陵作杂役守卫。虽然舆论多指光宗遭受郑贵妃等人的暗算，但毕竟只是猜疑而已，谁也没有确切的证据。

纵观光宗自登基后这一个月的身体情况，真可谓“内忧外患”。既要为朝政烦心，又要为郑贵妃进献的美女劳体，身体已虚弱不堪，却又接连服食大黄与红丸，大黄为寒凉之物，“红丸”为大热之物，二者同时用于光宗纵欲过度的身体，后果可想而知。

光宗就这样不明不白地走了。没当皇帝之时他处处小心，当了皇帝没几天又抱憾而终；生前他命运坎坷，死后陵寝也是采用当年景泰帝的废陵，命运对帝王竟也如此捉弄。

相关链接：

梃击案

万历四十三年（1615 年）五月初四，发生了梃击东宫太子朱常洛事件，这就是“明末三大案”之一——“梃击案”。这一年，太子朱常洛 33 岁。

这天傍晚，蓟州男子张差手持枣木棍，从东华门直奔内廷，打伤守门太监，闯进太子朱常洛居住的慈庆宫，直到前殿屋檐下才被捉拿。当时，慈庆宫第一道门只有两名太监守门，第二道门无人看守。事发后朱常洛惊恐万状，此事一出，举朝惊骇。

万历帝下令审讯，负责审问的官吏说张差是个疯癫病人，企图糊涂结案。东林党人、刑部提牢主事王之寀，通过单独提审和与刑部官员共审，使张差供出：是郑贵妃手下太监庞保、刘成“令我打上宫门，打得小爷（指太子），有吃有穿”。朝中东林党人怀疑是郑贵妃欲谋害太子，坚决要求彻底追究。事情牵连郑贵妃，朝议汹汹。

《明史·郑贵妃传》记载：郑贵妃闻知后，对万历帝哭泣。万历帝说："外廷语不易解，若须自求太子。"于是，郑贵妃找到皇太子朱常洛。史书记载，郑贵妃号啕大哭，诉说事情的原委，请求太子宽恕。

神宗朱翊钧已经25年不见群臣了，事情到了这个地步，他不出面就无法收拾。他决定亲自来处理这个事。万历皇帝在慈宁宫皇太后灵位几案前召见太子和百官，令太子降谕处理此案，因为都是他们家里头的事情，而且牵扯到郑贵妃，万历皇帝也不想深究此事，禁止株连，就是不要牵扯太多人。皇太子朱常洛既不愿意得罪他父皇，也不愿意得罪郑贵妃，不敢深究此事，也想大事化小，小事化了，息事宁人。最后决定把张差处死，两个太监庞保和刘成在内廷秘密打死，草草了结这桩大案。负责此案审理的王之寀遭到反东林党一派官吏的攻击，万历皇帝将他削职为民。"梃击"一案也就不了了之了。

移宫案

泰昌元年（1620年）八月，朱常洛即位，郑贵妃怕朱常洛对她报复，连忙想法讨好朱常洛。朱常洛当太子时，身边有两个姓李的选侍，号称东李西李。朱常洛特别宠爱西李，郑贵妃就首先拉拢西李，出面提议立西李为皇后，西李则提议封她为皇太后以作为报答。

乾清宫是内廷的正宫，只有皇帝皇后能够居住。光宗朱常洛病危时，住在乾清宫，西李随住。朱常洛临终前，召大臣入宫，西李见大臣们来了，带着朱常洛的长子朱由校避进内房。朱常洛吩咐群臣，封李选侍为贵妃，西李在里面听见了，唆使朱由校出来向父亲请求封自己为皇后。朱常洛当时没有答应，在场的臣子们对西李的做法十分不满。

光宗朱常洛死后，西李仍住在乾清宫不走。她把朱由校带在身边，企图挟皇太子以自重。

朱由校由于其父泰昌帝朱常洛不得万历皇帝的宠爱，他自幼也备受冷落，直到万历皇帝临死前才留下遗嘱，册立其为皇太孙。朱由校的生母王才人虽位尊于李选侍之上，但因李选侍受宠，她备受李选侍凌辱而死，而朱由校从小亦受李选侍的"侮慢凌虐"，终日涕泣，形成了惧怕李选侍的软弱性格。

泰昌帝驾崩当日，杨涟、刘一燝等朝臣即直奔乾清宫，要求哭临泰昌帝，请见皇长子朱由校，商谈即位之事，群臣求见皇太子，西李的亲信太监们竟挡在门前，不让他们进宫。兵部右给事中杨涟挺身而出，厉声斥责，太监们这才让开。西李把朱由校藏在自己房里，不让出来。大学士刘一燝问太子何在，太监们都不答话。东宫伴读王安走进房内，哄西李太子出去一下就回来，李选侍答应了。可王安刚把朱由校带到宫门口，西李又反悔了，叫太监把朱由校带回来。太监们上前拉住朱由校的衣服，朱由校一时也没有了主意。杨涟、刘一燝等见到朱由校即叩首山呼万岁，并上前将太监斥退，保护朱由校离开乾清宫，来到文华殿，接受群臣的礼拜，随后又回到慈庆宫住下，决定在本月六日举行登基大典。

李选侍挟持朱由校的目的落空，又提出凡大臣章奏，先交由她过目，然后再交朱由校，朝臣们强烈反对。经过这一番短兵相接的争斗，群臣对西李更加愤慨，纷纷上书，要求西李搬出乾清宫，迁居仁寿宫内的哕鸾宫，遭李选侍拒绝。西李仗着自己把朱由校从小带大，派太监去叫朱由校，企图通过他来压制群臣。西李派出的太监被杨涟挡在麟趾门前，只得离开。李选侍又要求先封自己为皇太后，然后再令朱由校即位，亦遭大臣们的拒绝，矛盾日渐激化。

至九月初五日，眼看朱由校御乾清宫登基大典日期迫近，李选侍尚未有移宫之意。内阁诸大臣站在乾清宫门外，迫促李选侍移出。朱由校的东宫伴读太监王安在乾清宫内力驱，李选侍万般无奈，怀抱所生八公主，仓促离开乾清宫，移居哕鸾宫。九月六日，朱由校御奉天门，即皇帝位，改明年为天启元年。至此，李选侍争当皇太后、把持朝政的企图终于落空。

李选侍虽已“移宫”，但斗争并未结束。“移宫”数日，哕鸾宫失火，经奋力抢救，才将李选侍母女救出。反对移宫的官员散发谣言：选侍投缳，其女投井，并说“皇八妹入井谁怜，未亡人雉经莫诉”，指责朱由校违背孝悌之道。朱由校在杨涟等人的支持下批驳了这些谣传，指出“厚养选侍及皇八妹，以遵皇考之意。尔诸臣可以仰体朕心矣”。至此，“移宫”风波才算结束。

明光宗的庆陵

庆陵

庆陵，位于明十三陵中的长陵西北1.5公里，献陵西北约0.5公里，北京昌平天寿山陵内黄山寺二岭南麓，是明朝第十四位皇帝——明光宗朱常洛和皇后郭氏、王氏、刘氏的合葬陵寝。

庆陵原是明代宗景泰帝朱祁钰为自己修建的陵墓，朱祁钰是明宣宗的儿子、明英宗的弟弟。土木之变后，明英宗被俘，由朱祁钰监国，后被立为皇帝，年号景泰。尊英宗为太上皇，一年之后，英宗被放回，闲居南宫。

景泰八年，朱祁钰得了一场大病。武清侯石亨等人趁机发动夺门之变，将景泰帝软禁在西内，重新立英宗为帝。不久，景泰帝忧愤而死。英宗废朱祁钰为王，同时将景泰帝在天寿山已经开始施工的陵寝废弃，把景泰帝按亲王的规格葬在了北京西山，未入十三陵。

谁知一百多年过去了，在这块陵寝的遗址上，又建立起了明光宗朱常洛的庆陵。当时由于光宗死得突然，加之国力空虚，光宗的父亲明神宗尚未下葬，更无暇为光宗建陵。于是，建陵的时候也来不及选吉壤、卜寿陵，只得采用了景泰帝的寿陵陵址。《明史·熹宗本纪》载："九月壬寅，葬贞皇帝于庆陵。"

第三节　七窍流血为哪般

——雍正皇帝暴卒案

清世宗爱新觉罗·胤禛

雍正十三年（1735年）八月二十三日，雍正皇帝在圆明园七窍流血，猝然而亡。

人物小档案：

爱新觉罗·胤禛（1678—1735年），清圣祖康熙帝第四子，母为康熙孝恭仁皇后乌雅氏，是清朝入关后第三位皇帝，1722至1735年在位，年号雍正，庙号世宗。

胤禛是康熙帝的第四子，《清史稿·世宗本纪》说他“有异征，天表魁伟，举止端凝”，即外表魁梧，举止稳重。他于康熙三十七年（1698年）被封为贝勒，四十八年（1709年）晋封雍亲王。此间诸皇子为谋求储位，各结私党，钩心斗角极为激烈。当时的太子胤礽两立两废，争夺储位斗争虽转入暗处但更加激烈。皇八子胤禩因争夺意图过于明显而被康熙斥责疏远。胤禛表面不问时事，沉迷释教道教，自称“天下第一闲人”，与诸兄弟维持和气，暗中却与年羹尧、隆科多交往，加强自己的势力集团，同时向父亲表现孝顺，且在治理黄河水患上取得自明初至清初最杰出的政绩成就，赢得了康熙帝的信任。康熙六十一年十一月十三日（1722年12月20日），康熙帝在北郊畅春园病死，胤禛继承了皇位，次年改年号雍正。“雍”即指雍亲王（其即位前的封号），“正”即正统、名正，表示其正当即位。

与他的父皇康熙帝一样，雍正帝勤于政事。他宵衣旰食，夙夜忧勤，一天中大部分时间都在批阅奏折，按照今日事今日毕的原则办事。后人收集他13年中朱批过的折子就有360卷。他整顿吏治、发展农业，经过13年的励精图治，使清朝各方面在康熙时期的基础上更上一层楼。康熙末年，国库亏空严重，只有800万两左右；而雍正末年，国库银两就增至6000余万两，上升了近十倍，为“康乾盛世”的创建作出了巨大贡献。

然而，雍正十三年（1735年）八月二十三日，雍正帝在圆明园猝然去世。雍正帝死得十分突然，无论是他的皇后皇子，还是身边最得宠的大臣都没有丝毫心理上的准备。

据《清世宗实录》和《张廷玉年谱》记载：“雍正十三年八月二十日，胤禛偶感违和，仍照常听政，并召见臣工。二十一日，病情加重，照常理政。大学士张廷玉每日进见，未尝间断。皇四子宝亲王弘历、皇五子和亲王弘昼等，御榻之侧，朝夕奉侍。二十二日，病情恶化，太医抢救。二十三日子时，进药无效，龙驭上宾。”前后仅仅三天时间，雍正帝突然死亡。清宫档案里，也只是简要地记下了雍正帝突然死亡的事实，而没有说明任何原因。于是，雍正帝死因之谜，朝野上下众说纷纭。

其中传播最广的一种说法是，雍正帝是被吕四娘谋刺死的。传说吕四娘是吕留良的女儿。当年，吕留良因文字狱被死后戮尸，吕氏一门，或被处死，或被遣戍。独吕四娘携母及一仆逃出，隐姓埋名，潜藏民间。后来，吕四娘拜师习武，勤学苦练，尤长剑术，技艺高超。而吕四娘的师傅，据说原是雍正帝手下的剑客大侠甘凤池，后来大侠甘凤池因为不满意雍正帝的作为而离开了雍正帝，又收养了吕四娘为徒。在他的精心指导之下，吕四娘成为一名武艺高超的剑客。

为了能够为家人报仇雪恨，吕四娘潜入京师。经过一番秘密的考察和打听，吕四娘终于弄清了雍正帝的行动规律。有一天，她得到密报说，雍正帝今晚要在圆明园过夜，圆明园防守比较松懈，吕四娘便飞檐走壁，跃入圆明园，找到了正在龙床之上熟睡的雍正帝，一剑就砍掉了他的脑袋。然后提其首级逃出宫外，远走高飞。第二天，宫中的太监见都到了下午了，雍正帝还没有起床，就叫来皇后，到雍正帝的寝宫一看，发现他已经身首异处死去多时了。于是，宫中大惊，谎称雍正帝病重，急召诸位王爷大臣们入宫，并封锁了雍正帝被杀的消息，只说雍正帝是突然得病去世了。还有传言说，雍正帝的棺木中收敛的是一个无头尸体，因为没有真的头，就给他做了一个金头。

这个民间传说非常富有情节性和感染力，至今已经流传了200多年。当然，这只是野史小说中的一种传言，这种行刺之说纯属谣言。

首先，吕四娘主仆三人的逃出是不可能的，当时办理此事的浙江总督李卫以擅长缉捕盗贼而著称，他奉命兼管江苏盗案，若吕留良后人果有逃出的，他自然有能力搜捕到案。再说他曾为吕家题过匾，吕案发生后雍正帝没有责备他，他心怀畏惧，下死劲处理有关人员，完全不会让主犯的子孙逃脱。

再说，传说中吕四娘的师傅甘凤池，他是清代著名武术家，先后拜黄百家、一念和尚为师，江湖人称“江南大侠”，《清史稿·甘凤池传》说他勇力绝人能提牛。甘凤池有“反清复明”的思想，曾加入过反清组织。但说他是吕四娘的师傅，实在是没有根据。实际上，他被朝廷捕获后变节，把自己所在的反清组织的人全部都出卖给了朝廷。而且，圆明园在皇帝在的时候，防守极为森严。吕四娘根本不可能穿过昼夜巡逻的卫兵，轻易地进入寝宫刺杀皇帝。

所以，吕四娘行刺雍正说，实属子虚乌有，绝不可信。但是，这个故事为什么流传甚广呢？怕是它暗合了民间对雍正皇帝的一种态度。

雍正帝总体来看可以称为一位明君。但是，他统治严酷，猜忌多疑，刻薄寡恩，被称为“冷面王”。雍正帝登基后，对部分兄弟予以坚决打击，不念亲情。康熙的皇十四子胤禵先是被降爵为郡王，拘禁汤山，后来被派去守陵，再后来降爵为贝子，受圈禁。皇九子胤禟被囚于保定，备受折磨，并名其为“赛思黑（讨人厌）”。皇八子胤禩被圈禁，改名为“阿其那（俎上冻鱼）”。皇十二子胤祹被革职。皇三子胤祉也被革爵禁锢。

雍正帝还脾气暴躁，喜怒无常。有一次，雍正帝看杂剧《郑儋打子》。演员的演技和唱腔都不错，雍正帝赐食。因为剧中郑儋是常州人，演员就问雍正帝现今常州刺史是谁。想不到雍正帝听后大怒，说：“你是戏子，怎么可以问起官守来？”立刻将演员杖击而死。

雍正帝还为人刻薄，以极其粗俗丑恶的语言丑化他所痛恨之人。钱名世因为写了歌颂年羹尧的诗，雍正帝就给钱名世写了块“名教罪人”的匾，挂到钱名世的大厅，以世世代代丑化钱名世。他还嫌不够，令385名举人、进士写诗丑化钱名世。

雍正帝还大兴文字狱，年羹尧案、谢济世案、陆生楠案、曾静、吕留良案、屈大均案、裘琏戏笔之祸、“清风不识字”案……这种文化专制政策，造成社会恐怖，禁锢思想，摧残人才，让天下士人惧怕，所以，雍正帝在民间的口碑并不好。而这个文字狱遗孤复仇的故事在民间流传甚广，也可看出民心所向了。

文字狱：是指封建社会统治者迫害知识分子的一种冤狱，用来钳制知识分子的思想，维护统治。皇帝和他周围的人故意从作者的诗文中摘取字句，罗织成罪，严重者会因此引来杀身之祸，甚至所有家人和亲戚都受到牵连，遭满门抄斩乃至株连九族的重罪。文字狱历朝皆有，但以清朝最多，从康熙年间到乾隆年间，就有10多起较大的文字狱，被杀被流放人数不可计数。

另一说，雍正帝是患中风而死的。这个论断有它的合理性。据雍正帝的心腹大臣张廷玉的私人记录，当时雍正帝七窍流血，令他“惊骇欲绝”，而且从发病到死亡速度之快，不能排除脑出血的可能，只是当时的医术不能确诊。但是，雍正帝是否真是患中风而死，以现有的史料是判断不出的。

还有一种说法是，雍正帝是服丹药中毒而死的。清末民国初年就有人提出：“世宗之崩，相传修炼饵丹所致，或出有因。”

雍正帝年轻时即好佛、崇道。做了皇帝后，他求仙访道、企求长生，更是为此忙得不亦乐乎。他不仅把道士请进宫内为他炼丹，待以上宾，还将有名望的佛寺、得道仙观，包括周边环境制成模型，以利仿建，可见他对道家的长生成仙说已经到了几乎痴迷的地步。

在清宫秘档中，记载皇宫日用物品的内务府账本《活计档》，就披露了雍正帝炼丹的一些情况。

最早出现的有关记载，是雍正八年（1730年）的冬天，在圆明园东南角的秀清村，内务府总管海望和太医院院使刘胜芳主持操办，先后运入四千余斤木柴煤炭，利用矿银等物，为雍正帝炼丹。

丹炉一开，烧炼之火便没有灭过。

在圆明园为雍正帝炼丹的道士主要有张太虚、王定乾等人，他们都有一套“修炼养生”方术，对“炼火之说”亦有一番研究。这些道士没有辜负雍正帝的期望，真的炼出了一炉又一炉的金丹。

雍正帝吃了道士炼制的丹药，感觉良好，还拿出一些赏给出征的将帅和大臣。“丹药”二字，明白无误地载入了清宫秘档。

雍正帝“宾天时七孔流血”。七孔流血是严重中毒的反映，雍正帝长期服用道士所炼之丹及所谓的“长生不老之药”，这些丹药中汞、铅、朱砂等矿石含量较高，又都是高温烧煅而成，热性很大。雍正帝的兄弟兼重臣十三阿哥允祥去世后，雍正帝很受触动，为渴求长生不老，他加大剂量服用丹药终致中毒，是情理中事。

雍正帝的儿子乾隆帝还未正式登基前，就急急传谕驱逐宫中道士，可见雍正帝之死同道士有密切关系，因为乾隆帝深知丹毒之害，才会把驱逐宫中道士放在诸多国事之上立马行之。

概括起来，雍正帝之死同他多年勤政导致的体力透支有很大关系；同他心神长期不得安宁、夜不能寝、精神不能贯注、惧怕报应也有很大关系；更同他长期以来不断服用丹药、体内大量积毒有关；他晚年为求长生加大剂量服用丹药更是导致他最终猝死的直接原因。

雍正帝在位时间不长，但却在继位和死因问题上为后人留下了两大疑案。也许这些疑案根本就没有什么神奇之处。只是后人的种种传言才给它们披上了层层的神秘面纱，变得扑朔迷离，让人难以看清其中的真相罢了。

相关链接：

年羹尧

雍正帝扳倒年羹尧

年羹尧（1679—1726 年），父年遐龄官至工部侍郎、湖北巡抚，其兄年希尧亦曾任工部侍郎。他的妹妹是胤禛的侧福晋，雍正帝即位后封为贵妃。他的妻子是纳兰性德的女儿。

年羹尧自幼读书，颇有才识，后来建功

沙场，又以武功著称，是一个难得的全才。

他和雍正帝私交甚好，为其登上皇帝宝座立下了汗马功劳。到了雍正帝即位之后，年羹尧更是备受倚重，和隆科多并称雍正帝的左膀右臂。

雍正元年（1723 年）十月，青海发生罗卜藏丹津叛乱，青海局势顿时大乱，西陲再起战火。雍正帝命年羹尧任抚远大将军，驻西宁坐镇指挥平叛。这次战役历时短短 15 天，年羹尧的大军纵横千里，以迅雷不及掩耳之势横扫敌营，犁庭扫穴，大获全胜。“年大将军”的威名也从此震慑西陲，享誉朝野。

平定青海战事的成功，实在令雍正帝喜出望外，遂予以年羹尧破格恩赏：在此之前，年羹尧因为平定西藏和平定郭罗克之乱的军功，已经先后受封三等公和二等公。此次又以筹划周详、出奇制胜，晋升为一等公。此外，再赏给一子爵，由其子年斌承袭；其父年遐龄则被封为一等公，外加太傅衔。此时的年羹尧威镇西北，成为雍正帝在外省的主要心腹大臣。

年羹尧不仅在涉及西部的一切问题上大权独揽，而且还一直奉命直接参与朝政。可是，皇帝格外的恩宠让年羹尧忘乎所以，自恃功高，骄横跋扈之风日甚一日。他在官场往来中趾高气扬、气势凌人：赠送给属下官员物件，“令北向叩头谢恩”；发给总督、将军的文书，本属平行公文，却擅称“令谕”，把同官视为下属；甚至蒙古扎萨克郡王额附阿宝见他，也要行跪拜礼。

对于朝廷派来的御前侍卫，理应优待，但年羹尧把他们留在身边当做“前后导引，执鞭坠镫”的奴仆使用。按照清代的制度，凡上谕到达地方，地方大员必须迎诏，行三跪九叩大礼，跪请圣安，但雍正帝的恩诏两次到西宁，年羹尧竟“不行宣读晓谕”。

更有甚者，他曾向雍正帝进呈其出资刻印的《陆宣公奏议》，雍正帝打算亲自撰写序言，尚未写出，年羹尧自己竟拟出一篇，并要雍正帝认可。年羹尧在雍正帝面前也行止失仪，“御前箕坐，无人臣礼”，雍正帝心中颇为不快。

年羹尧还结党营私，当时在文武官员的选任上，凡是年羹尧所保举之人，吏、兵二部一律优先录用，号称“年选”。他还排斥异己，任用私人，形成了一个以他为首，以陕甘四川官员为骨干，包括其他地区官员在内的小集团，这个集团聚敛的财富累计达数百万两之多。

年羹尧的失宠和继而被整是以雍正二年（1724 年）十月第二次进京陛见为导火线的。在赴京途中，他令都统范时捷、直隶总督李维钧等跪道迎送。到京时，黄缰紫骝，郊迎的王公以下官员跪接，年羹尧安然坐在马上行过，看都不看一眼。王公大臣下马向他问候，他也只是点点头而已。更有甚者，他在雍正帝面前开始居功自傲，“无人臣礼”。这些都大大刺伤了雍正帝的自尊心。

雍正帝忍无可忍，终动杀机。雍正三年（1725 年）三月，机会来了，因出现“日月合璧，五星联珠”的天文奇观，臣僚上表称贺，年羹尧也上表，但一是字体潦草，二是将成语“朝乾夕惕”写成了“夕惕朝乾”，此语意为终日勤勉谨慎，就是写倒了意思也不变。但是，雍正帝认为年羹尧居功藐上，心怀不轨。那些平素对年羹尧心有怨恨的臣僚见状便群起而攻之，于是年羹尧被劾成九十二条大罪。赐其狱中自裁。年羹尧父兄族中任官者俱革职，嫡亲子孙发遣边地充军，家产抄没入官。

叱咤一时的年大将军以身败名裂、家破人亡告终。

雍正皇帝与粘杆处

据说，雍正帝登基后，建立了一个机构，正式名称为“尚虞备用处”，它还有一个更为通俗的名称——粘杆处。它本是一个专事粘蝉捉蜻蜓、钓鱼，用来供皇族玩耍的服务机构，后来演变为情报组织。

据说雍正帝还是四阿哥时，其府邸内有一些高树，盛夏初秋时，鸣蝉聒噪，喜静畏暑的四阿哥便命门客家丁操杆捕蝉，这就是“粘杆处”的由来。皇位角逐到了白热化的阶段，“粘杆处”就成了四阿哥的私人队伍。他训练家丁队伍，招募众多武功高手，四处刺探情报，铲除异己。雍正登上皇位后，为了巩固统治，也为了酬谢党羽，在内务府之下专门设立了“粘杆处”机关。

“粘杆处”的首领名为“粘杆侍卫”，是由有功勋的手下担任的，他们大多是雍正帝藩邸旧人，官居高位，权势很大。普通成员名为“粘杆拜唐阿”，统称“粘杆拜唐”，一般都是内务府包衣，薪水不高，但每天跟随雍正帝左右，也是炙手可热。

这个情报组织虽属内务府系统，总部却设在雍亲王府。1725 年，雍正帝降旨将王府改为雍和宫，定为“龙潜禁地”。但奇怪的是，雍和宫成为皇帝行宫后，并未改覆黄色琉璃瓦，殿顶仍覆绿色琉璃瓦。有人认为：雍和宫有一条专供情报人员秘密来往的通道，后来乾隆帝为了消除其父留下的遗迹，改雍和宫为喇嘛庙，将其翻修，通道也被销毁无痕。

“粘杆处”在紫禁城内还设一个分部，御花园堆秀山“御景亭”是他们值班观望的岗亭，山下门洞前摆着 4 条黑漆大板凳，无论白天黑夜，都有 4 名“粘杆侍卫”和 4 名“粘杆拜唐”坐在上面。雍正帝交办的任务，由值班人员迅速送往雍和宫，再由雍和宫总部派人办理。

雍正帝去世后，继任者乾隆皇帝继续利用“粘杆处”控制京城内外大臣的活动。乾隆帝死后，这个情报机构才逐渐被废弛。

雍正帝的泰陵

泰陵

泰陵始建于雍正八年（1730 年），内葬世宗雍正皇帝、孝敬宪皇后、敦肃皇贵妃。泰陵是清西陵中建筑最早、规模最大、体系最完整的一座帝陵。

泰陵位于距易县 15 公里的永宁山下，离北京 120 多公里。周界约 100 公里，面积达 800 余平方公里。有华北地区最大的古松林，北依峰峦叠翠的永宁山，南傍蜿蜒流淌的易水河，古木参天，景态雄伟。陵区内千余间宫殿建筑和百余座古建筑、古雕刻，气势磅礴。

整个陵寝分前后两个部分，前部分是门、坊、碑、亭，后部分主要是殿宇和地下宫殿。泰陵主体建筑自最南端的火焰牌楼开始，过一座五孔石拱桥，便开始了西陵最长的神路——2.5 公里长的泰陵神路。沿神路往北至宝顶，依次排列着石牌坊、大红门、具服殿、大碑楼、七孔桥、望柱、石像生、龙凤门、三路三孔桥、谥号碑亭、神厨库、东西朝房、东西班房、隆恩门、焚帛炉、东西配殿、隆恩殿、三座门、二柱门、石五供、方城明楼和哑巴院、宝顶等建筑。宝顶下面便是工程浩大的地下宫殿。

2000年，泰陵作为清西陵中最早最完整的皇家陵园被列入《世界遗产目录》。世界遗产委员会评价：明清皇家陵寝依照风水理论，精心选址，将数量众多的建筑物巧妙地安置于地下。它是人类改变自然的产物，体现了传统的建筑和装饰思想，阐释了封建中国持续五百余年的世界观与权力观。

第四节 出去混迟早要还

——十九岁病死养心殿

同治十三年十二月初五日（1875年1月12日），年仅十九岁的同治帝离奇病死于养心殿。

清同治帝爱新觉罗·载淳

人物小档案：

NO1. 爱新觉罗·载淳（1856—1875年），清朝第十位皇帝，年号“同治”。在位13年（1861—1874年），庙号穆宗。

NO2. 慈禧太后（1835—1908年），叶赫那拉氏，名杏贞。出身于满洲镶蓝旗（后抬入满洲镶黄旗）一个官宦世家。咸丰皇帝妃子，同治皇帝生母，以皇太后身份垂帘听政，为1861年至1908年间大清帝国的实际统治者，晚清的“无冕女皇”，自光绪年间，宫中及朝廷开始以“老佛爷”尊称之。

NO3. 孝哲毅皇后（1854—1875年），阿鲁特氏，蒙古正蓝旗人，修撰、翰林院侍讲、封三等承恩公、累官户部尚书崇绮之女，副都统、前任大学士、军机大臣赛尚阿之孙女，郑亲王端华之外孙女。同治十一年九月，与同治帝大婚。

同治帝载淳生在帝王之家，从小过着锦衣玉食、钟鸣鼎盛的生活。他是咸丰帝唯一的儿子，没有兄弟跟他竞争皇位，六岁便顺利地登上了皇帝的宝座，享受着“普天之下莫非王土，率土之滨莫非王臣”的尊荣，这么看来，同治帝是幸运的。但是，同治帝又是不幸的：他和母后慈禧关系不好，婚姻又不如意，刚刚十九岁就一命呜呼了。同治帝的死因是一个历史的疑案，他到底是死于天花，还是死于梅毒呢？同治帝之死与他的婚姻又有着怎样的联系呢？

咸丰十年（1860 年），八国联军攻进北京，咸丰帝仓皇逃往承德避暑山庄。翌年八月二十一日，咸丰帝病危，召御前大臣怡亲王载垣、景寿，郑亲王端华，协办大学士户部尚书肃顺及军机大臣穆荫、匡源、杜翰、焦祐瀛八人，代写朱谕，立载淳为皇太子，并命上述大臣为顾命大臣。载淳生母叶赫那拉氏和皇后钮祜禄氏尊为皇太后，叶赫那拉氏就是大名鼎鼎的慈禧太后。第二天咸丰帝去世，6 岁的载淳即位，年号“祺祥”。

慈禧太后

权力欲极强的慈禧联合在京主持和谈的咸丰帝的弟弟恭亲王奕䜣，利用咸丰帝的梓宫回京的机会发动辛酉政变，设计逮捕了八大臣，判处怡亲王载垣、郑亲王端华自裁，肃顺斩立决，其他人革职，粉碎了八大臣势力。奕䜣被封为议政王，1861 年 12 月 2 日，两宫太后御养心殿，垂帘听政，并改年号为“同治”。

朝廷政事由两宫太后管理，同治帝只是读书。朝廷对同治帝的读书十分重视，派鸿儒翁同龢等多位名宿教授，但是同治帝的成绩却一直很不理想。

《翁同龢日记》说到同治帝16岁时的读书情况：

正月初九：“读甚散，敷衍而已。”

二月初八：“……文思极涩，初稿几无一字可留……遂作诗，诗亦不佳。如此光景，奈何奈何！”

在课堂上，“无精神则倦，有精神则嬉笑”，实在是一个让师傅头疼的学生。

同治十一年九月十五日（1872年10月16日），两宫皇太后为17岁的载淳举行了大婚典礼。同治帝的婚姻是个大问题。让谁做皇后，两宫皇太后意见不一：慈安太后提议以侍讲崇绮之女阿鲁特氏为皇后，慈禧太后主张以侍郎凤秀之女富察氏为皇后。两宫太后意见无法统一，便要同治自选。同治帝本人喜欢前者，册立阿鲁特氏为皇后，又册富察氏为慧妃。慈禧太后是一个嫉妒心理很强的人，自己的亲生儿子却不选自己中意的秀女为皇后，她的心里一直耿耿于怀。

皇后阿鲁特氏出身于官宦名门、诗书大家，“雍容端雅”、“美而有德”，自幼知书达礼，性格耿爽，不善阿谀。她被册为皇后，同治帝很喜爱她，也很敬重她。但是，慈禧皇太后不喜欢她。慈禧不许她与同治帝同房，而要同治帝对慧妃好。同治帝不敢违抗，但他不喜欢慧妃，只好赌气独宿养心殿，生活寂寞寡欢。

政治上毫无建树，家庭生活也不遂心，这个皇帝做得实在无趣。这样也就罢了，谁能料到，同治十三年，同治帝竟然突然病倒，并且病得不轻。同治十三年十二月初五日（1875年1月12日），距离生病仅仅36天，年仅19岁的少年天子竟然撒手人寰！

据清《医案》记载，同治帝于同治十三年十月三十日得病卧床。当天下午，太医院判李德立和御医庄守和诊断，结果是：“脉息浮数而细。系风瘟闭来，阴气不足，不能外透之症，以致发热头眩，胸满烦闷，身酸腿软，皮肤发出疹形未透，有时气堵作厥。”御医只请第一次脉就能做出上述明确诊断，主要是因为同治帝之病来势很凶，“疹形”发得较显著。御医对此开出了用生地、元参、牛蒡子、芦根等十二味药配制的“益阴清解饮”，进行避风调理。同治帝仅服了一次药，效果便显出来了。第二天早上，夹杂着瘟痘的疹形即透出，也不似前日那样烦闷堵厥了。但是，疹痘初发，未至出透，致使“瘟热熏蒸肺胃，以致咽喉干痛，胸满作呕，头眩身热，气颤谵言”。御医议用“清解利咽汤”对此进行调理。巳初三刻服药后，效果明显，是日午刻即“脉息浮洪，头面周身疹中夹杂之痘颗粒透出”。

这样，经御医们精心医治护理，不足两天，痘颗开始表发了，有些症状也有减退的迹象，但是由于瘟热毒滞过盛，以致头面、颈项发出的痘粒很稠密，而且痘颗颜色紫滞，又有咽痛作呕、身颤口干、便秘溺赤之内症。很明显，痘料透出后过盛的毒滞并没完全随之表发出来，最后用药无效，以致身亡。

这些信息记录在清朝的皇家档案里，证明同治帝是得天花而亡。但这些记载只是宫廷里的官方记载,而民间的传闻大多说同治帝是死于梅毒。

同治帝大婚后，慈禧不喜欢皇后，不许同治帝与她相见。于是，同治帝苦闷之中，与太监佞臣常常微服外出寻花问柳。但同治帝怕臣下看见，不敢去京中较大的妓院名楼，专门去隐蔽的小妓院、暗娼等处。

在一些正规学术著作里都记载着同治帝微服出宫，嬉戏游乐，甚至出入烟馆妓院的故事，如萧一山所著《清代通史》中就有同治帝因出游而患梅毒终致死亡的记载。

一些王公大臣注意到同治帝微行纷传于内外，屡次劝谏同治帝而毫无成效。一次，醇亲王奕譞为此事当面劝谏皇帝，同治帝一再抵赖，醇亲王只好把时间、地点一一指明，同治帝却一再追问他消息的来源。

据说，同治帝从烟花巷院染上梅毒，开始时毫无察觉，后来脸面、背部显出斑点，才召太医诊治。御医一见大惊，不知如何是好，因此请命于慈禧。慈禧传旨，向外界宣布说皇帝只是染上天花。于是，御医们按照出痘的医法开药，没有效果。同治帝大怒，责问：“为何不按我的病医治我？”太医回奏：“太后命之。”同治帝愤恨不已。梅毒在当时是绝症，以天花治之，显然是为了掩盖丑闻，以免丢皇家脸面。所以，后来同治帝就日益病重，下部溃烂而死。真是应了那句话：出去混，迟早要还。

虽然这些传闻的真实性还有待考证，但这些传闻传扬甚广，而同治帝又死得可疑，因此许多人相信这些传闻也就不奇怪了。

但是，至少有一条是明确的，就是在同治帝有病时，慈禧太后仍然不放松对皇后的迫害。

清宣统帝溥仪在自传《我的前半生》中记载：同治帝病重，皇后前去养心殿探视，二人说了些私房话，皇后向同治帝诉说慈禧太后又为细微小事责骂她，这些话被监视的耳目传到慈禧皇太后那里。慈禧怒不可遏，闯入暖阁，一把抓住皇后的头发，举手就打，据说皇后情急之下说了句："媳妇是从大清门抬进来的，请太后留媳妇的体面！"慈禧一直以侧居西宫为遗憾，也为咸丰帝临终前没有册封自己为皇后而不满，闻听此言更是怒不可遏，就叫来太监备大杖伺候。同治帝为皇后苦苦求情无效，终被吓晕，慈禧见状，才未对皇后动刑，同治帝的病势却从此越来越重。

同治帝驾崩时，阿鲁特氏当皇后仅两年，她为丈夫早亡而万分悲痛，也为自己渺茫的前程感到绝望，又对慈禧的专横、阴毒、暴虐充满怨恨，竟吞了金屑以求死，虽经抢救暂时脱离了生命危险，但之后皇后又绝食，终于在光绪元年二月二十日崩逝，时年 22 岁，距同治帝死期只有半百之日，与同治帝一道入葬。至宣统年间加谥号曰：孝哲嘉顺贤明恭端宪天彰圣毅皇后。

年仅 19 岁，亲政不到两年，同治帝的生命就终结了。他究竟是死于天花还是死于梅毒，这两种说法各有各的来源，而且都能找出各自的证据，让人难以辨明，遂成清宫一大疑案。

相关链接：

重修圆明园之争

同治十二年（1873 年）正月，同治帝亲政，时年 18 岁。他亲政时，诏"恪遵慈训"，就是说要遵守圣母的懿旨。他亲政后也办了些事，其中他亲自主持经办的一件大事就是重修圆明园。

慈禧退帘后，想到宫外游冶愉悦，回忆起当年的圆明园生活，她下懿旨重修圆明园。这是重大的工程，至少要花几千万两白银。

九月，同治帝发布上谕：兴修圆明园以为两宫太后居住和皇帝听政之所，让王公以下京内外大小官员量力捐修。恭亲王奕䜣不好完全拒绝，报效银2万两，指令户部先拨银2万两。拨款之后，朝廷震动。接着百官疏奏，反对重修圆明园。御史沈淮疏请缓修圆明园工程。同治帝览奏大怒，立即召见沈淮，严词申责。接着御史游百川再上疏谏阻，同治帝又下谕将游百川革职。

奕䜣（1833－1898年），道光帝第六子，咸丰帝同父异母兄弟，道光帝遗诏封"和硕恭亲王"，人称"六王爷"，为人练达，有才干，清末洋务派、总理衙门首领，保守派对其鄙称"鬼子六"。身后谥"忠"（清宗室谥"忠"者唯奕䜣与多尔衮二人）。

经过一段准备，十三年（1874年）正月，圆明园重修工程正大光明殿、天地一家春（原慈禧住处）等处先后开工。

七月初六日，发生广东商人李光昭自称"圆明园李监督"，借购修园木料诈骗白银30万两的事件，引起朝臣反对。同治帝仍不理睬，继续其工程。

七月十八日，恭亲王奕䜣、大学士文祥等十人（三位亲王郡王、三位御前大臣、三位军机大臣、一位师傅）联衔疏奏，请停止圆明园工程："宜培养元气，以固根本；不应虚糜帑糈，为此不急之务。"同治帝与十重臣几番面对面地辩论，他明知错误，仍不悔改。当大家一再反对时，同治帝准备发上谕，以十大臣"朋比为奸，谋为不轨"的罪名，宣布将十大臣革职。

两宫太后见事情闹大，只好出面调解，召见同治帝。据吴汝纶日记载：召见时"两宫垂涕于上，皇上长跪于下"。两宫哭着训斥皇帝，这十年来如果没有恭亲王的有力辅佐，你怎么会有今天！其结果是：革十大臣职的上谕没有发布，重修圆明园改为修葺三海。

在奕䜣等谏阻下，同治帝说："我停工何如！尔等尚何哓舌！"

七月二十九日，停止圆明园工程。但重修圆明园工程是慈禧的懿旨，奕䜣等的谏阻触怒了慈禧。

七月三十日，同治帝上谕："著革去亲王世袭罔替，降为郡王。"

八月初一日，同治帝又发出上谕："朕奉慈安端裕康庆皇太后、慈禧端佑康颐皇太后懿旨：皇帝昨经降旨，将恭亲王革去亲王世爵罔替，降为郡王……著加恩赏还亲王世爵罔替。"把亲王之位又还给了奕䜣。

这一“夺”一“还”，其实都是慈禧在幕后操纵，意在再次向朝廷内外表明奕䜣等王公大臣都可被她玩弄于股掌之中，她已大权在握，她的权威不容小觑，更不容侵犯。

至此，历时半年的修园之争，虽以停修而结束，但由此引发的政坛风波却进一步加强了慈禧太后的权威，再次严重削弱了恭亲王奕䜣的权势。

养心殿

养心殿，明代嘉靖年建，位于内廷乾清宫西侧。紫禁城的建造者只把养心殿作为一座为皇帝临时休息而设的宫殿。养心殿的名字出自孟子的“养心莫善于寡欲”，意思就是：修养心性的最好办法是减少欲望。

养心殿是一独立的院落，南北长约63米，东西宽约80米，占地5000平方米。养心殿为工字形殿，前殿面阔三间，通面阔36m，进深3间，通进深12m。黄琉璃瓦歇山顶，明间、西次间接卷棚抱厦。

养心殿的正厅

康熙年间，这里曾经作为宫中造办处的作坊，专门制作宫廷御用物品。该殿清雍正时重修。明代和清代初期，乾清宫是皇帝的寝宫。据说康熙皇帝死后，他的儿子雍正皇帝为了表示守孝，没有入住乾清宫，而是居住于养心殿。后来，雍正皇帝就把养心殿作为他的寝宫，没有再搬到乾清宫。另一原因，雍正入住当时陈设朴素的养心殿，是想为天下人做一个节俭的表率，但毕竟变成了皇帝寝宫，养心殿的陈设也越来越奢华。到了晚清，殿内陈设品竟达七百八十余件！

自雍正到清末的二百年间，皇帝多在这里居住和进行日常活动。正厅设有宝座、御案。宝座后设有书架，藏有历代皇帝有关“治国”经验、教训的著述，专为给新皇帝阅读。一些官员在提拔、调动之前常被领到这里觐见皇帝，这种仪式叫“引见”。西间是皇帝批阅奏折，以及同军机大臣策划军政活动的要地。

为了改善采光，养心殿成为紫禁城中第一个装上玻璃的宫殿。皇帝的宝座设在明间正中，上悬雍正帝御笔“中正仁和”匾。明间东侧的“东暖阁”内设向西的宝座，这里曾经是慈禧、慈安两太后垂帘听政处。明间西侧的西暖阁则分隔为数室，有皇帝看阅奏折、与大臣密谈的小室，曰“勤政亲贤”，有乾隆皇帝的读书处三希堂，还有小佛堂、梅坞，是专为皇帝供佛、休息的地方。

养心殿的后殿是皇帝的寝宫，共有五间，各设有床，皇帝可随意居住。后殿两侧各有耳房五间，东五间为皇后随居之处，西五间为贵妃等人居住。同治年间两宫皇太后垂帘听政时，慈安住在东侧的“体顺堂”，慈禧住在西侧的“燕禧堂”，随时登临前堂，处理政务，确实十分方便。寝宫两侧各设有围房十余间，房间矮小，陈设简单，是供妃嫔等人随侍时临时居住的地方。

从雍正皇朝开始到宣统皇朝为止，清代共有八个皇帝居住于养心殿。顺治、乾隆和同治三个皇帝死于养心殿。

同治帝的惠陵

清穆宗爱新觉罗·载淳（同治帝）的陵寝是惠陵，位于距离康熙帝的景陵东南三公里处的双山峪，载淳在位 13 年（1862–1874 年），生前一直未建陵寝。死后，于 1875 年春，清廷选择双山峪为万年吉地，2 月 23 日确定陵名为惠陵。自 1875 年动工，至 1878 年竣工，历时 3 年，共耗银 4359110.89 两。承修大臣有醇亲王奕譞、左都御史魁龄、户部侍郎荣禄、署理工部侍郎翁同龢等。

同治帝的惠陵

惠陵建筑规制依照清咸丰皇帝的定陵，除未建圣德神功碑亭和二柱门外，又裁了石像生和接主神道的神路。建筑布局从南往北依次为：五孔拱桥一座、平桥两座、石望柱两根、牌楼门一座、东西下马牌各一座、神道碑亭一座、神厨库一座、井亭一座、三孔拱桥三路、平桥两座、东西朝房各一座、东西值班房各一座、隆恩门一座、东西老燎炉各一座、东西配殿各一座、隆恩殿一座、琉璃花门三座、台石五供一座、方城、明楼、宝城、宝顶各一座，宝顶下为地宫。陵寝外围环以沙山。除东西值班房为布瓦盖顶外，其他建筑屋顶均覆以黄琉璃瓦。

该陵虽是清晚期营建的皇帝陵，但所用木料均为楠梃木，木质坚硬，俗有“铜梁铁柱”之称，因而大木构架至今保存完好。

第五节　巧合抑或是阴谋
——光绪帝早慈禧一日身亡

清德宗爱新觉罗·载湉

光绪三十四年十月二十一日（1908 年 11 月 14 日）傍晚，光绪帝突然驾崩，而就在第二天，慈禧太后也寿终正寝。

人物小档案：

爱新觉罗·载湉（1871—1908 年），清朝第十一位皇帝，在位 34 年（1875—1908 年），庙号德宗。

同治十年六月二十八日（1871 年 8 月 14 日），爱新觉罗·载湉出生在宣武门太平湖畔的醇郡王府的柳荫斋，这个呱呱坠地的婴儿可否知道，他将面对的是怎样不平静的人生。

载湉的父亲醇亲王奕譞，乃道光帝第七子，咸丰帝之弟。载湉作为一个亲王的儿子，本来是和皇位无缘的。但是同治帝死后，无子继承皇位，本应由宗室内的下一辈，即“溥”字辈中指定一个继承人，当时王公们认为道光帝长子奕纬之孙溥伦依序当立。但慈禧太后有她自己的打算，认为如依序而立则自己便成了太皇太后，不能垂帘听政，因此在“载”字辈中留意。当时载湉刚刚四岁，容易操控，并且他的生母婉贞为慈禧太后之妹。他既是慈禧的侄子，又是慈禧的外甥，和自己血缘最近，因而指定迎立醇亲王奕譞之子载湉，是为光绪帝。

从光绪帝入宫的那天起，他的一切便都被慈禧操纵着。他是在孤独中长大的，繁琐的宫中礼节束缚着他，他得不到母爱，慈禧还经常严词训斥他，饮食寒暖没有人真心去细心照料，应倡导应禁忌之事，无人去指点揭示。没有童年的欢乐，致使他从小就心情抑郁，精神不快，造成身体积弱，难以抵挡疾病的侵袭。

六岁的时候，光绪帝开始上学读书。光绪帝还是比较聪明的，学习也很用功，不像同治帝那么顽皮，字写得也好，也能作诗文，尤其难得的是，他养成了“仁爱”之心。

等到光绪十三年，光绪帝已经虚岁 17 岁了，不能再拖了，慈禧才让光绪帝亲政。为了更有效地控制光绪帝，慈禧太后把一个面长如驴的内侄女——都统桂祥女叶赫那拉氏硬塞给光绪帝做皇后，即后来的隆裕皇后。这个皇后容貌丑陋，马脸高额，瘦弱驼背，突眼露齿。光绪帝极为不满，但也无奈。

光绪帝的两位妃子是瑾妃和珍妃，珍妃貌美端庄，性格开朗，活泼机敏，颇有见地。珍妃的入宫犹如一块石子投入一潭死水，她给予光绪帝的爱情和体贴，激起了光绪帝对未来的憧憬和热情。

同时，珍妃又向光绪帝推荐了她的老师文廷式，他对光绪帝很有影响，引发了光绪帝要改革政治及摆脱束缚而有所作为的欲望。可这一点，是慈禧最不愿看到的。

“亲政”后的光绪帝仍未摆脱慈禧太后的控制，遇到大事光绪帝仍要向慈禧太后请示，没有多少决定权。但是从一个帝王应该具备的素养上看，他能够接受新鲜事物，有一定的远见和抱负，希望在政治上有所作为。他以迫切的心情了解世界情况，萌发改变中国积贫积弱状况之志。甲午战争中，光绪帝主战。他多次下令加兵筹饷，停止慈禧太后挪用海军军费修建颐和园。当不得已批准《马关条约》时，他以朱笔写下一段话，要求全国上下戮力一心，痛除积弊，改革自强，雪此大耻，表明他振兴国家的决心。

自甲午战败后，光绪帝锐意变法革新，不做亡国之君。他起用康有为、梁启超等，于戊戌年（1898 年）四月二十三日下《定国是诏》，开始全面推行变法，并以谭嗣同等四军卿架空原有的军机大臣，遭到了以慈禧太后为首的当权保守派的强烈反对。

1898 年 8、9 月间，由于两派斗争激烈，坊间盛传慈禧太后有借“天津阅兵”之机废弑光绪帝的阴谋。光绪帝打算让亲自提拔的候补侍郎袁世凯以新式陆军发兵，杀掉慈禧的亲信——直隶总督兼北洋大臣荣禄，围颐和园囚禁慈禧，袁世凯满口答应，但旋即向荣禄告密。

1898 年 9 月 21 日凌晨，慈禧太后突然从颐和园赶回紫禁城，直逼光绪帝的寝宫，将光绪帝囚禁于中南海瀛台，然后发布训政诏书，再次临朝“训政”，“戊戌变法”失败。

袁世凯（1859—1916 年），河南项城人，中国近代史上最具争议的人物之一。他是戊戌告密者，与日签署《二十一条》。他是北洋军阀首领，在辛亥革命后当选为中华民国第一任大总统，后悍然称帝。袁世凯去世后，北洋军阀没有了首领，从此中国陷入了数十年民不聊生的军阀混战状态。

从此光绪帝被慈禧幽禁在三面环水的南海瀛台，连自己的妃嫔也不得相见。对外则宣布光绪帝生病，由太后训政。

光绪二十六年七月二十一日（1900 年 8 月 15 日），八国联军入侵北京。慈禧携光绪帝仓皇逃往西安。临行前还不忘处置珍妃，以“洋人入城，免受侮辱”为名，令太监崔玉贵把珍妃推到宁寿宫外的井中害死。当光绪帝得知珍妃的死讯后，痛哭失声，精神彻底崩溃，旧病复发，日趋沉重。

光绪帝人生的最后一个阶段是在囚禁中度过的，这一囚便是十年。

光绪三十四年十月二十一日（1908 年 11 月 14 日）傍晚，光绪帝驾崩，终年 38 岁，他悲惨的一生至此终于画上了句号。但是不可思议的是，第二天下午，统治中国近半个世纪之久的 74 岁的慈禧太后也断了气。因仅隔一天，时间竟然如此巧合，骤然引起了人们无数猜测。

官方文献记载光绪帝为自然病死，但光绪帝系遭杀害的说法也流传甚广，对于主使者，一种说法是慈禧太后，另一种说法是袁世凯。

清代官方文献和宫廷档案记载光绪帝为病死。光绪帝在被囚禁瀛台十年的漫长岁月中，一方面因前途渺茫悲观失望，一方面日夕担惊受怕，心情紧张，生活上更无人细心照料，使得他的病情不断加重恶化。他面色苍白，神经极度衰弱，抑郁；常遗泄、头疼、发热，脊骨痛，无胃口，腰部有病，尿中有蛋白质；肺部不好，似有痨病，终至不治身亡。

但民国之后，据光绪帝的御医透露，皇帝生前的确身体并不非常健康，主因是不见天日、身体欠运动、心情不佳导致的饮食不正常，却无病重的迹象。

2008 年，在光绪帝去世一百年之际，由国家清史编纂委员会、清西陵文物管理处、中央电视台、中国原子能科学研究院、北京市公安局法医检验鉴定中心等单位联合组成的“清光绪帝死因”专题研究课题组确定光绪是因为“急性肠胃型砒霜中毒”而亡。研究人员通过现代法医学手段，对光绪帝遗体的头发、遗骨、衣服及墓内外环境样品，进行了反复的检测、研究和分析。专家发现，光绪帝的衣领部位及头发上均沾染有高浓度的三氧化二砷（即砒霜），其袍服胃区的三氧化二砷源于尸体腐败时的体液浸蚀所致，而头发及衣领的三氧化二砷也是尸液浸蚀的遗留。常人口服砒霜 60 至 200 毫克就会中毒身亡。而仅在光绪帝部分衣物和头发上检出的砒霜总量就已高达约 201 毫克。

但是，到底是谁毒死了光绪帝呢？

《崇陵传信录》和《清稗类钞》两书指出：慈禧太后病危期间，曾犹豫对光绪帝要如何处置，遂以自己不久于人世的消息透露给光绪帝知道，惟其近侍回报，帝曾微露喜色，故慈禧决意自己病终前，帝须先于自己命终，以免皇帝有再度亲政、否定慈禧生前之布局的可能。

清室后裔、书法家启功指出，其曾祖父、时任礼部尚书的溥良曾亲眼看到太监从病重的慈禧宫中传出一个盖碗，称“是老佛爷赏给万岁爷的塌喇”。“塌喇”在满语中是酸奶之意。“塌喇”送达光绪帝不久，从未听说过有任何急症大病的光绪帝就由隆裕皇后的太监小德张（张兰德）向太医院正堂宣布驾崩了。随后乐寿宫才哭声四起，宣布太后已死。

慈禧与光绪帝素有嫌隙，况且当时慈禧已处于弥留之际，此时派人给软禁中的皇帝赠食，极不寻常。

但是，光绪帝毕竟是慈禧太后的养子，是在慈禧身边长大的，慈禧真的会如此狠心毒死他吗？

称光绪帝为袁世凯所弑者认为，袁世凯负恩反戈，陷光绪帝于万劫不复，光绪帝在瀛台，“日书项城（指袁）名以志其愤”。袁既知光绪帝对其深恶痛绝，则不能不惧太后死而帝独生，故加以谋害，光绪帝的侄子、清末帝溥仪所著《我的前半生》中即如是说。但当时袁世凯已被开缺回籍，远在河南安阳。且按照清宫内廷制度，任何从宫外送入御用的食物必须先经人试毒。因此即使袁世凯有动机，也不大可能有机会对光绪帝下毒手。袁世凯更不可能有权力、有机会篡改清实录和脉档，制造光绪帝病死的假象。袁世凯弑君说，似乎是站不住脚的。

光绪帝的死因，是中国近代史上的一个谜案。但是对光绪帝本人来说，死亡，也许才是他真正的解脱。

相关链接：

光绪帝的归宿地——瀛台

瀛台，又名趯台。始建于明朝，清朝顺治、康熙年间曾两次修建，是帝王、后妃的避暑和游览地。因其三面临水，衬以亭台楼阁，像座海中仙岛，故名瀛台。

瀛台

瀛台上有翔鸾阁、涵元殿、香扆殿（即蓬莱阁）、迎薰亭等建筑，山石花草，楼阁亭台，拥水而居，秀美宜人。

南海瀛台，与水云榭岛、琼华岛分处太液池三海之中，象征东海三仙岛蓬莱、瀛洲、方丈。瀛台四面环水，只在北端架一板桥，通至岸上，板桥中间有一段是活动的，光绪被囚此之后，慈禧太后便命令人把桥板撤掉了，以免光绪帝走出瀛台岛，光绪帝此后的岁月，基本上都是在瀛台度过的。

瀛台的中心建筑为涵元殿，殿后为涵元门，门外为翔鸾阁，阁下即木吊桥。殿前为香扆殿，该殿从北面看为单层，从南面湖边看则为两层，名为“蓬莱阁”。光绪帝住在涵元殿里，太监每天送饭时架起桥板，走到瀛台来，用饭完毕，就抽掉桥板。光绪帝心情十分忧郁，万般无奈之中写下了“欲飞无羽翼，欲渡无舟楫”等诗句。冬天三海结冰，从瀛台不通过木桥也可以从冰上到达岸边。据说有一次光绪帝带了小太监踏冰离开瀛台，被发现后，总管太监李莲英立刻下令凿冰，以防光绪帝离开。光绪帝十分想念心爱的珍妃，传言他让小太监暗中给珍妃送信，偷偷相会。

涵元门内东向为庆云殿，殿内挂有一副《宋司马光谕人君用人之道》立轴，跋文是：“光绪丙午（1906 年）十月上浣录，臣全忠敬书。”还有一些匾额斗方之类，下款都写着“臣全忠敬书”。其实这都是光绪帝的御笔，之所以这样写，是因为光绪帝试图以对慈禧太后称臣，表明自己忠于慈禧太后的心迹。由此可以想见光绪帝生存之艰难。

光绪帝的崇陵

崇陵是光绪皇帝的陵寝，位于雍正帝泰陵的东南面约 4 公里的金龙峪，它在宣统元年（1909 年）破土兴建，民国四年（1915 年）竣工。崇陵的建筑物数量与规模，完全依照同治的惠陵。地宫中合葬着光绪帝和隆裕皇后。崇陵之东 1 公里处建有崇妃园寝，葬着光绪帝的妃子瑾妃、珍妃姐妹俩。

光绪帝的崇陵

崇陵是中国最后一座帝王陵墓。其规模虽不如雍正、嘉庆的陵墓那样庞大，没有大碑楼、石像生等建筑，但它除继承清代建陵规制，参照咸丰帝定陵、同治帝惠陵的风格外，又吸收了古代建筑技术的某些精华，仍具有自己的特色。隆恩殿构架用质地坚硬的铜藻、铁藻木建成，有铜梁铁柱之称。特别是殿内四根金柱采用沥粉贴金的盘龙装饰，为清帝陵的独到之处。

整个陵寝根据守卫和祭祀的需要，建筑了五孔桥、巡房、牌楼门、神厨库、三路三孔桥、朝房、班房、隆恩门、燎炉、配殿、隆恩殿、三座门、石五供、方城、明楼、宝顶、地宫。为了增强排水性能，每个宫殿基部都建有 2 米宽的散水，明楼前和三座门前分别挖砌了御带河，地宫内凿有 14 个水眼与龙须沟相通。

百日维新

1897 年 11 月，德国强占胶州湾，法国强租广州湾，英国强租后来被称为新界的地区和威海卫，全国人心激愤，维新运动从理论宣传转到政治实践。12 月，康有为第五次上书，陈述列强瓜分中国，形势迫在眉睫。1898 年 1 月 29 日，康有为上《应诏统筹全局折》，4 月，康有为、梁启超在北京发起成立保国会，为变法维新做了直接准备。在维新人士和帝党官员的积极推动下，1898 年 6 月 11 日，光绪帝颁布《定国是诏》，宣布变法。在政治、经济、军事、文教诸方面实行变法，旨在挽救中国危亡。

光绪帝对维新派主要人物做了恰当的人事安排，允许康有为专折奏事，并任命他在总理衙门章京上行走，以便于维新派上奏，提出变法方案。在短短的 103 天里，光绪帝颁布了 100 多条新政上谕。主要内容有：经济上，设立农工商局、路矿总局，提倡开办实业；修筑铁路，开采矿藏；组织商会；改革财政。政治上，广开言路，允许士民上书言事；裁汰绿营，编练新军。文化上，废八股，兴西学；创办京师大学堂；设译书局，派留学生；奖励科学著作和发明。这些革新政令，目的在于学习西方文化、科学技术和经营管理制度，发展资本主义，建立君主立宪政体，使国家富强。

光绪帝发布御令，企图形成自上而下的全国性改良运动，但“戊戌变法”代表了新兴资产阶级的利益，触及了封建顽固势力的利益。清政府中的一些权贵显宦、守旧官僚对新政措施阳奉阴违，托辞抗命。这些人聚集到慈禧身边，请求她出面制止变法。于是慈禧太后决意破坏变法，发动政变。她叫荣禄调兵遣将，让翰林院编修李盛铎奏请光绪帝奉慈禧太后去天津阅兵，以乘机胁迫光绪帝让位。此时，宫廷内外传言将废除光绪，另立皇帝。7 月 30 日，光绪帝密诏杨锐，告以危局，命与林旭、刘光第、谭嗣同等速议对策。但维新派既无实权，又束手无策，只得向光绪帝建议重用拥有兵权的袁世凯，以对付荣禄。鉴于光绪帝处境危险，谭嗣同于 8 月 3 日夜访在天津训练新军的袁世凯，要求他举兵杀荣禄，围颐和园以救光绪帝。袁世凯慨然应允，但当晚就密报荣禄。不知情的光绪帝于 8 月 5 日还召见袁世凯，袁世凯建议他召张之洞襄助。8 月 4 日，康有为访英国传教士李提摩太，请英国公使相助，未获应允。

9 月 21 日凌晨，慈禧太后突然从颐和园赶回紫禁城，直入光绪帝寝宫，将光绪帝囚禁于中南海瀛台；然后发布训政诏书，再次临朝"训政"，"戊戌变法"失败后，慈禧太后下令捕杀维新派。

这其中最值得一提的是谭嗣同，在这种情况下，他决心以死来殉变法事业，用自己的牺牲去向封建顽固势力作最后一次反抗。谭嗣同把自己的书信、文稿交给梁启超，要他东渡日本避难，并慷慨地说："不有行者，无以图将来；不有死者，无以召后起。"日本使馆曾派人与他联系，表示可以为他提供"保护"，他毅然回绝，并对来人说："各国变法无不从流血而成，今日中国未闻有因变法而流血者，此国之所以不昌也。有之，请自嗣同始。"9 月 24 日，谭嗣同在浏阳会馆被捕。在狱中，他意态从容，镇定自若，写下了这样一首诗："望门投止思张俭，忍死须臾待杜根。我自横刀向天笑，去留肝胆两昆仑。"9 月 28 日，他与其他 5 位志士杨锐、刘光第、林旭、杨深秀、康广仁英勇就义于北京宣武门外菜市口。临行前，他神色不变，大声说："有心杀贼，无力回天，死得其所，快哉快哉！"充分表现了一位爱国志士舍身报国的英雄气概。

其后，所有新政措施，除开办京师大学堂（今北京大学）外，全部都被废止。从 1898 年 6 月 11 日，光绪帝颁布《定国是诏》，宣布变法开始，到 9 月 21 日慈禧太后发动政变为止，历时 103 天，史称"百日维新"。

第二章 夺权之战 敢叫日月换新天

第一节 色心不改露本性
——隋炀帝淫母弑父夺政权

隋炀帝杨广

仁寿四年（604年）七月，杨广在淫母弑父后，堂而皇之地登上了皇帝的宝座。

人物小档案：

NO1. 杨广（569－618年），一名杨英，隋文帝杨坚次子，母文献独孤皇后。开皇二十年（600年）十一月立为太子，仁寿四年（604年）七月继位，是隋朝的第二任皇帝，604年至618年在位，唐时谥炀皇帝。

NO2. 杨坚（541—604年），弘农郡华阴（今陕西省华阴市）人，隋朝开国皇帝，581年至604年在位，谥号文帝，庙号高祖。

NO3. 宣华夫人（577—605年），陈氏，本名不详，南朝陈宣帝之女，是隋文帝的嫔妃。

在民间传说中，杨广原本是终南山间一只巨鼠转世，所以淫猥贪婪，无恶不作。这个恶人几乎集中了人类所能有的全部邪恶：淫荡、贪婪、狡诈、阴险、自私、冷血、残暴、血腥、昏乱……他犯下了几乎人类所有能犯下的罪行："淫母"、"弑父"、"谋兄"、"幽弟"、"逆天"、"虐民"。

一切要从公元581年说起，正是那一年，杨坚取代北周，即皇帝位，建立了隋朝，史称隋文帝。隋文帝勤于政事，文治武功颇有建树。他结束了南北分裂的局面，实现了中国大范围内的多民族的统一；他首次实行了一直沿袭到清朝的三省六部制；他开创了科举，制定了当时最为先进并影响后世基本立法的律法《开皇律》。不仅如此，他还开启了隋唐盛世之门，实现了千古传颂的"开皇之治"。但是，英明一世的隋文帝，却犯了一个此生最大的错误，这究竟是怎么一回事呢？

隋文帝共有五个儿子，都是独孤皇后所生，分别是长子杨勇、次子杨广、三子杨俊、四子杨秀、五子杨谅。按照嫡长子继承制，在隋朝建立之初，杨勇就被立为太子，准备日后继承大统，其余四个儿子也被分封为王。隋文帝曾经骄傲地对群臣说："前代帝王，都有很多宠妃，嫡庶纷争，遂有废立，甚至亡国。我旁无姬侍，五子同母，可说是手足兄弟。哪能有嫡庶纷争的忧虑！"其实，他未免太过于自信和乐观了。他完全没有料到，正是自己的亲生儿子，使自己亡国丧身，并演出了一幕幕骨肉相残的悲剧。

作为具有鲜卑血统的杨氏家族的长子，太子杨勇最鲜明地继承了胡人的天性。史称这个比杨广大两岁的太子"性宽厚"，才智尚可，品质不恶，但却缺少心机。他"率意任情，无矫饰之行"，本性直率，不知掩饰。明明知道父亲杨坚崇尚节俭，他偏偏要奢侈浪费；明明知道母亲独孤皇后痛恨男子宠幸众多姬妾，他还要很张扬地寻欢作乐；不但如此，他还冷落了母亲精心为他挑选的太子妃元氏，致其郁郁而终。这使得父母都对他有怨气，加上后来杨勇还过分地接受百官的朝贺，使杨坚更为不满，这就为杨广夺太子位提供了好机会。

为了实现做太子的梦想，杨广费尽心机地将自己伪装起来，让父母觉得他生活简朴，谦逊有礼。他率军灭陈后，将府库封存，资财无所取，天下称贤。他倾心结交朝臣，对读书人也很有礼貌，甚至对普通士兵也注意拉拢。有一次行猎遇雨，身边的人要给他披上雨衣，他说："士卒们都被雨淋着，为什么单单让我披雨衣？"让人把雨衣拿走。这些表演蒙蔽了很多人，使他的声望越来越高，远远超过其他诸王。隋文帝和独孤皇后也越来越喜欢他。

杨广还笼络隋文帝的宠臣杨素，在杨素的煽风点火下，隋文帝杨坚终于下定决心将杨勇废为庶人，立杨广为太子。在做太子期间，杨广小心谨慎，甚得隋文帝信任，隋文帝经常在大臣面前夸奖太子仁孝，有治国之才。就这样，隋文帝一直被蒙在鼓里，直到临死前，文帝方才看清了杨广的真面目。

仁寿四年（604年）七月，年迈的隋文帝病重，杨素等大臣与太子杨广侍驾。隋文帝卧病在床，可能不久于人世。杨广身为太子，他与皇位的距离越来越近了。然而，杨广竟然还是等不及了！杨广见父亲病重，料想死期不远，心里十分欢喜。他即位心切，就给杨素写信，问他皇帝一旦驾崩，应该注意哪些事情。杨素将注意事项一一写清，封好后吩咐宫女送给太子。

不料送信人误将杨素的回信送至了隋文帝手上。隋文帝看后大怒，随即宣杨广入宫，要当面责问他。正在此时，一波不平一波又起，《隋书·后妃列传》中是这样说的："初，上寝疾于仁寿宫也，夫人与皇太子同侍疾，平旦出更衣，为太子所逼，夫人拒之得免，归于上所。上怪其神色有异，问其故。夫人炫然曰：'太子无礼。'上恚曰：'畜生何足付大事，独孤诚误我！'因呼兵部尚书柳述、黄门侍郎元严曰：'召我，儿！'述等将呼太子，上曰'勇也'。述，严出阁为勒书讫，示左仆射杨素。素以其事白太子，太子遣张衡入寝殿，遂令夫人与后宫同侍疾者，并出就别室。俄闻上崩，而未发丧也。”

这里说的是宣华夫人陈氏衣衫不整地跑进来，哭诉杨广在她来的路上调戏她，这使隋文帝大怒，拍床大骂。急忙命人传大臣柳述、元岩草拟诏书，废黜杨广，重立杨勇为太子。杨广听说了，就将侍奉杨坚的人全部换掉，勒兵戒严，包围仁寿宫，断绝内外交通。杨广的亲信张衡闯进隋文帝寝殿，杀死皇上。

杨广随即继位，成为隋朝第二位皇帝。他立即假传隋文帝遗诏，逼迫废太子杨勇自尽，将杨勇及其十个儿子全部处死。其弟汉王杨谅以讨杨素为名，在并州起兵，杨广派杨素镇压，杨谅降后被幽禁至死。至于那个帮助杨广谋杀皇帝的张衡，后来也被杨广借故处死，为杨广出谋划策功劳卓著的杨素也被夷族灭口。

再说那个让杨广把持不住的庶母宣华夫人，这个女人是中国历史上的著名美女之一。《隋书·后妃传》记载，陈氏是皇家血统，出身高贵，为南朝陈宣帝陈顼的女儿，即后主陈叔宝的妹妹。陈氏长得如何之美？史书是这样说的，“性聪慧，姿貌无双”，时称“江南第一美女”。陈灭亡后，陈氏被杨坚选配到后宫，成为宠妃之一。因为长得太美了，杨坚经常去她那里过夜，连独孤皇后都嫉妒了起来。等到独孤皇后病逝，文帝封陈氏为宣华夫人，专房擅宠，主断内事，六宫无人能比。

杨广即位后，对陈氏依然念念不忘。他派心腹侍卫捧着一个宝盒到陈氏居住的宫殿，说是大隋皇帝有好物要赐给宣华夫人。当陈氏迎接使者的时候，她想到曾得罪过杨广，杨广是不会放过自己的，想着宝盒里面肯定是毒药，吓得花容变色，坐在那里一动不动。使者有些不耐烦，催促她快点打开盒子。当陈氏哆哆嗦嗦地打开盒子后，才发现里面是几枚做工精美的同心结。宫人们于是都安下心来，欢呼道：“娘娘千喜万喜！”当杨广得知陈氏收下同心结后，便迫不及待地来到了她的宫中，从此，杨广强占父妃，成为隋王朝贻笑后人的丑闻。这一年杨广 37 岁，陈氏 28 岁。

后来，杨广迫于压力，将陈氏送到仙都宫居住，不久她又被召回宫中。陈氏虽然回宫，但她和杨广的事已公众于世，回宫后的压力可想而知，所以，回宫后的她整日郁郁寡欢，一年后离开人世，享年29岁。陈氏死后，杨广还对她余情未了，作了《神伤赋》悼念她。

杨广即位以后，确有雄才大略，在政治军事教育上皆有贡献。但是，他统治残暴，好大喜功，急功近利，骄奢荒淫。他连年大兴土木，在洛阳建起规模恢弘的宫殿群，开凿贯通南北的大运河，三下江南巡游。他对外不断用兵，其中规模最大，影响最深，后果最严重者，莫过于三征高句丽。繁重的徭役、兵役，使得田地荒芜，民不聊生，致使国库亏空，劳民伤财，隋文帝励精图治奠定的基业被杨广挥霍殆尽，于是导致了农民大起义、杨玄感起兵和雁门被围等事件的发生。

杨广晚年，全国烽火遍起，大势已去，不可逆转。杨广见天下大乱，已心灰意冷，整日杯不离手。他无心回北方，命修治丹阳宫（在今南京），准备迁居那里。锐意尽失的杨广常引镜自照，对萧后和臣下说："好头颈，谁当斫之！"

杨广身边从驾的士兵都是关中人，他们怀念家乡，纷纷逃归。这时，虎贲郎将元礼等与直阁裴虔通共谋，利用卫士们思念家乡的怨恨情绪，推宇文述的儿子宇文化及为首，发动兵变，宇文化及逼缢杨广，隋朝灭亡。堂堂帝王，死后连个像样的棺材也没有用上，由萧后和宫人拆床板做了一个小棺材，偷偷地葬在江都宫的流珠堂下。后唐朝平定江南后，于贞观五年（631年），以帝礼改葬于雷塘（今扬州市附近）。

> 宇文化及（？—619年），为隋炀帝近臣，618年率禁卫军兵变，弑君隋炀帝，他自称大丞相，后率军北归，被李密击败，退走魏县，自立为帝，国号"许"，年号"天寿"，立国半年便被窦建德击败，擒而杀之。

当初，杨广即位那一年，陈朝的亡国之君陈后主恰好死去。杨广给他订了一个恶谥叫"炀"。谥法：好内远礼曰炀；逆天虐民曰炀。他做梦也不会想到，十四年以后，他被臣下处死，也戴上了他自己制定的"炀帝"的丑名，这实在是他坏事做尽的报应。

相关链接：

隋炀帝创置科举制

隋文帝时期，中央政府废除了九品中正制，开始采用分科考试的方式选拔官员。隋炀帝即位后，始建进士科，奠定科举制度，这是中国历史上影响极其深远的大事。

隋炀帝开设的进士科以考政论文章为主，选择“文才秀美”的人才。至607年，考试科目已经有了十科。这标志着科举制度的产生。科举制度重才学品质而不重门第，削弱了门阀大族世袭的特权。“百官不得计考增级，必有德行功能，灼然显著者，擢之。”“魏、周官不得为荫。”这种“任人唯贤”的改革，为选拔下层优秀知识分子提供了极好的机会。这种大规模的按不同的科目来分别选举人才，标志着科举制的正式创立，这充分反映了隋炀帝一登位就把人才选拔问题提到议事首位的雄才大略，也反映了隋炀帝敢于突破旧有形式，大胆起用新的选材形式的创新精神。科举制的创立对隋唐乃至以后的中国社会和中国文化产生了极大的影响。

首先，科举制的实施加强了中央集权。科举制的实施，将考选之权、官吏任免之权，集中到中央王朝吏部和礼部来，这就收到了加强中央集权的效果。在此之前按九品中正制选拔人才，决定权完全掌握在地方上退任中正的门阀氏族手里，中央王朝的吏部基本上都是按照州郡大小中正所选拔和评定的等第来任用官吏的，这样，所选出的人又必然是世族，且门第愈高，品第也就愈高，在这种情况下，要加强中央集权是很困难的。而科举制度则是将官员的考选和任用之权由地方转移到中央，确实强化了中央集权。

其次，在科举制度下，下层地主可以参与政权建设，扩大了统治基础。可以说，科举制度是封建社会较为公平的选拔人才制度，它的积极作用应予以肯定。

隋炀帝开拓疆土

隋炀帝的一生是征战的一生。

大业元年（605年），隋炀帝即位不久，就派隋将韦云起率突厥兵大败契丹，韦云起扬言借道去柳城（今辽宁朝阳南）与高句丽交易，率军入其境，契丹人未加防备。韦云起率军进至距契丹大营50里处，突然发起进攻，大败契丹军，俘虏其男女4万余人，从而阻止拖延了契丹的崛起强大。

大业四年（608年），隋炀帝派军灭了吐谷浑。开拓疆域数千里，范围东起青海湖东岸，西至塔里木盆地，北起库鲁克塔格山脉，南至昆仑山脉，并实行郡县管理制度，使之归入中国统治之下。这是以往各朝从未设置过正式行政区的地方。

《隋书·流求传》载：隋炀帝在大业三年（607年）先后派出羽骑尉朱宽、海师何蛮等人两次前往当时被称为“流求”的台湾，因语言不通，第一次带回一名台湾人，第二次带回一些布甲。大业六年（610年），隋炀帝又派出武贲郎将陈棱及朝请大夫张镇州率兵万余人，从广东义安（潮州）起航，前往台湾，当地人以为这是中原的商船，这说明当时大陆商人经常前往经商，也说明台湾人已经熟悉经商贸易。只是陈棱与当地酋长谈判不顺利，刀枪相向，并带了数千名当地居民返回大陆。在台湾中部地区的彰化市，有一条街名叫“陈棱街”，就是为了纪念这位隋朝将领的。

在隋朝诸多的战争中，影响最大的，就是“三征高句丽”。在东边，高句丽是隋朝最强盛的邻国，西边的边境已经过了辽河，等于占据了现在辽宁的部分地域。在隋文帝时期，高句丽曾经侵扰过隋朝，隋文帝派兵讨伐，高句丽王慑于隋军威力，亦遣使谢罪，上表自称“辽东粪土臣元”。隋文帝也借机罢兵。

公元607年，也就是隋炀帝即位的第三年，他巡游到东突厥，在可汗的大帐碰巧遇上高句丽使者。隋炀帝知道如果让半独立了几百年的高句丽和突厥军事联合，是对中原的一种潜在威胁。隋炀帝想让高句丽王高元到隋朝朝见，结果高句丽王慑于军威不敢答应，于是隋炀帝便找到了借口出兵高句丽。

大业八年（612年），隋炀帝募集三十万人的作战军队攻打高句丽。人数之众甚至比得上当时高句丽的人口，隋朝人都认为破高句丽易如反掌，诸军士兵士气皆盛。一路破高句丽城四五十座，后来，陆路进攻的军队渡过辽河围攻辽东城时，因久攻不下而停止前进。由海路进攻的海军，进攻至平壤，一路皆胜，进入城市后由于放松了警惕，被伏兵奇袭，只得撤兵，半路上又遇到了高句丽军队的伏击，结果大败而归。据载三十多万人的队伍，最后仅有二三千人返回。第一次征伐失败。

第二年，隋炀帝亲征高句丽，这次就在辽东城准备攻破时，后方却出现了杨素儿子杨玄感的反叛，洛阳被重兵围攻。隋炀帝听到消息后大惊，赶忙退兵救援洛阳。军事物资都丢弃在了前线上。第二次征伐也无果而返。

大业十年（614年），隋炀帝第三次发兵进攻高句丽。这次在平壤附近隋水军大败高句丽军，右骁卫大将军来护儿在毕奢城大败高句丽军，并乘胜向平壤进发。高句丽王高元大为恐惧，遣使请降，并将去年叛隋奔高句丽的兵部侍郎斛斯政送还。隋炀帝许之，遂班师回朝。三次征伐，劳民伤财，只换回高句丽王口头称臣，而隋朝却伤筋动骨。

除此之外，隋炀帝还在东南进行了一系列开疆拓土的战争，这些战争的胜利使隋朝东南的领土疆域扩大到印度支那的安南、占婆（今越南地区）及台湾等地。在海南岛上分置儋耳、珠崖、临振三郡。北边设五原郡（内蒙古后套一带）。此外隋文帝时期已经把强大的突厥分裂成东突厥与西突厥两部，并在和东突厥的战斗中取得胜利。

隋朝在灭亡前，周边各国是尊服大隋王朝的。《隋书》记载道："十一年春正月甲午朔，大宴百僚。突厥、新罗、靺鞨、毕大辞、诃咄、传越、乌那曷、波腊、吐火罗、俱虑建、忽论、诃多、沛汗、龟兹、疏勒、于阗、安国、曹国、何国、穆国、毕、衣密、失范延、伽折、契丹等国并遣使朝贡。"

大隋王朝连年用兵，耗尽国力，换来了四方来朝。而其付出的代价是国内烽烟四起，很快便走向了穷途末路。

文学艺术家——隋炀帝

隋炀帝杨广爱好文学艺术，曾命臣下将禁中秘阁之书，抄录副本，分为三等，藏于洛阳观文殿的东西厢书库中，又在殿后另筑二台，聚藏魏以来的书法名画。

“肃肃秋风起，悠悠行万里。”这是隋炀帝在西巡时所做的千古名篇《饮马长城窟行》中的一句。“通首气体强大，颇有魏武之风。”后代文人对他诗篇的评价极高。著名学者郑振铎评：“（杨）广虽不是一个很高明的政治家，却是一位绝好的诗人。”隋炀帝能在百年陈梁诗音靡靡之中，恢复汉民族诗歌的风骨与精神实属难得。他开创了“盛唐之音”辉煌大气的阳刚之美，奠定了盛唐诗歌“济苍生”“安社稷”的伟大精神，从这点看，他可谓是唐诗之祖。

隋炀帝诗文在中国文学、诗歌史上占有重要地位。他“好学，善属文”，并写得一手好诗。其所作的《江都宫乐歌》形式上已经十分接近七律，可谓七律之祖。他最有名的诗作是《春江花月夜》二首。

凡读过诗文的人，几乎都知晓唐代张若虚的名篇《春江花月夜》，但少有人知道隋炀帝在张若虚之前就写有《春江花月夜》。这个诗题原为陈后主所创，但原词早已失传。隋炀帝曾以此题作曲。据文献记载，他在宫中制作了许多新声乐府，其中许多颇有些刚健的佳句，多数诗作都很讲究对仗和声韵和谐。并不浓艳，而是雅味正声。且看他的《春江花月夜》其一：

暮江平不动，春花满正开。
流波将月去，潮水带星来。

四句两联，特有贯珠之妙。这是本题现存最早的诗歌。

第二节 先发制人灭手足
——李世民玄武门政变

唐太宗李世民

武德九年（626年）六月，秦王李世民在大内皇宫的玄武门附近发动政变，杀死了自己的长兄、当时的皇太子李建成和四弟齐王李元吉。

人物小档案：

NO1. 李世民（599—649年），唐高祖李渊第二子，是唐朝第二位皇帝，627年至649年在位，年号贞观。他是中国历史上最著名的政治家与明君之一，庙号太宗。

NO2. 李建成（589—626年），唐高祖李渊长子。626年死于玄武门之变，终年36岁。

NO3. 李元吉（603—626年），唐高祖李渊第四子。626年死于玄武门之变，终年24岁。

玄武门，是唐代长安城的北大门，在无数后人看来，玄武门是个极不太平的“凶险之地”，武德九年（626年），这里曾发生过一次惊心动魄、改写了唐代历史的著名政变——玄武门政变。

大业十三年（617年）五月，太原留守、唐国公李渊在晋阳起兵，在其次子李世民的支持下，十一月占领长安。隋炀帝被宇文化及所弑之后（618年），李渊拥立隋炀帝孙子代王杨侑为帝，改元义宁，即隋恭帝。李渊自任大丞相，进封唐王。义宁二年（618年）五月，李渊称帝，定国号为唐。

唐高祖李渊共有22个儿子，但为窦皇后（也称太穆皇后）所生的只有长子李建成、次子李世民、三子李玄霸和四子李元吉，其中李玄霸早死。

太原造反是李世民的谋略，李渊曾答应他事成之后立他为太子，李世民拜谢并推辞。待到李渊被隋恭帝封为唐王，将领们也请求以世民为世子，李渊准备立他，世民坚决推辞才作罢，改立长子李建成为世子。618年，李渊建立唐朝，改元“武德”，以世子建成为太子，世民为秦王。

据《资治通鉴》记载，太子建成性情松缓惰慢，喜欢饮酒，贪恋女色，爱打猎；高祖第四子、齐王李元吉常有过错，二人均不受高祖宠爱。世民功勋名望日增，高祖常常有意让他取代建成为太子，建成心中不安，于是与元吉共同谋划，并答应元吉在自己即位以后，立他为皇太弟，所以元吉倒向大哥建成，为建成尽死效力，他们各自建立自己的党羽，组成太子党，一起排挤李世民。

随着李世民在外屡立战功，威望日高，高祖先后封他为司徒（三公之一）、尚书令（相当于宰相）、中书令（亦相当于宰相），乃至无可再封时，便创造了史无前例的天策上将之职授予他，位在诸王之上，在朝中的地位仅次于高祖和太子建成，且拥有众多支持者。秦王府内人才济济，形成了一股力量，让李建成不安。儿子们的矛盾高祖多少看在眼里，但是他优柔寡断，也令诸子冲突日渐尖锐。

李建成拉拢高祖宠爱的妃子们，让她们在高祖面前说李世民的坏话，使高祖逐渐疏远了李世民，对他怀有戒心。他们还不罢休，想进一步谋害李世民。

高祖在京城南面设场围猎，太子建成、秦王世民和齐王元吉都随同前往，高祖命令三个儿子骑马射猎，角逐胜负。建成有一匹胡马，膘肥体壮，但是喜欢尥蹶子，建成将这匹胡马交给世民说：“这匹马跑得很快，能够越过几丈宽的涧水。二弟善于骑马，骑上它试一试吧。”世民骑着这匹胡马追逐野鹿，胡马忽然尥起后蹶，世民跃身而起，跳到数步以外站稳，胡马站起来以后，世民再次骑到马身上，这样的情况连续发生了三次。世民回过头来对宇文士及说：“他打算借助这匹胡马害我，但人的生死自有命运决定，就凭他们能够伤害到我吗？”

李建成看阴谋没有得逞，乘机教唆与他偷情的嫔妃在父皇耳边诬陷李世民：“秦王自称：上天授命于我，正要让我去做天下的主宰，怎么会白白死去呢！”高祖大怒，召李世民来严加训斥。李世民摘去王冠，伏地叩头，请求将自己交付执法部门查讯。后来虽证实李世民没有说过这种悖逆之话，高祖仍然怒气不息。

还有一次，李建成请李世民去太子宫喝酒。谁知他在酒里下了毒，世民当即“心中暴痛，吐血数升”（《旧唐书·隐太子建成传》），多亏陪席的叔叔淮安王李神通救护及时，李世民才保住了性命。

虽然数次算计均没有得手,但李建成除去李世民的决心却更坚定了。

武德九年（626年），机会终于来了。东突厥郁射设率领数万骑兵，屯兵黄河以东，侵入大唐边塞，围攻乌城。李建成向高祖推荐李元吉带军北上征讨。高祖听从了李建成的建议，敕令李元吉为都督，率右武卫大将军李艺、天纪大将军张瑾等人去援救乌城。李元吉请求调用秦王府的尉迟恭、程知节、段志玄，以及右三统将军秦叔宝等猛将同行，并用秦王府里的精锐士兵来补充军力，编入出征的部队，这实际上是要借机削弱李世民的兵权。

尉迟恭（585—658年），字敬德，鲜卑族，唐朝名将，勇武善战，屡立战功，助李世民夺取帝位。封鄂国公，是凌烟阁二十四功臣之一，赠司徒兼并州都督，谥忠武，赐陪葬太宗昭陵。后尉迟恭被尊为民间驱鬼避邪，祈福求安的中华门神。传说其面如黑炭，在中国传统文化中，尉迟敬德与秦叔宝（秦琼）是“门神”的原型。

武德九年六月，太子李建成、李元吉和李世民的权力斗争已经到了白热化的地步，而正当李世民谋划怎么应对太子李建成、李元吉的步步紧逼之时，安插在太子东宫的线人王晊又送来一个令人震惊的情报，这个情报，就是太子集团准备发动“昆明池政变”。

李建成的政变计划是：等李元吉出征时，与李世民一起去昆明池为弟弟饯行，在宴会上，埋伏勇士击杀秦王，然后上奏说秦王暴病身亡。而后将已在李元吉掌握之中的尉迟恭等人全部活埋，一网打尽李世民的全部势力。

李世民获得这个情报后不寒而栗，面临危局，他和妻舅长孙无忌、尉迟恭等商量对策。两人力劝李世民先发制人，李世民犹豫说：“兄弟互相残杀，总归不好。不如等他们先动手，我们再回击。”两人急了，说如果再不动手，大家都得白白等死。李世民这才决定先发制人。

正在这个节骨眼上，太白金星于白天划过长空，据《旧唐书·天文志》的说法，金星白昼划过长空是预示着会发生政权更迭。两日后，金星再次于白天划过长空，太史令傅奕向高祖呈送密奏，称“太白见秦分，秦王当有天下”。李渊将这份密奏转交给李世民，其用意是暗示要他自杀来澄清嫌疑。

李世民当机立断，马上回复一份密奏，控告李建成、李元吉二人淫乱后宫，并欲冤杀他，奏章中有一句：“臣于兄弟无丝毫负，今欲杀臣，似为世充、建德报仇。臣今枉死，永违君亲，魂归地下，实耻见诸贼！”高祖看后愕然，回复李世民说，他将于明日在宫中召见他们兄弟和众大臣，一起来对质明白。

李世民的形势已经十分危急，他和属下决定，第二天要在玄武门设下埋伏，杀死李建成和李元吉。

为什么单单选在玄武门？因为玄武门是唐朝政治活动中心太极宫的北门，太极宫有四个门：东门叫青龙门，南门叫朱雀门，西门叫白虎门，北门就叫玄武门。玄武门地势较高，是保卫皇宫安全的南衙禁军下属机构北门屯营的大本营，也是进入皇宫大内的必经之地，是一个响当当的战略要地。而守将常何表面上是李建成的人，实际上已经被李世民暗中收买。

武德九年六月四日（626年7月2日），李世民率领尉迟恭等人，带了一支人马埋伏在玄武门。不多久，太子李建成和齐王李元吉也骑着马来了。可是到了玄武门，他们觉得有点不对劲，那个熟悉的领兵将军常何不知到哪儿去了，守卫人员看起来也很陌生。正疑惑时，门官出来传话，要他们把护卫留下，只身去见高祖。李建成一听，调转马头就往回跑。这时李世民一边高叫：“站住，别走！”一边骑马赶了过来。李建成哪里肯听，只是没命地跑。李元吉见状，要拉弓射李世民，但心里慌张，拉了几次弓都没拉开。李世民眼疾手快，搭弓一箭，射死了李建成。这时尉迟恭带了七十名骑兵，一阵乱箭把李元吉射下马来。这时，李世民的马受惊奔入丛林，被树枝绊住，坠马不能起。李元吉跑过去，企图夺弓勒死李世民，尉迟恭大喝一声，飞马赶来，李元吉吓得拼命逃跑，被尉迟恭一刀砍死。

玄武门的事情很快传到东宫、齐王府，冯立、薛万彻、谢叔方等人率精兵来救。秦王府将领张公瑾神力惊人，独力将宫门关上。宫门才关上，东宫兵将的马匹已撞到门上。

东宫、齐王府等兵将攻打玄武门不成功，又另生一计。薛万彻率兵转而攻击秦王府。此时秦王府兵力大部分集中在玄武门，府中只剩几个文官留守，所以众人大惧。

在这千钧一发中，尉迟恭想出妙计，将李建成、李元吉的首级割下来示众。东宫、齐王府等人见首脑已死，顿时军心涣散，化作鸟兽散。薛万彻见无法约束手下，率骑兵数十人逃离长安，躲进终南山中。

高祖在宫中等着三个儿子，却听到外面乱成一片。正不知是怎么回事，李世民派尉迟恭全身披挂，手持长矛直入宫中面见高祖。高祖大惊失色，问："今日乱者谁邪？卿来此何为？"尉迟恭答："秦王以太子、齐王作乱，举兵诛之，恐惊动陛下，遣臣宿卫。"之后，李世民跪见父亲，将事情经过上奏。高祖听了，大吃一惊。面对这样的形势，他只好顺势应变。

三天后，李世民被高祖立为皇太子，诏曰："自今军国庶事，无大小悉委太子处决，然后闻奏。"把朝中大权交给了李世民。

两个月后，八月初九甲子日（9月4日），高祖退位称太上皇，禅位于李世民。李世民登基，是为唐太宗，次年改元贞观。光耀千古的唐太宗，正式走到历史前台。

李世民善于安抚人心，在"玄武门之变"中，他不得已杀了李建成兄弟。他登上帝位，就追封李建成为息王、李元吉为海陵郡王，并下诏以王子之礼将他俩改葬。落葬之日，李世民不仅允许两宫旧部去吊唁，还亲自参加了葬礼。

贞观十三年（640年），李世民封皇子李福为赵王，过继给已故皇兄建成为嗣。

贞观十六年（642年），李世民再次下诏恢复息隐王建成皇太子的封号，改封海陵剌王元吉为巢王，谥号不变，故后世称两人为"隐太子"、

“巢刺王”。两人生前的身份地位恢复了，但恶谥依然伴随着他们。

李世民去世后，其子李治继位，是为唐高宗。高宗于显庆年间下达诏书，令太宗的小儿子、自己最小的弟弟曹王李明，过继给已故皇叔李元吉为嗣。

《旧唐书·高祖二十二子传·赞》曰：“建成、元吉，实为二凶。中外交构，人神不容。用晦而明，殷忧启圣。运属文皇，功成守正。善恶既分，社稷乃定。”

相关链接：

唐朝另三起发生在玄武门的政变

从高祖开基到玄宗朝之前的93年中，共发生了四次宫廷政变，而这四次政变都牵涉到当时皇宫的北面正门——玄武门。除去最为著名的“玄武门之变”，还有“神龙政变”、“李重俊政变”和“唐隆之变”。

神龙政变　发生在唐中宗神龙元年（705年）一月，其时武则天称帝已经14年，年老病重，一些久已对她的武周政权不满、希望恢复唐朝社稷的官员，在凤阁鸾台平章事（即宰相）张柬之、崔玄晧的率领下趁机起事。张、崔与左羽林卫将军敬晖等带领左右羽林兵500多人占领玄武门，并把太子李显从东宫迎来，然后一同闯入皇宫，直至武则天所寝的迎仙宫，斩杀了武则天宠任的麟台监张易之、春官侍郎张宗昌，逼迫武则天退仙宫，拥立太子李显重即帝位，复唐国号。

李重俊政变　是唐中宗景龙元年（707年）太子李重俊发动的政变。唐中宗李显复位后昏弱无能，而皇后韦氏强悍，她与武三思内外勾结，把揽朝政。韦后因太子重俊不是自己亲生，很不喜欢他。武三思也很忌恨李重俊，并纵容其子驸马左卫将军武崇训和子妇安乐公主时常凌辱李重俊，甚至呼李重俊为奴。安乐公主还请求中宗废黜太子，立自己为皇太女。李重俊终于忍无可忍，于景龙元年七月联合左羽林大将军李多祚等假称奉诏，率左羽林和千骑兵300余人冲入武三思和武崇训的府邸，杀了武三思和崇训，随即又发兵包围了皇宫，索要韦后和安乐公主。韦后闻变，和中宗登上玄武门门楼，调兵镇压。李重俊率军攻到玄武门前，中宗对军士宣布李重俊谋反，于是军士倒戈，杀了李多祚等，李重俊的党羽立时溃散，政变一下子土崩瓦解了。李重俊逃到终南山，被追获斩杀。

唐隆之变　是唐中宗景龙四年（710 年）李隆基发动的政变。其年 6 月，韦后和安乐公主等密谋毒死了中宗李显，立温王李重茂为帝。韦后想效仿武则天，于是在京畿要害部门安插韦氏子弟，广聚党众，准备废黜重茂自立，但又害怕相王、太尉李旦反对，故欲寻机杀之。相王之子、临淄王李隆基接到密告，即联合太平公主等先发制人，假意传旨，羽林卫军统领卫军韦璿、韦播等出来应旨，哪知中计，结果被李隆基斩杀，李隆基占领了玄武门，随后纵兵闯入皇宫，斩杀了韦后和安乐公主。由相王李旦和李隆基父子二人掌握了军政大权，后来威慑少帝重茂让位，相王登基，是为唐睿宗。

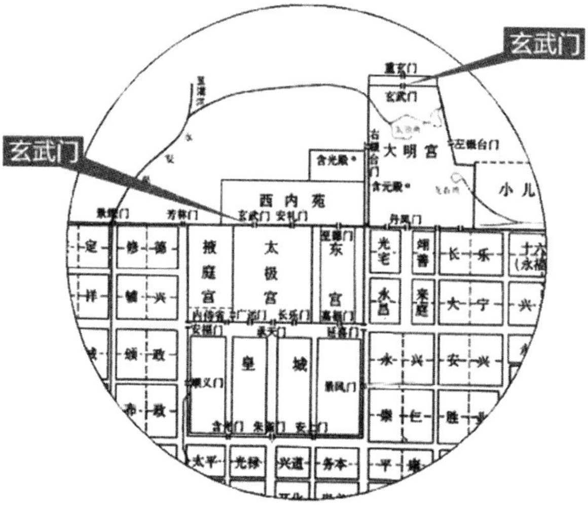

唐代长安城玄武门示意图

这四次政变有个共同之处，就是各次政变成败的关键均在能否控制玄武门。在政变中，凡控制玄武门的一方即属胜利者，凡没能控制玄武门的一方最后都失败了。

要明白玄武门为什么会在唐朝前期历次政变中具有决定成败的地位，就必须知道唐代皇宫的规制。在唐朝，都城的皇家宫殿是帝王居住和听政的主要场所，亦即政治权力中枢，所以太极、大明两宫和洛阳宫城的宫殿建筑格局完全一样，都是沿着南北向轴线对称排列，分为外朝、内廷两部分。外朝主要是皇帝听取朝政、举行宴会的宫殿和若干官署；内廷则是皇帝和后妃的寝宫和花园，是帝王后妃起居游憩的场所。而最关键的是，外朝位于皇宫南部，内廷则处在皇宫北部。

因此，皇宫城墙北面诸门就对内廷的安全起着主要的作用，这其中，作为北面正门的玄武门，就更是有着举足轻重的地位。唐代皇宫城墙各门都由宫廷卫军把守，而玄武门外就设有两廊，宫廷卫军司令部驻在这里，称为“北衙”，有着坚固的工事和雄厚的兵力。据此，政变发生时首先控制玄武门的意义就不言自明了：控制了玄武门便可以控制内廷，而控制了内廷也就可以控制皇帝，从而控制中央政府，乃至整个国家。

贞观之治

唐太宗是中国历史上的一代英主，其治绩一直为后世所传颂。唐太宗即位后，因亲眼目睹隋朝的兴亡，所以常用隋炀帝作为反面教材，来警戒自己及下属。他像孟子一样，把人民和君主的关系比作水与舟，认识到“水则载舟，亦则覆舟”，因此留心吏治，选贤任能，从谏如流。他唯才是举，不计出身，不问恩怨。在文臣武将之中，魏征当过道士，原系太子李建成旧臣，曾议请谋杀太宗；尉迟恭做过铁匠，又是降将，但都受到重用。太宗鼓励臣下直谏，魏征前后谏事二百余件，直陈其过，太宗多克己接纳，或择善而从。魏征死后，太宗伤心地说：“夫以铜为镜，可以正衣冠；以古为镜，可以知兴替；以人为镜，可以明得失。魏征逝，朕亡一镜矣。”

太宗在经济上特别关注农业生产，实行均田制与租庸调制，“去奢省费，轻徭薄赋”，使人民衣食有余，安居乐业。在文化方面，则大力奖励学术，组织文士大修诸经正义和史籍；在长安设国子监，鼓励四方君长遣子弟到此留学。此外，太宗又屡次对外用兵，经略四方，平东突厥、定薛延陀、征高句丽、联姻吐蕃、和高昌，使唐之国威远播四方。太宗则被西北诸国尊为“天可汗”，成为当时东方世界的国际盟主。

在太宗执政的贞观年间（627—649年），在君臣的共同努力之下，出现了一个政治清明、经济发展、社会安定、武功兴盛的治世，史称“贞观之治”。

唐太宗李世民和长孙皇后

长孙皇后（601—636年），河南洛阳人。祖先为北魏宗室长。父长孙晟，隋右骁卫将军，有“一箭双雕”之美誉，母高氏。大业九年（613年），13岁嫁唐公李渊次子李世民。筮者曾预言她“贵不可言”。唐代隋后被册为秦王妃。武德末年储位之争期间，在玄武门之变当天亲自激励将士。李世民即位后，立为皇后。

唐太宗李世民和长孙皇后

长孙氏是一位有趣的贤后，自称不涉朝政，但时常以古事设喻劝谏皇帝，更留下以迂回策略保护大臣的美名；不允许自己的同母兄无忌为宰执，却因不愿留下“恃宠”恶名而请求李世民赦免其参与谋反的异母兄安业；性情不好奢靡，却有以丹羽金叶制作的“歧头履”传世；史载“造次必循礼”，却有活泼浪漫的《春游曲》流传；出生于崇尚佛教的家庭，却斥责佛道为异端，在重病时驳回皇帝为其大赦延寿的决定；对于自己掌管的宫人嫔妃非常仁慈，却敢于在其著作《女则》中毫不留情地指摘东汉明德皇后的过失。

长孙氏是一位十分令人玩味的历史人物，这样一位具备祸国妖姬特质及条件的女子却选择了一条往往令今人曲解为压抑刻板的道路。从她的身上，我们可以看出一位充满智慧、荣宠一生、优雅大气与妩媚活泼并存，且骄傲自负得可爱的贤后的真面目。

贞观十年六月己卯日（7月28日），长孙皇后在立政殿去世，时年36岁。同年11月葬于昭陵，谥号文德。皇后入葬元宫后，太宗做了两件前所未有之事：他在元宫外的栈道上修建了起舍，命宫人居住其中，如侍奉活人一般侍奉皇后——这种对已逝之人却供养如生的例子极其少见，几乎为太宗首创。可见在太宗心里，长孙皇后永远是活着的。

太宗还在宫中建起了层观，终日眺望昭陵，其实太宗作为封建帝王，对当时“夫不祭妻”的规则不可能不知，但他还是毫不避讳建层观，望昭陵，还拉着大臣一起来怀念。如果不是用情太深，情难自已，又怎么会明知故犯呢？在魏征的劝讽下，层观最终拆除了。但太宗对爱妻的思念却并没有因此而停止，反而越发汹涌难以自控，以至于他在一次回诏中，公然向大臣诉说起了自己丧偶之后的悲苦心情——“顷年以来祸衅既极，又缺佳偶，荼毒未几，悲伤继及。凡在生灵，孰胜哀痛，岁序屡迁，触目摧感。自尔以来，心虑恍惚，当食忘味，中宵废寝”（见《答魏征手诏》）。真可谓“一字一血泪”，看后令人不免唏嘘。

因为对皇后思念不已，唐太宗又做了一件旷古绝今之事——亲自抚养了长孙皇后的幼女晋阳公主和幼子李治。为什么要留他们在身边亲自抚养，《唐会要》中是这样记载的：“晋王以文德皇后最少子，于后崩后累年，太宗怜之，不令出阁。”这同时可以在《新唐书·晋阳公主传》中得到复证。太宗亲自抚养幼子幼女的用意已经很明显了——因为爱宠其母，所以亲养其子，并以子思母，借此来慰藉自己苦闷和空虚的心灵。

附：

《春游曲》

长孙皇后

上苑桃花朝日明，兰闺艳妾动春情。
井上新桃偷面色，檐边嫩柳学身轻。
花中来去看舞蝶，树上长短听啼莺。
林下何须远借问，出众风流旧有名。

第三节　高僧私通动凡心
——失宠高阳公主谋反案

永徽四年（653年），曾经显赫一时的高阳公主因谋反罪，被赐自尽。

高阳公主

人物小档案：

NO1. 高阳公主（？ — 653 年），唐太宗李世民的女儿，排第十七位，本名不详。

NO2. 房遗爱（？ — 653 年），名俊，字遗爱，唐代名臣房玄龄次子，娶高阳公主为妻。

NO3. 辩机（？ — 649 年），15 岁出家，师从大总持寺著名的萨婆多部学者道岳，并驻长安西北的金城坊会昌寺。后协助玄奘法师译经，成为玄奘的得意门生，高才博识、译业丰富，后又帮助玄奘撰成《大唐西域记》一书，名噪一时。

高阳公主，是太宗李世民最宠爱的女儿。她美丽的容貌和率真的天性，给沉闷的皇宫和心身疲惫的唐太宗增添不少斑斓的色彩，《旧唐书》云：“初，主（高阳公主）有宠于太宗。” 她从小生长于衣食无忧的宫廷之中，过着随心所欲的生活，也就养成了她骄纵自由、贪婪狂妄的性格。

长大以后，高阳公主被唐太宗赐婚，下嫁给房玄龄的次子房遗爱。房玄龄是太宗朝的名臣、重臣，唐太宗将自己最疼爱的女儿作为平衡和房玄龄关系的筹码，这也是古代帝王之家所有公主的命运。她们享受了皇室带给她们的尊荣和富贵，就必须分担皇室的风险和危机，必要时还得作为一个政治筹码，去交换边界的安宁，笼络宠臣的忠心。

可惜，房遗爱虽出身名门，却和他以学识知名的父亲太不相同，他不学无术，为人懦弱，庸碌无能，高阳公主自是看不上眼，遂着力抵制这门婚姻。但显而易见是徒劳无功的，婚礼如期举行。高阳愤懑至极，新婚之夜将驸马阻于洞房门外，但也只能撒一时之气，却改变不了嫁为人妇的事实。

从小生活一向顺风顺水的高阳公主第一次遭遇到人生的挫折，也开始对太宗皇帝怀恨在心。婚后，她恃宠骄纵，极不安分。面对唯唯诺诺的丈夫，高阳公主满怀郁闷无处发泄，便经常去郊外游猎散心。一日，高阳出游，偶遇发奋苦读的辩机和尚，辩机彬彬有礼而又英姿勃发，俩人顿生情愫。那时，高阳公主16岁，辩机21岁。

《新唐书》曰："初，浮屠庐主之封地，会主与遗爱猎，见而悦之，具帐其庐，与之乱，更以二女子从遗爱。"高阳的丈夫房遗爱窝囊地默许了妻子的出轨，并享用妻子赠予的两名宫女。

这个辩机，就是日后佛教历史上重要著作《大唐西域记》的作者，是高僧玄奘的高徒。辩机自小节操高洁，有志于学。15岁时出家为僧，成为大总持寺道岳法师的弟子。这样一个佛家英才，就这样被高阳公主拉下了水。

贞观十九年（645年）正月，从天竺取经归来的高僧玄奘得到太宗支持，开始了经文的翻译工作。在举国选拔译经人的考核中，辩机被选中了，成为九名译经僧人中最年轻的一个。作为译经人，辩机将要去弘福寺长住。临别的时候，高阳公主将自己的"金宝神枕"送给情人，让他带在身边，睹物思人。灾难就随着这个奢华的枕头，被带进了弘福寺里。

转眼到了贞观二十三年（649年）的冬天。官员抓住了一个小偷，从小偷的住处搜到了一只镶满珠宝的玉枕。这只豪华的女用玉枕，绝非一般人所用之物，经过审讯调查，事情真相很快大白于天下，高阳公主和辩机惊世骇俗的恋情成了公开的秘密。

丢尽了脸面的唐太宗怒发冲冠，立即下诏将辩机处以最为残酷的腰斩之刑。辩机这个深受玄奘、道宣等其他大乘佛教界高僧期许的青年才俊，在群众的怒骂和嘲笑里，受尽难以名状的地狱之苦，在惨叫声中断气。高阳公主的数十名奴婢也被处斩刑。一场公主与和尚之间的畸恋以扑鼻的血腥收场。

高阳公主毕竟是太宗亲女，未受皮肉之苦，但愤怒至极的唐太宗下诏，永远禁止她入宫，这就等于断绝了与她的父女之情。此时的高阳公主不仅不反省自己的错误，反而对父亲恨之入骨了。

此时，唐太宗自己的人生也走到了尽头。几个月后，就在这年的初夏，51岁的唐太宗病死了。

唐太宗死后，高阳公主的私生活日渐糜烂，与僧人智勖、惠弘，道士李晃淫乱。而这三个人，都是唯恐天下不乱的小人，眼见高阳公主对太宗皇帝不满，想要依靠高阳公主，办成一件惊天动地的大事，成就自己的功名。于是鼓动她推翻太宗选李治作继位人的决定，推举一位新的帝王掌政。

高阳公主相信了他们的鬼话，暗地里让掖廷令陈玄运去察看内宫的祥祸，推演星象。当高阳公主得到了所谓的确实答复以后，便开始涉足政事。

高阳公主、房遗爱联络与高宗不和的薛万彻（妻为唐高祖第十五女丹阳公主）、柴令武（妻为太宗第七女巴陵公主），密谋叛乱，打算发动政变，废掉高宗，拥立叔父荆王李元景为帝。

李元景（？—653年），唐高祖李渊的第六子。武德三年（620年），封赵王。武德八年（625年），任命为安州刺史。贞观初年，任命为雍州牧、右骁卫大将军。贞观十年（636年），徙封荆王，荆州都督。转任鄜州刺史。永徽初年，进位司徒，实封1500户。永徽四年（653年），因房遗爱谋反事件连坐，与其子李则一起处死刑。后来追封沈黎王。

其实，唐高宗李治对这位异母姐姐的感情还是很好的。就在高阳公主密谋造反的同时，蒙在鼓里的李治还常常赐她赏物。在652年的冬天，李治还专程跑到姑妈同安大长公主和姐姐高阳长公主的家里串亲戚。

高阳公主最终大祸临头，说来还是要归咎于她自己的多行不义。

高阳公主与房遗爱的兄长，也就是房玄龄的长子房遗直一直不睦。房玄龄死后，房遗直作为长子，继承了父亲梁国公的爵位。当年太宗皇帝在的时候，房遗直就表示二弟房遗爱是公主的驸马，愿将世袭爵位让与房遗爱，但是被太宗皇帝制止，公主当时就十分不满，从小养成的想要什么就要得到什么的霸道个性让她对此事一直耿耿于怀。

唐高宗永徽四年（653年），高阳公主欲夺房遗爱兄长房遗直所继承的官爵，就诬告房遗直对自己无礼，高宗皇帝让国舅长孙无忌审理。结果，房遗直对高阳公主无礼的事没有查出，却查出了高阳公主与其夫房遗爱意图拥立荆王李元景谋反的铁证！

同年二月乙酉日，高阳公主与巴陵公主以及叔父荆王李元景被勒令自尽，以房遗爱为首的三位驸马被处斩。高阳公主与房遗爱诸子，都作为刑徒流配岭南。房遗直因父亲之功，总算保得不死，但是亦受牵连，除名为庶人。可惜房玄龄一世忠贞，家族终为恶妇所累，房氏一族，就这样衰败了。

相关链接：

古代酷刑——腰斩

腰斩这种酷刑最早出现在周代，周代的死刑有车裂、斩和杀三种。“斩”就是腰斩，而“杀”才是后世所谓的斩首。

最初，兵器还是用青铜器制成，腰斩行刑时用斧或钺。待铁器普及后，腰斩的工具就是铡刀，不仅刃利背厚，不易磨损，而且对杀人技术要求比较低。

在行刑时，犯人必须脱光身上的衣服，使腰部裸露出来，伏在铡床或木、铁的砧板上。刽子手用铡刀把犯人从腰部砍作两截。人的主要器官都在上半身，因此犯人被从腰部砍作两截后，还会神志清醒，过好长一段时间才断气。犯人的家属往往会打点一下刽子手，让他行刑时从上面一点的部位动刀，可以使犯人死快点；如果有人想要犯人多受点罪，就贿赂刽子手从下面一点的部位动刀，甚至将被腰斩之人上半截移到一块桐油板上，使血不得出，可使犯人多延续两三个时辰不死，残忍至极。

腰斩这一刑罚于雍正朝被废，当时雍正皇帝对泄露考题的俞鸿图实行腰斩的刑罚，俞鸿图被腰斩后在地上用自己的血连写七个“惨”字方自气绝身亡，雍正听说之后便觉残忍，命令废除这一刑罚。

中国历史上被腰斩的著名历史人物有：李斯、晁错、方孝孺等等。

《大唐西域记》

玄奘和尚，俗姓陈，名祎，洛州缑氏（今河南偃师县南缑氏镇）人，隋文帝仁寿二年（602 年）出生于一个世代儒学之家，出家后法名玄奘，敬称三藏法师，俗称唐僧。随着学业的日益长进，他的疑问和困惑也越来越多，于是下决心去佛教的发源地印度取经求法。

唐太宗贞观元年（627 年），玄奘从长安出发，孤身踏上万里征途，开始了他的西行。玄奘历经千辛万苦，进入了印度。玄奘的学识受到印度僧俗的极大敬重，因而获得了大乘天的尊称，名震印度。

贞观十七年（643 年）春，玄奘谢绝了戒日王和那烂陀寺众僧的挽留，携带 657 部佛经，取道今巴基斯坦北上，经阿富汗，翻越帕米尔高原，沿塔里木盆地南线回国，两年后回到了阔别已久的首都长安。玄奘此行，行程 5 万里，历时 18 年，是一次艰难而又伟大的旅行。

唐太宗得知玄奘回国，在洛阳召见了他，并敦促他将在西域、印度的所见所闻撰写成书。于是玄奘口述，由他的高徒辩机执笔的《大唐西域记》一书，于贞观二十年（646 年）七月完成了。

《大唐西域记》分 12 卷，共十余万字，书前冠以于志宁、敬播两序。卷一记载了玄奘赴印度所经过的今天新疆和中亚的广大地区。卷二之首有印度总述，然后直到卷 11 分述古印度各国的概况，其中摩揭陁一国情况占去了 8、9 两整卷的篇幅。卷 12 记载了玄奘返国途中经行的帕米尔高原和塔里木盆地南缘诸国概况。

全书共记述了玄奘亲身经历的 110 国和得之传闻的 28 国情况，书中对各国的记述繁简不一，通常包括国名、地理形势、幅员广狭、都邑大小、历时计算法、国王、族姓、宫室、农业、物产、货币、食物、衣饰、语言、文字、礼仪、兵刑、风俗、宗教信仰以及佛教圣迹、寺数、僧数、大小乘教的流行情况等内容。

全书内容丰富、文字流畅、叙事翔实，再加上执笔人辩机的文笔优美简洁，使全书增色不少。

《大唐西域记》在历史上有着重要的作用，此书详细地记录了玄奘所经这一广阔地区的历史、地理、风土、人情，气候、湖泊、地形、土壤、林木、动物等情况，具有重要的历史、地理价值。此书也是日后四大名著之一《西游记》的雏形。

房玄龄和他的夫人

房玄龄（579—648 年），别名房乔，字玄龄。临淄（今山东章丘市）人，是中国唐朝时的开国宰相。

当年，隋末大乱，李渊率兵入关，房玄龄投秦王李世民门下，屡从秦王出征，为秦王出谋划策。每平定一地，别人争着求取珍玩，他却首先为秦王幕府收罗人才。唐武德九年（626年），他参与玄武门之变的策划，与杜如晦、长孙无忌、尉迟敬德、侯君集五人并功第一。唐太宗李世民即位，房玄龄封梁国公。与杜如晦、魏征等同为太宗的重要助手，后世以他和杜如晦为良相的典范，合称“房谋杜断”，是大唐“贞观之治”的主要缔造者之一。

房玄龄

房玄龄虽智能高超、功勋卓越、地位显赫，但他善用伟才、敏行慎言、自甘卑下、常行让贤。“群星捧月月隐平，治世夜空灿月明”，是对他特有的名臣气度、良相风格的赞言。作为一名雅士，他颇具可佩可学的典范；作为一代勋臣，他堪称可歌可颂的英贤。唐武德二十二年，房玄龄病逝，去世后谥号“文昭”，配享太宗庙廷，陪葬昭陵。

但是，谁会想到，如此功勋卓著的房玄龄，在家中竟是一个“妻管严”。现在，好把爱妒忌的女人和“醋”联系在一起，其实，这个典故是来源于房玄龄和其夫人卢氏间的一个故事。

高祖李渊、太宗李世民起兵前久居晋阳，“醋”也成为唐宫必不可少的调味品，且因皇上喜吃，皇宫储存极多。

唐太宗年间，宰相房玄龄惧内是出了名的。一日，唐太宗请开国元勋赴御宴，酒足饭饱之际，房玄龄经不得同僚的挑逗，吹了几句不怕老婆的牛皮，已有几分酒意的唐太宗乘着酒兴，便赐给了房玄龄两个美人。房玄龄想不到酒后吹牛被皇上当了真，无奈收了两位美人，想到霸道的妻子，愁得不知怎么才好。还是尉迟敬德给他打气，说老婆再凶，也不敢把皇上赐的美人怎么样，房玄龄才小心翼翼地将两个美人领回家。不料，卢氏却不管皇上不皇上，一见房玄龄带回两个年轻漂亮的小妾，大发雷霆，将两个“美人”赶出府。此事马上便被唐太宗知道了，唐太宗想压一压宰相夫人的横气，便立即召房玄龄和卢氏问罪。

卢氏也知此祸不小，勉勉强强地跟随房玄龄来见唐太宗。唐太宗见他们来到，指着两位美女和一坛毒酒说："我也不追究你违旨之罪，这里有两条路任你选择，一条是领回两位美女，和和美美地过日子；另一条是吃了这坛毒酒，省得妒忌旁人了。"房玄龄知夫人性烈，怕夫人喝毒酒，急忙跪地求情。李世民怒道："汝身为当朝宰相，违旨抗命，还敢多言！"卢氏见事已至此，看了看二女容颜，知自己年老色衰，一旦这二女进府，自己迟早要走违旨抗命这条路，与其受气而死，不如喝了这坛毒酒痛快。尚未待唐太宗再催，房夫人举起坛子，咕咚咕咚地已将一坛毒酒喝光。房玄龄急得老泪纵横，抱着夫人抽泣，众臣子却一起大笑，原来那坛里装的并非毒酒，而是晋阳清源的食醋，根本无毒。

唐太宗见房夫人这样的脾气，叹了口气道："房夫人，莫怨朕用这法子逼你，你妒心也太大了。不过念你宁死也恋着丈夫，朕收回成命。"房夫人料不到自己冒死喝"毒酒"得了这么个结果，虽酸得伸头抖肘，但心中高兴万分，房玄龄也破涕为笑。从此，"吃醋"这个词便成了女人间妒忌的代名词。

第四节 烛影斧声死不明

——宋太祖赵匡胤离奇死亡案

开宝九年（976年）十月十九日夜，宋朝的缔造者太祖赵匡胤忽然离奇驾崩，年仅50岁。

宋太祖赵匡胤

人物小档案：

NO1. 赵匡胤（927—976年），涿州（今河北）人，北宋王朝的建立者。在位16年（960—976年），庙号太祖。

NO2. 赵光义（939—997年），宋朝的第二个皇帝。本名赵匡义，后因避其兄宋太祖讳改名赵光义，即位后改名炅。在位共21年（976—997年），庙号太宗。

后周显德六年（959年），后周世宗柴荣病死，继位的恭帝年仅7岁，由符太后主政。

后周显德七年（960年）正月初一，忽然传来辽国联合北汉大举入侵的消息。当时主政的符太后听说此事，毫无主见，茫然不知所措，求救于宰相范质。范质暗思朝中大将唯赵匡胤才能解救危难，不料赵匡胤却推脱兵少将寡，不能出战。范质只得委赵匡胤最高军权，可以调动全国兵马。

几天后，赵匡胤统率大军出了东京城（今河南开封），大军刚离开不久，东京城内就起了谣传，说赵匡胤将做天子。朝中文武百官议论纷纷，谁也不敢相信，却已慌作一团。赵匡胤此时虽不在朝中，但东京城内所发生的一切他都了如指掌，而且这也是他的杰作。周世宗在位时，他正是用此计使驸马张永德被免去了殿前都点检的职务而由他接任。这次故技重施，则是为了造成朝廷的慌乱，并要使他的军队坚定跟随他的决心。

正月初三日，赵匡胤统率大军夜宿距开封20公里的陈桥驿（今河南封丘东南陈桥镇），开始实施兵变计划。

赵匡胤的弟弟赵光义和亲信赵普一直在将士中散布议论，说“今皇帝幼弱，不能亲政，我们为国效力破敌，有谁知晓；不若先拥立赵匡胤为皇帝，然后再出发北征”。将士的兵变情绪很快就被煽动起来，这时赵光义和赵普见时机成熟，便授意将士将一件事先准备好的皇帝登基用的黄袍披在假装醉酒刚刚醒来的赵匡胤身上，并皆拜于庭下，对他山呼万岁，拥立他为皇帝，声音几里外都能听到。赵匡胤却装出一副被迫的样子说：“你们自贪富贵，立我为天子，能从我命则可；不然，我不能为若主矣。”

拥立者们一齐表示“唯命是听”。赵匡胤便当众宣布，回

> 赵普（922—992年），字则平，虽足智多谋却不好读书，后来在赵匡胤的劝告下开始读《论语》，有“半部论语治天下”之说。是赵匡胤“黄袍加身”的预谋者、“杯酒释兵权”的导演者，三度为相，为一代名臣，从政50年，终年71岁。

开封后，对后周的太后和小皇帝不得惊犯，对后周的公卿不得侵凌，对朝市府库不得侵。服从命令者有赏，违反命令者族诛。于是赵匡胤率兵变的队伍回师开封。守备都城的禁军主要将领石守信、王审琦等人都是赵匡胤过去的“结社兄弟”，得悉兵变成功后便打开城门接应。陈桥兵变的将士兵不血刃就控制了后周的都城开封。正月初四，赵匡胤逼使恭帝禅位，轻易地夺取了后周政权，改封恭帝柴宗训为郑王。由于赵匡胤在后周任归德军节度使的藩镇所在地是宋州（今河南商丘），遂以宋为国号，定都开封，建立了赵宋王朝。

赵匡胤在位期间，加强中央集权，提倡文人政治，开创了中国的文治盛世，是一位英明仁慈的皇帝。但是，开宝九年（976年）十月十九日夜，赵匡胤却忽然驾崩，年仅50岁，封庙号太祖。二十一日，晋王赵光义即位，成为太宗皇帝。太祖英年而逝，太宗继位又不合情理，于是引出一段千古之谜。

《宋史·太祖本纪》对太祖的死记载得非常潦草：“癸丑夕，帝崩于万岁殿，年五十，殡于殿西阶。”至于死因，根本就没有提及。

据说，十月十九日夜，大雪飞扬，太祖命人召时任开封府尹的晋王光义入宫。赵光义入宫后，太祖屏退左右，与赵光义酌酒对饮。室外的宫女和宦官在烛影摇晃中，远远地看到赵光义时而离席，摆手后退，似在躲避和谢绝什么。又见太祖手持玉斧戳地，“嚓嚓”的斧声清晰可闻。与此同时，这些宫女和宦官还听到太祖大声喊：“好为之，好为之。”两人饮酒至深夜，赵光义便告辞出来。然而，到了凌晨，太祖就驾崩了。

宋太宗赵炅

得知太祖去世，宋皇后立即命宦官王继恩去召皇子赵德芳入宫。然而，赵光义早就收买王继恩为心腹，王继恩并没有去请赵德芳，而是请来了赵光义。王继恩回宫，宋皇后既问：“德芳来耶？”王继恩却说：“晋王至矣。”宋皇后见赵光义已到，大吃一惊！

知道事有变故，而且已经无法挽回，她位主中宫，亦晓政事，只得乞求赵光义道：“吾母子之命，皆托于官家。”官家是对皇帝的称呼，她这样喊赵光义，就是承认赵光义做皇帝了。赵光义答道：“共保富贵，勿忧也！”于是，赵光义便登基为帝，是为宋太宗，改名赵炅。

太祖身体健康，却突然猝死，死因蹊跷离奇；而赵光义又抢在皇子到来之前登基继位，这为后人留下了许多不解的疑团，因此，历来便有赵光义害死太祖之说。但是那一夜，太祖屏退左右，身边再没有第三个人，真相自然已经无从查起了。

太祖不明不白地死后，赵光义为了显示其即位的合法性，便抛出了其母杜太后遗命的说法，即所谓的“金匮之盟”。

“金匮之盟”的来源是：杜太后临终之际，召赵普入宫记录遗命。杜太后问太祖何以能得天下，太祖说是蒙祖宗和太后的恩德与福荫，太后却说：“你想错了，若非周世宗传位幼子，使得主少国疑，你怎能取得天下？你当吸取教训，他日帝位先传光义，光义再传光美，光美传于德昭，如此，则国有长君，乃是社稷之幸。”太祖泣拜接受教训。杜太后便让赵普将遗命写为誓书，藏于金匮之中。

然而，“金匮之盟”的真相到底如何？人们却疑惑重重。后人推测它是赵光义和赵普杜撰出来以掩人耳目的。那么，到底太祖是否有传位光义之意呢？

据说太祖每次出征或外出，都让赵光义留守都城，而对于军国大事赵光义都参与预谋和决策。太祖曾一度想建都洛阳，群臣相谏，太祖不听，赵光义亲自陈说其中利害，才使得太祖改变主意。赵光义曾患病，太祖亲自去探望，还亲手为其烧艾草治病，赵光义若觉疼痛，太祖便在自己身上试验以观药效，手足情深，颇令人感动。太祖还对人说：“光义龙行虎步，出生时有异象，将来必定是太平天子，福德所至，就连我也比不上。”有人便以此推测太祖是准备将皇位传给弟弟赵光义的。但是，这样的说法难以经得住推敲，有可能是后人的臆测。

姑且不论赵光义是否杀死太祖，是否编造“金匮之盟”，这种兄终弟及的皇位继承方式与传统的父子相传相比，可谓名不正，言不顺。因此，赵光义继位后首先要采取系列措施来安抚人心，巩固帝位。

赵光义一即位，就改年号为“太平兴国”，表示要成就一番新的事业。他对于此次皇位更替中涉及的关键人物，都做了一番安排。他任命其弟赵廷美（即光美）为开封尹兼中书令，封齐王、太祖的儿子赵德昭为节度使和郡王，封赵德芳为节度使。太祖和廷美的子女均称为皇子皇女，太祖的三个女儿还封为国公主，太祖的旧部都加官晋爵，而一些太祖在世时曾受到处罚的人，赵光义也都予以赦免。

除此之外，赵光义更注重培养和提拔自己的亲信，扩大科举的取士人数，这些“天子门生”出任各种职务，无疑对赵光义心存感激，心甘情愿地为新皇帝效力。这样，即使当时朝野内外对赵光义的继位有诸多非议，赵光义也能够把权力牢牢地掌握在自己手中，将整个朝廷逐渐变成服从自己的机构，而“斧声烛影”和“金匮之盟”则成为了后人永远猜不透解不开的谜团。

不管赵光义如何在文治武功上谋求超越太祖的地位，但终赵光义一朝，却始终无法摆脱太祖的阴影。赵光义继位之后，面对的一个头疼问题就是如何对待此后的皇位继承。所谓的“金匮之盟”可能是赵光义、赵普捏造出来的，虽然一时能掩人耳目，但最终限制了赵光义传子的愿望。这还得靠赵光义自己解开这道难题。

按照“金匮之盟”的约定，赵光义的弟弟赵廷美是皇位第一继承人，并由廷美传回太祖之子德昭。这是赵光义所不愿意看到的。自古帝王传承多为父死子继，赵光义也不例外。为此，赵光义绞尽脑汁，力图一一排除传子过程中的障碍。为剪除后患，赵光义亲自导演，将侄子赵德昭、赵德芳和弟弟赵廷美一一逼上了绝路。

太祖去世后，还留有两个儿子德昭和德芳。赵光义继位之初，德昭被封为节度使和郡王。赵光义征辽时，德昭从征幽州。高梁河之战，宋军惨败，赵光义只身逃脱，不知所踪。这时有人商议立德昭为帝。后来，赵光义生还，此事便作罢。班师回京后，赵光义认为此次北伐不利，便很久不行此前平定北汉之赏，将士们不免议论纷纷。德昭便为将士们请赏，认为即使与辽作战失败了，还是应该赏赐平北汉有功的将领。赵光义听后很不高兴，就说：“待你做了皇帝再赏赐也不迟。”此言一出，德昭惶恐万分，低头垂泪，默然而出。

德昭所处地位本就微妙，而叔父那番话分明又是怀疑他有夺位之心，日后难全其身，又思及父母早亡，兄弟二人不得保，满腹心事竟无处诉说，顿生短念，回来后便自刎身亡，死时年仅29岁。两年以后，德芳又不明不白地死去，年仅23岁。于是，赵光义皇位继承的两大“隐患”被消除了。

德昭兄弟死后，对皇位能构成威胁的就只剩下秦王赵廷美了，赵光义只有除掉他，才能保证将皇位传给自己的子孙。

过了几年，赵光义的亲信揭发秦王赵廷美阴谋造反。没多久，赵普就查到了卢多逊私遣堂吏交通赵廷美之事，说卢多逊盼赵光义早日晏驾，这样就能尽力侍奉赵廷美，赵廷美表示满意，还送卢多逊弓箭等物。赵光义大怒，勒令赵廷美回归私第，其儿女不再称皇子皇女。

但是，赵廷美的悲惨命运还没到头。开封知府李符落井下石，上言说赵廷美不思改过，反多怨望。于是，赵廷美被降为涪陵县公，安置到房州。赵光义命人严加监管。赵廷美气愤难平，两年后便死在房州，年仅38岁。

赵廷美死后，赵光义对外称赵廷美乃是乳母陈国夫人耿氏的儿子，并非杜太后所生，这样就彻底地将赵廷美排除在皇位继承系统之外。当时，杜太后早已去世，赵光义兄弟也只剩下他一人，赵光义所言无人能够反驳。因此，赵廷美到底是谁的儿子，恐怕也只有赵光义自己最清楚了。

使用了上述种种手段，赵光义终于清除了将皇位传给儿子的障碍。不过，赵光义对皇位继承人的挑选却并非一帆风顺，也颇多曲折。

赵光义长子元佐自幼聪明机警，长得又像赵光义，颇为赵光义喜欢。元佐有武艺，善骑射，还曾经随赵光义出征过太原、幽蓟。赵光义迫害赵廷美时，元佐颇为不满，力加营救，请免其罪，但未能成功。后赵廷美死于房州，元佐得知此事，悲愤成疾，竟然发狂。左右仆从若有小错，元佐即以刀棒伤人。赵光义命太医治理，才稍有好转。

雍熙二年（985年）重阳节，赵光义召集几个儿子在宫苑中设宴饮酒作乐，因元佐病未痊愈，就没有派人请他。散宴后，陈王元佑去看望元佐。元佐得知设宴一事，说：“汝等与至尊宴射，而我不预焉，是为君父所弃也。”忿气难平，一个劲喝酒。到了半夜，索性放了一把火焚烧宫院。一时间，殿阁亭台，烟雾滚滚，火光冲天。赵光义得知后，猜想可能是元佐所为，便命人查问，元佐具实以对。赵光义怒不可遏，欲绝父子之情。众人营救不得，元佐被废为庶人。

在元佐焚宫这件事中，陈王元佑是一个关键人物。宴会后，元佑去元佐府中，不知说了什么竟惹得元佐纵火焚宫，而后也不知元佑是否对赵光义说过什么，赵光义认为元佐宫中起火并非偶然，决意废元佐为庶人。只是雍熙三年七月，元佑改名元僖，并封开封尹兼侍中，成了准皇储，成为最大的受益者。

然而，事不如人愿。淳化三年（992 年）十一月，元僖早朝回府，便觉得身体不适，不久竟然暴毙。赵光义极为悲伤，罢朝五日悼念皇太子，并写下《思亡子诗》。元僖之死，据传是其侍妾张氏下毒所致。元僖不喜正妻李氏，宠爱张氏。张氏欲下毒毒杀李夫人，但误毒死元僖。张氏恃宠骄横，对奴婢稍不如意即予以重罚，甚至有棰死者，但元僖并不知情。张氏又逾越制度葬其父母。赵光义后来探知其事，大怒，遣使按问。张氏自缢身亡，左右亲吏都被处罚，其父母坟墓亦被毁去。赵光义又下诏停止元僖的追赠仪式，降低其葬礼的规格。元僖本得赵光义喜爱，又与宰相交好，朝中还有不少大臣建议立他为太子，本是春风得意之时，却死于非命，而死后又被赵光义所厌，实是可叹。

元佐被废，元僖暴死，储位空缺，冯拯等大臣上疏请早立太子。这是个敏感问题，赵光义正为此心烦，便将冯拯等人贬到岭南。自此以后没有人敢议论继承问题。不过，赵光义本人一直被箭伤所扰，也知该早立储君，便就此私下和寇准商议。在寇准的支持下，襄王元侃被立为太子，改名恒。

赵光义册立太子，大赦天下，京师之人见到太子都欢呼道："真社稷之主也！"赵光义得知后很不高兴，马上召寇准说："四海心属太子，欲置我何地也？"皇帝尚在世，太子如此深得人心，自然为皇帝所忌，有哪个皇帝不想权力为自己所操控呢？寇准深知赵光义心中不痛快。便劝解道："陛下择所以付神器者，顾得社稷之主，乃万世之福也。"赵光义听后才消气。

至道三年（997 年）三月，赵光义驾崩，赵恒登基为帝，成为宋真宗。

160多年后的南宋，因南宋开国皇帝高宗赵构没有嗣子，所以只好从其他宗族中选择后继者。当时刚经历了靖康之耻，宋王朝的近支宗室几乎都被金兵一网打尽，流散在民间的都是远支了。当时的远支有太祖赵匡胤、太宗赵光义和魏王赵廷美的后代。赵构说，太祖皇帝神威英武，奄有天下，如今子孙零落，甚为可怜。有把帝位传回太祖一系之意，这个想法得到大臣们的支持。

绍兴三十二年（1162年），高宗让位于赵昚，赵昚源自太祖少子秦王赵德芳一支，是为宋孝宗。当时民间传说称，宋太祖并没有失德，但是其子孙却不能享国。特别是据说金的统帅金兀术长得很像宋太祖，是宋太祖托他来索取天下的。宋室南渡以后，普遍认为宋室的遭遇是由于天命所至，于是认为应该把天下归还宋太祖的子孙。而高宗的决定是否有民间传说的作用，就不得而知了。

但历史确实出现了戏剧性的一幕——宋朝的皇位在将近200年的旁落后，再次回到了宋太祖的直系后代的手上。

相关链接：

杯酒释兵权

赵匡胤虽然通过兵变登上了皇帝宝座，但他却不敢高枕无忧。通过这次兵变，他深刻地认识到，武将们在废立皇帝、改朝换代方面有着非常大的能量。他自己既然可以以武将的身份和实力去推翻国君，其他将领也可以用同样的方式来推翻他。为了防患于未然，赵匡胤决计拿一些声望较高又握有重兵的大将开刀。

宋太祖“杯酒释兵权”

首先，赵匡胤废除了殿前都点检一职，接着就导演了一出“杯酒释兵权”的喜剧。

一日，禁军太将石守信等奉召来到后花园，赵匡胤设宴相待。酒过三巡，赵匡胤故作愁眉不展状，开口说道："我不是靠你们出力，到不了这个地步，但做皇帝太艰难了，实在不如做节度使快乐，我整个晚上都不敢安枕而卧啊！"石守信等忙问其故，赵匡胤就说："这不难知道，谁不想做皇帝呢？"石守信等一听，惊恐万状，纷纷表白道："陛下何出此言，今天命已定，谁还敢有异心。""不然！"赵匡胤断然说道，"你们虽无异心，然而倘若你们部下希求富贵，一旦以黄袍加你之身，你虽然不想做皇帝，能办到吗？"众将一听，都吓得离席叩头，请求赵匡胤指示一条"可生之途"。

赵匡胤这才表明了自己的真正意思："人生如白驹过隙，求富贵者，不过想多积金钱，多多娱乐，使子孙免遭贫乏而已。你们不如释去兵权，出守地方，多买良田美宅，为子孙立永不可动的产业；同时多买些歌儿舞女，日夜饮酒相欢，以终天年。朕再同你们结为婚姻之家，君臣之间，两无猜疑，上下相安，这不很好吗？"众将明白了赵匡胤的意思，一齐下拜说道："陛下关心臣等，真可谓生死而肉骨（使死人复生，白骨长肉。形容恩惠极大）啊！"

第二天，众将领都称病辞职。赵匡胤大喜，安排他们到地方做节度使。赵匡胤几杯美酒，轻而易举地解决了大将专军权的问题，被誉为"最高政治艺术的运用"，成为千古佳话。

赵匡胤抓舞弊

开宝六年（973年）的一天，宋太祖赵匡胤在朝堂之上按照惯例会见当年新考上的进士。新录取的进士有11人，诸科28人。

在此之前，像这样的接见与谢恩活动都是程序化的，与考试本身并无本质上的联系，甚至连面试都算不上。但是这次与以往不同，赵匡胤格外地重视。在简单的试探之下，赵匡胤居然从中间揪出了两个"滥竽充数"的人。赵匡胤认为这两个人在新晋的进士中"材质最陋"，水平最低。这两个人，一个是叫武济川，一个是叫刘浚。

这让赵匡胤非常愤怒，难道堂堂帝国选拔来选拔去，就选出这样的人才？他当朝就撤去二人功名，退回原籍。打发完两人，赵匡胤开始追究当事人的责任。

在随后的调查中，赵匡胤了解到被他除名的考生武济川与这场科考的主考官、翰林学士李昉有同乡关系，于是，赵匡胤作出了两项决定，一是重新考试；二是抹掉了李昉翰林学士的头衔。

有意思的是，赵匡胤重新组织的那场考试，除了之前已经除名的武济川，李昉所录取的其他 10 个进士再次被录取。尤其是从第一名到第十名，连顺序排名都原封不动。除了这 10 人又补录了 26 名进士，不过附名在此 10 人之后。这样看来，考场舞弊事件不过是赵匡胤借题发挥的由头，他最担心的是像李昉这样的在朝大臣之间或大臣和一般士大夫之间抱团的派系（朋党），成为中央集团的一股分割力量。他的真实意图很明确,就是要把官员的选拔权抓到自己的手里,借此削弱文人官僚的权力,来强化自己手中的皇权。而李昉不过是这场弈局中的一个棋子罢了。

这场似有若无的“科场舞弊事件”最大的得益者是宋太祖赵匡胤，他借着这样一个事件，为科举考试增加了一道新的考试程序，那就是让士子与皇帝面对面地殿试，这样，新科进士就不会把主考官，而是把皇帝作为自己的恩人，这样一来，皇帝就把对文官的选拔权牢牢地攥在了自己的手中。

第五节　英雄何必问出处

——雍正是否伪造遗诏得皇位

康熙六十一年（1722 年），康熙皇帝驾崩，皇四子胤禛在激烈的皇位争夺中登上了皇帝的宝座，是为雍正皇帝。

清世宗爱新觉罗・胤禛

人物小档案：

爱新觉罗・玄烨（1654—1722 年），清入关后第二位皇帝。他 8 岁登基，在位 61 年（1661—

1722年），是中国历史上在位时间最长的帝王。年号康熙，庙号圣祖。他是一代英主，开创出“康乾盛世”的局面。

一代明君康熙帝，在执政61年之后，于康熙六十一年（1722年）驾崩。其后，第四子胤禛登上了皇帝的宝座，这就是历史上有名的雍正皇帝。但迄今为止，雍正皇帝是如何登上皇帝宝座的，是合法即位还是篡位，仍是众说纷纭，莫衷一是。

这一切要从康熙朝诸子争位开始说起。

康熙帝号称“千古一帝”，他8岁登基，在位61年，擒鳌拜、平三藩、收台湾、剿噶尔丹，使国力空前强盛，中国成为万方朝拜的大帝国。然而，他在立储的问题上却束手无策、一筹莫展。

康熙帝生有36个儿子，除了夭折及过继出去的，还有26个。

康熙十四年（1675年），年仅22岁的康熙帝就谕礼部：“帝王绍基垂统，长治久安，必建立元储，懋隆国本，以绵宗社之祥，慰臣民之望。”在这道谕旨中，皇后赫舍里氏所生的皇二子允礽被册立为皇太子，康熙帝与皇后伉俪情深，而皇后在生育允礽的时候难产而死。康熙帝对这个儿子格外钟爱，立他为皇太子，对他进行不同于其他皇子的培养。康熙帝在政权受到西南藩王严重冲击的时刻建立储君，其根本目的在于将最高权力的更迭纳入既定的程序，同时排除在此过程中旗主、重臣擅政的弊端。

康熙帝想通过建立储君的方式，达到强化皇权、巩固统治的目的，但结果事与愿违，甚至非常的失败。皇太子允礽长大后，对于康熙帝迟迟不死感到着急，同时也怕康熙帝哪天变了主意，会立别的兄弟做皇帝。于是，他暗自培养势力，在其周围逐步聚集了一批以索额图为首的党羽。这无疑在皇权外形成了一个新的权力中心，皇帝与储君及其周围满汉臣工间的矛盾开始出现。这件事后来被康熙帝觉察，康熙帝一怒之下于四十七年（1708年），以皇太子允礽“不法祖德，不遵朕训，惟肆恶虐众，暴戾淫乱……纠聚党羽，窥测朕躬起居行为……天下断不可以付此人”为由将其废黜。康熙帝废掉皇太子之后，储位空虚，这样诸位皇子之间争夺皇位的冲突骤然激化。后来，康熙帝曾一度恢复了允礽的太子之位，但是允礽不思悔改，又被康熙帝废黜。从此，康熙帝到死也没有再提立储之事。

在储位的争夺中，诸皇子中先后涌现出了皇八子允禩、皇四子胤禛和皇十四子允祯三个热门人选。

皇八子允禩有才有德，很受康熙帝的器重，被康熙帝任命为内务府总管事，同时在他的周围还团结了皇九子允禟、皇十子允䄉、大臣阿灵阿等人。在太子允礽被废后，允禩积极谋划太子之位。但是，他的行动太过惹眼，经历过允礽事件后，康熙帝对皇子结党非常的敏感和反感。对于允禩，康熙帝不禁感慨道："二阿哥悖逆屡失人心，允禩则屡结人心，此人之险实百倍于二阿哥也。"

允禩在储位争夺中处于劣势，几次遭到康熙帝的责骂，还曾被康熙帝削爵。康熙末年，允禩深知自己为康熙帝所厌恶，于是转而扶植自己集团中的皇十四子允祯，允禟也全力支持允祯谋夺储位。但是经历几番政治风波后，康熙帝变得疲惫不堪，再不轻言立储问题。康熙五十二年，户部尚书赵申乔陈奏应行册立皇太子以重国本时，康熙帝谕曰："太子之为国本，朕岂不知。立非其人，关系匪轻。"

也正是由于康熙帝在建储问题上的消极态度，导致了其驾崩后，继任者的合法统治地位长时期内屡遭质疑，政局不稳。那么，在国本问题上屡受打击、犹豫不决的康熙帝，最后会选谁继承大统呢？

康熙六十一年（1722年）冬，康熙帝在热河和南苑行猎之后"偶感风寒"，住在畅春园休息。十一月十三日凌晨，病情恶化，至夜间猝然逝世。随后，皇四子胤禛即位，他就是在历史上大名鼎鼎的雍正皇帝。

可是，关于雍正帝继承帝位，历史学界从来就有两种意见，一种认为，雍正帝是由康熙帝临终传位的合法君主；另一种认为雍正帝继位是夺权篡立，这究竟是怎么一回事呢？

据说，在康熙帝继承人方面，最得晚年康熙帝赏识又众望所归的，是皇十四子允祯。

康熙帝晚年，因太子废立，闹得举朝不安，储位虚悬已十年之久。但康熙帝心目中似乎已将皇十四子允祯视为自己的接班人。允祯是雍正帝胤禛的同母兄弟，比雍正帝小十岁，胤禛生性淡薄，从小又被佟贵妃收养；允祯则被其他宫妃养大，所以兄弟二人感情并不深厚。

允祯聪明过人，才能出众，“甚有义气”，为康熙帝所厚爱，从少年时代起，就频繁地扈从其父出巡。康熙五十七年，准噶尔入侵西藏，清援军入藏战败，西线军情紧急。康熙帝任命允祯为抚远大将军，率大军西征。这次援藏之役，出兵多，任务重。当时，太子人选正待确定，康熙帝给允祯这一重大任命，似意有所属，大概是为了考验和锻炼允祯的才能。为了树立允祯的威信，此次出兵仪式隆重，规格甚高，康熙帝亲诣“堂子行礼”。准允祯可用正黄旗纛，称大将军王。随允祯出征的有一批亲王、郡王及康熙帝的几个爱孙。

康熙帝十分看重允祯的才能，对蒙古亲王说：“大将军王是我皇子，确系良将，带领大军。深知有带兵才能，故令掌生杀重任，尔等或军务，或巨细事项，均应谨遵大将军王指示，如能诚意奋勉，即与我当面训示无异。”允祯在前线二年内受赏赐物件食品达16次之多，允祯的几个儿子也被康熙帝带到热河施以“仁爱训育”，使他们时常依绕皇祖膝前。允祯的儿子和女儿结婚时，康熙帝亲自照料，赏赐财物妆奁。康熙帝给允祯兵权，且关系十分亲密，这在当时已给人以允祯将是接班人的印象。皇九子允禟说允祯“聪明绝世”，“才德双全，我弟兄们皆不如”，“十四爷现今出兵，皇上看得很重，将来这皇太子一定是他”（《文献丛编·允禩允禟案》）。连当时的（朝鲜）朝拜使者也说：“十四王拥兵在外，屡建大功，众心咸属。”（《燕行录》）

据说，在康熙帝患病的最后几天，曾经下旨要允祯回京城，但是胤禛的死党隆科多却隐瞒真相，压下圣旨。皇四子胤禛感到了情势危急，给康熙帝进了一碗参汤，康熙帝就晏驾了。康熙帝的遗诏上写的原文是：“传位十四阿哥允祯”。隆科多擅自篡改了遗诏，将“十四子”改为“于四子”，将“允祯”改为“胤禛”，雍正帝依诏登基，顺理成章。还有人说，雍正初年，雍正帝借口杀了隆科多是为了杀人灭口，让篡位之事变成永远的秘密。还推断，雍正帝之所以在皇十四子返京之前“谋父”，也是怕另生枝节，影响自己当皇上。

这种说法流传甚广，但是，篡改遗诏的说法，似乎并不合理。

首先，现存的康熙帝传位遗诏是用汉、满、蒙三种文字书写的，其中写明“雍亲王皇四子胤禛，人品贵重，深肖朕躬，必能克承大统，著继朕登基，即皇帝位”，这恐怕是雍正帝正当继承大统最有力的证据。繁体字中“于”作“於”，以“十”改“於”具有绝对的难度。更重要的是，满文的“十”和“於”没法互改。

其次，在清代“十四阿哥”称呼不对，而应是“皇十四子”，但如果称呼皇十四子，遗诏便无从改起了。

还有一些能证明康熙帝对胤禛信任，是有把皇位传给胤禛的可能的事件。

皇四子胤禛城府很深，他采取了不露声色，暗中发展势力，讨取康熙帝欢心的政策。在康熙帝面前，胤禛丝毫不露自己觊觎皇位的野心，对诸皇子之间的争斗也不露声色，巧妙地将自己隐蔽在皇子储位之争的暗处。与此同时，他又极力地在康熙帝面前表现自己的孝道。康熙四十七年（1708年），康熙帝受不了皇太子阴谋篡位的打击，在废掉皇太子之后，自己也病倒了。此时，其他的皇子们都认为这是一个千载难逢的机会，相互之间展开激烈的党争。而胤禛则不这么做，他处处避开皇子间直接的争夺。除了精心侍候病倒的康熙帝外，不管别的事情。同时，对于被废掉的皇太子允礽，胤禛也尽量地表现出同情，极力替允礽求情。从而，给康熙帝留下了一个极好的印象。康熙帝病愈之后还亲自下诏褒扬胤禛说：“前拘禁允礽时，并无一人为之陈奏，惟四阿哥性量过人，深知大义，屡在朕前为允礽保奏，似此居心行事，洵是伟人。”康熙六十一年（1722年），年老体衰的康熙帝感觉身体欠安，谕令皇四子胤禛到天坛代他行冬至的祭天大礼，这也证明了康熙帝对胤禛的信任和重视。

但是，雍正帝篡位的传闻之所以能传开，是有一定的客观基础的。雍正帝继位的合法性之所以受到怀疑，原因是多方面的。

一是以一纸遗诏传位这种做法与惯例不合，本身就引人生疑。且康熙帝是十三日病逝，遗诏十六日才拿出来公开。假如康熙帝生前即将继位人选明令发表，则一切都无话可说。

二是康熙诸皇子中并没有哪一位在康熙帝生前各方面都表现突出，形成众望所归的局面或非其莫属的地位，从而受到康熙帝格外垂青，能够顺理成章地接班。

三是四阿哥胤禛、十四阿哥允祯，无论是承嗣大统的实力，还是在父皇心目中的印象，均不相上下，各有所长又各有所短。

四是诸位皇子在皇位的竞争中太过激烈，几乎达到了你死我活的程度，在雍正帝登上皇位后，他的政敌不甘心失败，在朝野上下广为传播雍正帝篡位的传闻。

五是雍正帝性格暴躁残酷，严肃刻薄。登基后，他严厉打击朋党、政敌，对很多兄弟予以坚决打击，毫不手软，大兴文字狱，冷酷的铁腕治国，让朝臣和百姓畏惧、反感，更愿意相信他篡位的传闻。

其实改诏的传言在雍正帝即位之初就曾传入他耳中，雍正帝自己不得不亲自写作《大义觉迷录》来为此事辩白，但他并未拿出有力的证据驳倒这种对其十分不利的说法。相反，他登基后给十四弟改名为“允禵”一事，又强化了这种猜测。

一反一正，孰是孰非，莫衷一是。雍正帝继位之谜，扑朔迷离，遂成为千古疑案。

但是，无论皇位如何得来，无论多么残暴，总体来说，雍正帝堪称明君。他勤于政事，自诩“以勤先天下”。他宵衣旰食，夙夜忧勤，每年唯有自己生日当天才会休息一天，其余每天都挑烛工作至凌晨一两点，按照今日事今日毕的原则办事。他一生中在大臣的奏折中总共批阅超过千万字。经过13年的励精图治，雍正帝使清帝国各方面在康熙时期的基础上更上一层楼。英雄何必问出处，雍正帝为“康乾盛世”做出了巨大贡献，应该受到后人的敬仰。

相关链接：

雍正皇帝诸位兄弟的结局

雍正帝继承皇位的时候，年满20岁的皇子共有15人，除雍正帝外有大哥允禔、二哥允礽、三哥允祉、五弟允祺、七弟允祐、八弟允禩、九弟允禟、十弟允䄉、十二弟允祹、十三弟允祥、十四弟允祯、十五弟允禑、十六弟允禄和十七弟允礼。总体来看，雍正帝继位后，对待大部分兄弟都可谓心狠手辣，刻薄寡恩。

大哥允禔、二哥允礽均已在康熙年间被废，遭到幽禁。雍正帝继位后，他们继续遭到幽禁。允禔于雍正十二年（1734 年）死，允礽于雍正二年（1724 年）死。

三哥允祉，本不太热心皇储，一门心思编书，但也受到牵连。雍正帝继位后，以“允祉与太子素亲睦”为由，命令允祉到遵化去看守康熙帝的皇陵——景陵。允祉心里不高兴，免不了私下发些牢骚。雍正帝知道后，干脆将允祉夺爵，幽禁于景山永安亭。雍正十年（1732 年），允祉死。

五弟允祺，康熙年间没有结党，也没有争储。雍正帝继位后，借故削其子的封爵。雍正十年（1732 年），允祺死。

八弟允禩，是康熙帝的皇子中最为优秀、最有才能的一位。但是，康熙帝废立太子的时候，允禩企图继立为太子，结果，雍正帝继位后，视允禩及其党羽为眼中钉、肉中刺。允禩心里明白，常怏怏不快。雍正帝继位后，先封允禩为亲王，不久借故命允禩在太庙前跪一昼夜。后命削允禩王爵，高墙囚禁，改其名为“阿其那”（满语，狗）。允禩被幽禁，受尽折磨，终被害死。享年 46 岁。

九弟允禟，因同允禩结党，也为雍正帝所不容。雍正帝借故命令：将允禟革去黄带子、削宗籍，逮捕囚禁。改允禟名为“塞思黑”（满语，猪）。不久给允禟定 28 条罪状，送往保定，加以械锁，命直隶总督李绂看押他。允禟在保定狱所备受折磨，以腹疾死于狱所。

十弟允䄉，因党附允禩，为雍正帝所恨。雍正元年（1723 年），喀尔喀蒙古大汗来京病故，雍正帝命允䄉送印册赐奠。允䄉称有病不能前行，雍正帝命其住在张家口。同年雍正帝借故将允䄉夺爵，逮回京师拘禁。允䄉被拘禁了 14 年，直到乾隆二年（1737 年）才开释。

十二弟允祹，康熙末年很受重用，也很有权，但没有结党谋位。雍正帝刚即位时，封允祹为履郡王。不久，借故将其降为贝子。不久，又将其降为镇国公，乾隆帝即位后，允祹被晋封为履亲王。

十四弟允祯，因党同允禩，所以被雍正帝视为仇敌。雍正帝继位后，先是不许抚远大将军允祯进城吊丧，又命其在遵化看守景陵，再将其父子禁锢于景山寿皇殿左右。乾隆帝继位后，将其开释。

十五弟允禑，康熙帝死后，雍正帝命其守景陵。

境遇比较好的皇子有四人：雍正帝的七弟允祐、十三弟允祥、十六弟允禄、十七弟允礼。

允祐，雍正帝继位后封其为亲王。雍正八年（1730 年）死。

允祥，雍正帝继位后封其为怡亲王，格外信用。

允禄，过继给庄亲王博果铎为嗣，袭封庄亲王。

允礼，雍正帝继位后封其为果郡王，再晋为亲王。先掌管理藩院事务，继任宗人府宗令、管户部。

吕留良文字狱

吕留良

吕留良（1629—1683 年），明末清初杰出的学者、思想家、诗人和时文评论家、出版家。浙江崇德县（今浙江省桐乡市崇福镇）人。他有浓厚的反清复明思想，清康熙五年（1666 年），他拒不应试，被革除诸生，当时朝野为之震惊。尔后，康熙十七年、十九年，两次不应“征辟”，决意出家为僧，遁迹吴兴县妙山，筑风雨庵著书讲学。

吕留良是在死后 49 年，即清雍正十年（1732 年），受湖南儒生曾静反清一案牵连，被雍正帝钦定为“大逆”罪名的。

曾静反清一案的经过是这样的：曾静受到吕留良遗作中反清复明思想的影响，为其各处传播。当时雍正帝即位不久，民间传播雍正帝阴谋夺位之事。曾静闻悉，以为清朝末运已至，于是开始筹划推翻清廷。他听说川陕总督岳钟琪拥有重兵，不为朝廷信任，不得志，就投书岳钟琪，并列举雍正帝十大罪：弑父、逼母、弑史、屠弟、贪财、好杀、酗酒、淫色、诛忠、任佞，力劝岳钟琪反清。岳钟琪马上具折上奏给皇上。雍正帝派人拘讯曾静，曾静供认不讳。因曾静供词中涉及吕留良著书事，雍正帝便命搜查吕留良书籍，连同案内有关人员押解进京，亲自审问。

案件审结后，雍正帝下令将吕留良全部遗著焚毁，其时，吕留良、吕葆中父子已死，雍正帝便下令开棺戮尸，枭首示众；吕毅中斩立决；吕留良诸孙发遣宁古塔给披甲人为奴；家产悉数没收。吕留良学生严鸿逵被开棺戮尸，枭首示众；其孙发遣宁古塔给披甲人为奴；学生沈在宽斩立决；黄补庵（已死）嫡属照议治罪；刊印、收藏吕留良著作的车鼎丰等 4 人判斩监候，另 2 人同妻子流放三千里外。另外，还有十数人受杖责，他们的子孙、亲戚、弟子广受株连，无一幸免，铸成清代震惊全国的文字狱。曾静因承认轻信流言，妄论国事，为吕留良等所误，被免罪释放（乾隆皇帝即位后，以“泄臣民公愤”为由，将曾静处死）。

雍正帝还命将曾静供词及忏悔录集成《大义觉迷录》一书，刊后颁发全国所有学校，命教官督促士子认真观览晓悉，玩忽者治罪。雍正帝在《大义觉迷录》中大骂吕留良：“夫普天之下，莫非王土；率土之滨，莫非王臣。吕留良于我朝食德服畴，以有其身家，育其子孙者数十年，乃不知大一统之义！”又命刑部侍郎杭奕禄带领曾静到江浙一带等地宣讲，命兵部尚书史贻直带领张熙到陕西各地宣讲。

雍正十二年，吕留良后人 60 余口长途跋涉，历尽艰难，从江南水乡发遣到北疆宁古塔。吕留良后人到宁古塔后，拨给宁古塔将军都赉部下驻防旗人为奴。按照清代法律，对于“谋反大逆”为奴的人身控制，远比一般奴仆为严。即使已经过了好几代，仍然不许改变身份，不许“出户为民”。吕留良系“大逆重犯”，所以世代被置于“奴籍”的深渊之下，饱受人间的屈辱。

附：

述　怀

清风虽细难吹我，明月何尝不照人。
寒冰不能断流水，枯木也会再逢春。

——吕留良自题

注：“清”、“明”各暗喻“清”、“明”两王朝。

清代的秘密建储制度

经历康熙帝晚年诸皇子争位斗争洗礼的雍正帝即位后，立即推行了秘密建储制度。雍正元年八月十七日（巳刻），雍正帝在乾清宫西暖阁召见满汉文武大臣，面谕称：

> 今朕诸子尚幼，建储一事，必须详慎，此时安可举行。然圣祖既将大事付托于朕，朕身为宗社之主，不得不预为之计。今朕特将此事亲写密封藏于匣内，置之乾清宫正中世祖章皇帝御书正大光明匾额之后。乃宫中最高之处，以备不虞。诸王大臣咸宜知之。

乾清宫“正大光明”匾额

在雍正帝看来，建储必须慎重，不可明立又不可不立。解决这个问题的方法，想必在藩邸时，雍正帝便深思熟虑过，故能在即位伊始便从容密书储君之名置于乾清宫“正大光明”匾额后，秘密建储之法就此形成。

> 乾清宫：是明清两代皇帝在紫禁城中居住和处理日常政事的地方。它是后三宫之首，位于乾清门内。“乾”是“天”的意思，“清”是“透彻”的意思，一是象征透彻的天空，不浑不浊，象征国家安定；二是象征皇帝的所作所为像清澈的天空一样坦荡。

经过康、雍、乾三代君主的政治实践，建储方式由明立到秘立，加之嫡长制度的废除，清代的建储制度趋于成熟与完善。康熙帝最初确立太子的目的在于消除最高政权更选过程中来自旗权的影响。雍正帝的秘立方式则是试图解决储君及其党羽的结党现象。乾隆帝最初对秘密建储的反感，也多因其作为第一个秘立储君，在备位藩封期间多受压抑，即位初皇权降为最低点。经历几十年政治历练，乾隆帝在晚年反复宣扬明立储君的弊端。可见，他已彻底领悟了其父秘立储君方法的妙处。乾隆帝晚年对建储思想的总结，使得这一制度更加完善，在巩固皇权的同时也保障了清最高统治权的顺利交接。

第三章 后宫往事 自古红颜多薄命

第一节 最毒不过妇人心
——吕后惨酿“人彘”案

吕后

高祖十二年（公元前195年），吕后在汉高祖去世后，把他的宠妃戚夫人制成“人彘”，投入厕所中，使其受尽折磨而死。

人物小档案：

NO1. 吕后（公元前241—公元前180年），名雉。汉高祖刘邦的皇后（公元前202—公元前195年在位），高祖死后，被尊为皇太后。

NO2. 戚夫人（？—公元前194年），一称戚姬，名懿，下邳（今江苏邳州）人，是西汉初年的歌舞名家，汉高祖刘邦的宠妃。

吕后，是中国历史上有记载的第一位皇后和皇太后，也是封建王朝第一个临朝称制的女子，实际掌握汉朝政权长达16年。

早年，吕雉的父亲偶然在一次宴会上见到了刘邦，因赏识刘邦非凡的气度，便把女儿许配于他。楚汉战争之时，吕雉与刘邦之父被项羽所擒拿，刘邦无奈，被迫与项羽讲和，才得以将吕雉与父亲解救。

次年，刘邦消灭项羽，登基称帝，立吕雉为皇后。吕后在国事上积极帮助刘邦铲除异己，杀掉韩信等朝中重臣，用铁腕捍卫刘邦的统治。

戚夫人

但是，高祖刘邦得了天下后，吕后由于年老色衰，已为刘邦所厌烦。刘邦在吕雉之外，有许多的嫔妃，但刘邦在这众多的嫔妃中，最宠爱的还是戚夫人。戚氏是定陶的一位远近闻名的美人，貌比西施，身材修长。会弹奏各种乐器，舞技高超，她擅跳“翘袖折腰”之舞，其舞姿优美，甩袖和折腰都有相当的技巧，且花样繁复。刘邦每次出游、出征，都由戚夫人陪着，而把吕后留在宫中。由于刘邦与吕后很少见面，相互之间的感情日渐淡薄。

后来，戚夫人又为刘邦生下一个儿子，刘邦当然喜不自胜，对戚夫人更加爱幸。儿子取名叫如意，如意七岁被封为代王，十岁被封为赵王，而且长得越来越像高祖刘邦，言谈举止都有刘邦的风范。刘邦更将这母子二人视如珍宝，倍加爱怜。

戚夫人是个明白人，她知道眼前的幸福是享用不尽的，但日后呢？一旦刘邦离世，太子刘盈即位，厉害的吕后能放过自己吗？于是，戚夫人便借着刘邦的宠爱，时常啼哭，求立子赵王如意为太子。刘邦不免心动，太子刘盈秉性柔弱善良，不若如意聪明机灵，索性趁早废立，既可讨好戚夫人，又可保全社稷。

但是，储君决定着国家未来的命运，大臣们不能不参与决策。朝臣们对改立太子一事一致反对，认为刘盈立太子已经八年，名位早就确定，而且为人仁厚，宽怀待人，如果无罪坐废，而以个人的私宠另立如意，则必将大失人心，动摇根本。大臣反对的奏章纷至沓来，但刘邦改立太子的决心很坚定。太子的废立便在刘邦、戚夫人、如意和吕后、刘盈、朝臣之间相持，呈对峙状态。

作为太子的母亲，吕后自然心急如焚，她想到开国功臣张良足智多谋，当即密遣她的哥哥建成侯吕释之到留侯府请教张良，如何才能保住太子的地位。倾向于保持太子地位的张良想出了一条妙计：皇上打天下时，有四位高士（东园公唐秉、角里先生周术、绮里季吴实和夏黄公崔广）为了躲避战乱，隐居商山。这四人德高望重，名闻遐迩，时人称为“商山四皓”。皇上得天下后，曾郑重请他们下山，他们嫌皇上爱骂儒生，不愿意出山做皇上的臣子。如果太子能谦卑礼敬，恭请四人出山，到太子府中做太子宾客，必然有助于太子的声望，一旦皇上知道，他不能请到的商山四皓愿意追随太子，皇上也就会放弃废除太子的念头。

太子刘盈自是言听计从，修书一封，情真意切，派谋士带厚礼前去商山，叩请四皓。四皓深为感动，欣然接受，到太子府中做起了太子宾客。

一次，刘邦置酒宫中，召太子侍宴。太子应召入宫，四皓一同进去。刘邦心中很惊异，当听说他们就是商山四皓时，便知道太子羽翼已成，已不可废。

刘邦叫过戚夫人说：“我本想更换太子，但是有他们四人辅佐，看来太子羽翼已成，难以动他了。”戚夫人伤心落泪，悲痛不已。刘邦强颜欢笑，以太子的事件即兴作歌：“鸿鹄高飞，一举千里。羽翼以就，横绝四海。横绝四海，又可奈何！虽有矰缴，尚安所施！”从此之后，刘邦再也不提废立太子之事。

戚夫人享受着刘邦的温情恩爱，同时又十分恐惧地想象着未来。刘邦的身体已经一日不似一日，刘邦去世以后，太子刘盈即位，吕后当权，那时该怎么办？吕后的狠辣朝野尽知，她会怎样对待自己？

高祖十二年（公元前195年）春天，刘邦离开了人世，终年62岁。

这一年，刘盈16岁，即皇帝位，为汉惠帝，尊母亲吕雉为太后。因刘盈年纪还小，天性仁弱，朝中大事便由吕后裁决。吕后就顺理成章地掌握了朝廷和宫中大权。吕后稳固了权力以后，就开始发泄积愤，拿戚夫人第一个开刀。

吕后做的第一件事，就是把戚夫人抓起来，逼她穿上囚衣，用铁链锁住她的双脚，还让人剃光她的一头秀发，把她关在一间潮湿破烂的屋子里，让她一天到晚舂米，舂不到一定数量的米，就不给饭吃。戚夫人悲痛欲绝，乃作歌："子为王，母为虏，终日舂薄暮，常与死为伍！相去三千里，当谁使告汝？"

吕后还不善罢甘休，她要让昔日的情敌与对手慢慢地死。她砍断戚夫人手脚，用两只月牙形的钳子夹出了戚夫人的眼球，用香烛熏聋了她的耳朵，灌哑酒，然后把她扔在厕所里，名曰"人彘"。

接着，吕后又把戚夫人的儿子赵王如意从封地上召到京城里来，准备杀害他。汉惠帝刘盈听说母亲吕后把如意召来，就知道吕后想要对如意下毒手。两人从小呆在一起玩耍，汉惠帝对这个弟弟非常疼爱，所以就尽自己最大的力量保护他。他赶紧派人把如意接到皇宫里，吃饭睡觉都跟他呆在一起。吕后虽然气得咬牙切齿，但有好几个月都没有机会对如意下手。有一天，汉惠帝清早起来出去打猎，如意由于睡懒觉，没起来跟着去。吕后终于找到了可乘之机，就派人送去毒酒，把如意给害死了。汉惠帝打猎回来一看，如意口中、鼻子全都流血，变成了一具直挺挺的僵尸。

哪知余哀未了，又起惊慌。忽有宫监奉太后命，来引汉惠帝，去看"人彘"。汉惠帝从未闻有"人彘"的名目，心中甚是稀罕，便跟着太监出宫往观。宫监曲曲折折领着汉惠帝进了一间厕所中，开了厕门，对汉惠帝道："厕内就是'人彘'。"汉惠帝向厕内一望，但见是一个人身，既无两手，也无两足，眼内又无眼珠，只剩了两个血肉模糊的窟窿，那身子还稍能活动，一张嘴开得甚大，却发不出什么声音。汉惠帝又惊又怕，问宫监这究竟是何物，宫监说出"戚夫人"三字。一语未了，几乎把汉惠帝吓得晕倒，勉强问明底细。汉惠帝不禁失声痛哭道："人彘之事，非人所为，戚夫人随侍先帝有年，如何使她如此惨苦？臣为太后了，终不能治天下！”

从此以后，汉惠帝再也无心过问朝政之事，整日整夜饮酒作乐，以此来消除心头的郁闷。公元前188年8月，年仅24岁的汉惠帝终于在忧郁中去世。

汉惠帝死后，吕后立少帝刘恭，自己作为太后临朝称制，行使皇帝职权，为中国太后专政的第一人。少帝刘恭因其生母为吕后所杀，有怨言。于是吕后又杀少帝刘恭，立刘弘为少帝，自己照旧临朝天下，直至死去。

相关链接：

吕后是如何诛杀韩信的

高祖十年（公元前197年），刘邦御驾亲征陈豨，让韩信随同征讨，韩信称病不从。

刘邦一走，朝廷的政务就交给了吕后和萧何。就在这时，吕后接到了韩信舍人乐说的密报，说韩信准备伪造皇帝诏令，释放在监囚徒，与自己的奴仆、家人组成临时突击队，袭击皇后和太子，解除禁卫军武装，在关中举义，策应陈豨。

> 陈豨（？—公元前195年），宛朐（今菏泽东明西南）人，汉高祖七年，封为列侯，以赵国相国的身份统率赵国、代国的军队。高祖十年（公元前197年）九月，反叛朝廷，自立为代王。高祖十二年冬，陈豨在灵丘被樊哙军所杀。

这个乐说之所以要举报韩信，是因为他哥哥也在韩信府中当差，因犯了错，被韩信关押，并称要杀了他。乐说为了营救哥哥，才去亲见吕后，揭发韩信企图谋反之事。

吕后一时乱了方寸。韩信不同于别人，他是个战胜攻取的用兵天才，虽然他被贬淮阴侯之后羁留在京都，手上已没有一兵一卒，但他如果真的造起反来，凭他的本事，很快就能形成燎原之势，到那时局面就不可收拾了。

吕后立即把萧何召进后宫，问计于萧何。

对于韩信谋反，萧何半信半疑。萧何对韩信是非常了解的，韩信要真有心谋反，汉朝廷的天下早就不再是姓刘的了。当年，他在能左右天下政局、影响汉军胜败的齐王之位上，拒绝了别人策动他反叛的游说，他心中经常感念的是汉王解衣推食的知遇之恩,这样的人怎么会谋反呢?

换一个角度说，萧何可以说是韩信的知己。从汉中追回韩信，并说服刘邦拜他为大将军那时起，两个人就不是一般意义上的交情了。

但是，萧何这时很为难。说韩信不会谋反，可是吕后是接到证据确凿的密报后才把他找来商量对策的，万一韩信真的要造起反来，那乱子可就大了，自己到时也难逃监国失职的罪责。

事已至此，萧何只能信其有，不能信其无了。他和吕后商量，设个圈套把韩信骗进宫来。于是，吕后就假传皇上御驾亲征告捷，陈豨兵败被杀，召集群臣在未央宫庆贺。

韩信接到了邀请，有了上一回被骗的经历，他怕又是一个陷阱，就称病不去。

萧何一看请不来韩信，只好亲自到淮阴侯府去请。他对韩信说：你虽然有病，可皇上亲征大捷，是国家的喜事，你不去就不合适了。再一方面，你和陈豨的交情大家都知道，你托病不赴，皇上以后肯定会对你产生怀疑。这后一句话把韩信打动了。再说萧何亲自来邀，不去不合适。于是同萧何一起来到长乐宫。

哪知吕后早在宫里埋伏了武士，韩信一进宫，便立即被拿下，捆缚着押往钟室（放置编钟的房子）。吕后命令武士把韩信装进一只大布袋里，吊在宫梁上。

韩信大声慨叹：“我悔不听蒯通（一个说客）之言，现在竟为女子所诈，岂非天意！”

韩信心里怎么能服气呢，自己一世叱咤风云，到头来却败在一个女人的手里。

韩侯祠

刘邦曾经和韩信有过约定——见天不杀、见地不杀、见金（铁）不杀，吕后就叫武士们用早已备好的竹签刺死了韩信，紧接着命令夷灭韩信的三族。

至今，韩侯祠门上还有一副楹联，谓："生死一知己，存亡两妇人。""生死一知己"，指的是萧何，是萧何将韩信荐给刘邦，让他这个贫家子弟平步青云，也是萧何最后把他送上了不归之路；"存亡两妇人"，一位指的是韩信贫贱时资助过他饭食的漂母，而另一个，就是指杀他的吕后。

吕公嫁女

吕雉是汉高祖刘邦的正配夫人，历史上称为吕后。父亲吕公，是单父（今山东单县）人，由于躲避仇人，避难来到沛县落籍。吕公和沛县县令是知交。在刚刚到沛县的时候，很多人便听说了他和县令的关系，于是，便纷纷带着礼物前去拜会吕公。当时主持接待客人的是在沛县担任主簿的萧何，因为来宾太多，堂上根本就坐不下，于是，他宣布了一条规定：凡是贺礼钱不到一千钱的人，一律到堂下就座。

吕公宴会那一天，刘邦也去了，当时的刘邦只是一名小小亭长，收入微薄，而且终日饮酒作乐，赊账都付不起，哪还有钱送呈贺仪？别说备千钱以上的礼物，他连一个钱也没有带去。但是，刘邦却郑重其事地写了一份拜帖，拜贴上赫然写着贺礼一万钱。这在当时可是一个惊人的数目，莫说县吏萧何吃惊，连吕公也诧异，连忙亲自出迎，礼接亭长刘邦。

汉高祖刘邦

吕公细看刘邦，见其气度非凡、谈吐风雅，心中为之折服，料想他日后前途定不可限量。吕公十分谦让地将刘邦请入堂中，让其坐在上座。刘邦落落大方地坐在上座上，高谈阔论，旁若无人，气质、风度堪称上乘，在座的宾客无不黯然失色。吕公在酒宴过程中，一直细察刘邦的言谈和面相。

宴席结束后，酒足饭饱的刘邦起身告辞，吕公却留住了他，用香茶招待了他。然后，吕公提出将自己的女儿嫁给他为妻。刘邦自然是喜出望外，没想到不仅白吃了上座的这顿丰盛酒饭，还被有这样身份、背景的吕公如此看重，要把爱女嫁给他。刘邦当即应允了这门亲事。回家后征得父母的同意，便和吕氏女子结了婚，这个女子就是以后历史上有名的吕后。

武则天的“人彘”事件

萧淑妃，南朝士族兰陵萧氏族人，齐梁皇室后裔。高宗李治为太子时，萧氏为良娣（太子妾中品级较高者，地位仅次于太子妃）。夫唱妇随，甚为得宠。不久，生许王李素节、义阳公主、宣城公主。高宗登基之后，晋为淑妃，开始与王皇后对立。

后来，王皇后为了打击萧淑妃，迎唐高宗喜爱的武则天回宫，淑妃失宠，但王皇后也没有得到好处，故萧淑妃与王皇后结盟，一起对付武则天。但是，她们根本就不是武则天的对手，永徽六年（655 年）十月二十三日，唐高宗下诏将王皇后和萧淑妃废为庶人。七天后，立武氏为皇后。次年正月，太子李忠被废，封梁王。武则天的长子李弘被册立为太子。

王皇后和萧淑妃废为庶人后，被囚禁在后宫的一所密室之中。密室四面高墙，没有门窗，只在一扇小门上开了一个很小的孔，以通食器。门外有武则天派去的人看守。二人困在里面，昼夜不见日月，终日只能以泪洗面，互诉悲苦。

一天，唐高宗想起了被废的王皇后和曾经恩爱非常的萧淑妃，便想去看看。内监引导着唐高宗来到密室。只见门禁严锢，只有一个小孔进入饮食，唐高宗不禁恻然心动，为之神伤。他走上前去，大声说：“皇后、淑妃，无恙乎？今安在？”

王皇后、萧淑妃听见是皇上的声音，而且就在门外，两人喜出望外，泣不成声地说：“陛下幸念畴日，使妾死更生，复见日月，乞署此为回心院。”唐高宗伤感之下，泪眼朦胧，满口答应：“朕即有处置！”

武则天立即得到了心腹的奏报，待唐高宗离去，马上派人杖王皇后、萧淑妃各一百，直打得两人血肉模糊。然后，吩咐将两人的手脚剁去，将她们装在酒瓮中，做成人彘。几天后，装在酒瓮中的两个人仍然没死，武则天便逼着唐高宗下诏赐死。行刑官奉旨来到囚室，宣读诏书。王皇后受诏后，哽咽着说："陛下万年，昭仪承恩，死吾分也！"而萧淑妃在受诏后便破口大骂："武氏狐媚，翻覆至此！我后为猫，使武氏为鼠，吾当扼其喉以报！"

为表示自己对二人的憎恶，武则天下令改王氏为蟒氏，萧氏为枭氏。唐中宗即位之后才恢复她们的本姓。

第二节　伤心岂独息夫人
——一箭穿心丧猎场

北宋开宝九年（976年），在一次打猎时，花蕊夫人被赵光义，也就是后来的宋太宗一箭射死。

后蜀花蕊夫人

人物小档案：

NO1. 花蕊夫人（？—976年），后蜀后主孟昶的贵妃，姿容美艳。是五代十国时著名的女诗人，著有《花蕊夫人宫词》。

NO2. 孟昶（919—965年），五代后蜀高祖孟知祥第三子，后蜀的末代皇帝，在位31年（934—964年），享年47岁。

四川自古为天府之国，五代十国时这里先后建立了前蜀、后蜀，但青史留名，广为传诵的不是皇帝，也不是文臣武将，而是一位大名鼎鼎的花蕊夫人。

花蕊夫人，即后蜀第二任皇帝孟昶的宠妃，因风华绝代，貌美如花蕊，故封为"花蕊夫人"。和古往今来后宫中的许多美丽女子一样，花蕊夫人的命运不得不和历史纠缠在一起。

孟昶是个非常懂得享乐的人，他广征蜀地美女以充后宫，妃嫔之外另有十二等级，其中最宠爱的就是“花蕊夫人”，将其封为贵妃，一起度过了一段日日笙歌，夜夜美酒的时光。

花蕊夫人最爱牡丹花和红栀子花，于是孟昶命官民人家大量种植牡丹，并说：洛阳牡丹甲天下，今后必使成都牡丹甲洛阳。不惜派人前往各地选购优良品种，在宫中开辟“牡丹苑”，孟昶除与花蕊夫人日夜盘桓花下之外，更召集群臣，开筵大赏牡丹。红栀子花据说是道士申天师所献，只有种子两粒，它开起花来，其色斑红，其瓣六出，清香袭人。由于难得，便有人模仿那花的样式画在团扇上，竟相习成风。

孟昶日日饮宴，觉得肴馔都是陈旧之物，端将上来，便生厌恶，不能下箸。花蕊夫人便别出心裁，用净白羊头，以红姜煮之，紧紧卷起，用石头镇压，以酒腌之，使酒味入骨，然后切如纸薄，把来进御，风味无穷，号称“绯羊首”，又叫“酒骨糟”。孟昶遇着月旦，必用素食，且喜薯药，花蕊夫人便将薯药切片，用莲粉拌匀，加五味，清香扑鼻，味酥而脆，又洁白如银，望之如月，宫中称为“月一盘”。

然而，就在蜀主孟昶与花蕊夫人不道流年、游宴寻诗的时候，中原地区已经发生了天翻地覆的变化。后周归德军节度使、检校太尉、殿前都检点赵匡胤，上演了一幕“黄袍加身”的大剧，取代后周而君临天下，国号宋，改元建隆。他登基后南征北伐，目标逐渐指向后蜀。花蕊夫人屡次劝孟昶励精图治，孟昶却总认为蜀地山川险阻，不足为虑。

乾德二年十一月，宋太祖赵匡胤命忠武节度使王全斌率军6万向蜀地进攻，宋军人人奋勇，14万守成都的蜀兵竟不战而溃。孟昶悲痛地说：“我父子以丰衣足食养士四十年，一旦遇敌，竟不能东向发一矢！”乾德三年元宵刚过，孟昶自缚出城请降，自王全斌出兵之日算起，到后蜀灭亡止，仅仅用了66天，比前蜀王衍被后唐所灭还快。

到了东京汴梁后，孟昶被封为秦国公，封检校太师、兼中书令。宋太祖赵匡胤如此优待孟昶，只因他久闻花蕊夫人艳绝尘寰，欲一见其色，以慰渴怀，又不便特行召见，恐人议论，便想出这个主意。宋太祖赵匡胤重赏孟昶，连他的侍从家眷也一一赏赐，料定他们必定进宫谢恩，就可见到花蕊夫人。

果然，谢恩当日，孟昶和母亲李夫人、花蕊夫人一起前来。宋太祖赵匡胤格外留神，觉得花蕊夫人才至座前，便有一种香泽扑鼻中，令人心醉。仔细端详，只觉得千娇百媚，难以言喻。

7天后，孟昶暴疾而终，年47岁，史家多认为他是被宋太祖赵匡胤毒死的。

孟昶已死，宋太祖赵匡胤假意哀痛，辍朝五日，素服发表，赠布帛千匹，葬费尽由官给，追封为楚王。此后，宋太祖赵匡胤就把花蕊夫人留在宫中，通令侍宴。花蕊夫人在这时已身不由己，只得宛转从命，饮酒中间，宋太祖赵匡胤知道花蕊夫人能诗，在蜀中时，曾作宫词百首，要她即席吟诗，花蕊夫人吟道：

初离蜀道心将碎，离恨绵绵，春日如年，马上时时闻杜鹃。

——《采桑子》

宋太祖赵匡胤听罢长久不语，又让花蕊夫人再作一首诗。花蕊夫人沉思片刻，再启朱唇：

君王城上树降旗，妾在深宫哪得知。

十四万人齐解甲，更无一个是男儿。

——《述国亡诗》

宋太祖赵匡胤本也是个英雄人物，此时有感于花蕊夫人的故国之思、亡国之痛，竟更加深了对花蕊夫人的爱慕之心，不久，封花蕊夫人为贵妃。

有一天，宋太祖赵匡胤退朝略早，径向花蕊夫人那里而来，步入宫内，见花蕊夫人正在那里悬着画像，点上香烛，叩头礼拜。宋太祖赵匡胤不知她供的是什么画像，即向那画像仔细看去，只见一个人端坐在上，眉目之间好像在什么地方见过一般，情急之间，又想不起来，只好问花蕊夫人。

花蕊夫人不意宋太祖赵匡胤突如其来，被他瞧见自己秘事，心下本就惊慌，见宋太祖赵匡胤问起，连忙镇定心神，慢慢回答道："这就是俗传的张仙像，虔诚供奉可得子嗣。"宋太祖赵匡胤听如此说，笑道："妃子如此虔诚，朕料张仙必定要送子嗣来的。但张仙虽掌管送生的事，究竟是个神灵，宜在静室中，香花宝柜供养，若供在寝宫里面，未免亵渎仙灵，反干罪戾。"花蕊夫人听了宋太祖赵匡胤的话，连忙拜谢。

张仙，又称送子张仙。是一个传说中能够赐给世人儿女后嗣的道教男性神祇，类似于送子娘娘、鬼子母神。

实际上花蕊夫人所供的并不是张仙，而是蜀主孟昶。她本与孟昶十分恩爱，自从孟昶暴病身亡，她被宋太祖赵匡胤威逼入宫，勉承雨露，虽宠冠六宫，心里却总抛不下孟昶昔日的恩情，所以亲手画了他的像，背着人，私自礼拜，不料被宋太祖赵匡胤撞见，只得谎称是张仙。

可怜那些宫里的妃嫔，听说供奉张仙可以得子，便都到花蕊夫人宫中照样画一幅，供奉起来，希望生个皇子，从此富贵。不久，这张仙送子的画像，竟从禁中传出，连民间妇女要想生儿抱子的，也画一幅张仙像，香花顶礼，至今不衰。如此，孟昶九泉有知，也一定会十分感念花蕊夫人了。

国亡家灭，丈夫孟昶被赵匡胤毒杀，花蕊夫人自己不得不委身杀夫仇人，每日里强颜欢笑，虚与委蛇，遭受身体与心灵的双重摧残，最后却还是死于非命。

北宋中期邵博的《闻见近录》中说：一日宋太祖赵匡胤率亲王和后宫宴射于后苑，宋太祖赵匡胤举酒劝赵光义饮酒。赵光义答道："如果花蕊夫人能为我折枝花来，我就饮酒。"宋太祖赵匡胤命花蕊夫人折花时，赵光义引弓将她射死，随后流泪抱着宋太祖赵匡胤的腿说："陛下方得天下，宜为社稷自重，远离酒色！"宋太祖赵匡胤虽心中悲痛，却又十分喜欢这个弟弟，不忍责罚，于是"饮射如故"。

赵光义为何要杀花蕊夫人，史上有三种不同解释。一是赵光义高风亮节，以社稷为重，不顾一切地清除他哥哥身边的"祸水"；二是赵光义出于嫉妒，我得不到你也得不到，不惜毁灭一代美女；三是传说花蕊夫人在宋太祖赵匡胤设接班人问题上有不利于赵光义的说法，触犯了他的利益，被赵光义除掉。但真相到底如何，因史书没有明确记载而成了一个历史之谜。

亡国时代的美丽女子常常会引起人们不公正的指责，而她得到的却是后人的怜惜与同情。后代文人把花蕊夫人和春秋时代息国国君的夫人息妫联系在一起，认为她们的命运十分相近，可谓"千古艰难唯一死，伤心岂独息夫人"。

相关链接：

虞美人

花蕊夫人

妆楼南望君王笑，水殿凉风绕。

冰肌玉骨惹人怜，却似泮宫之内舞幽兰。

故园回首不堪看，青史留前鉴。

男儿血性几人存，独让花枝含泪洒香痕！

息夫人其人

息夫人，是春秋时代息国国君的夫人，出生于陈国（今河南淮阳县）的妫姓世家，因嫁于息国（今河南息县），又称息妫。因容颜绝代，目如秋水，面似桃花，又称为“桃花夫人”。

息夫人

周庄王十三年（公元前684年），息妫回娘家，路过蔡国，蔡侯以其与自己的夫人是姊妹，迎至宫中款待。款待时，蔡侯行为轻佻，息侯闻之大怒，认为蔡侯欺人太甚，设计报复。

息国力量薄弱，根本不是蔡国的对手，再说师出无名也难以激励同仇敌忾的心志，于是想到了一条“借刀杀人”的妙计，想神不知鬼不觉地一雪心头之恨。

息侯所设的计谋是派遣使者向楚国进贡，并趁机向楚王献计：“蔡国自恃与齐国友好而不服楚国，若楚国兴兵攻打息国，息侯求救于蔡国，蔡侯必念在与息侯是连襟的关系而慨然出兵相助，然后息国与楚国合兵攻打蔡国，必然可以生擒蔡侯，这样就不怕蔡国不向楚国进贡。”

楚文王大喜，择吉兴兵直奔息国而来，息侯假意惊慌失措地求救于邻近的蔡国，蔡侯果然亲自率领大军来救，结果楚兵与息兵四面包围蔡军，蔡侯在黑夜中仓皇突围而出，奔至息城，息侯却紧闭城门不纳，蔡侯走投无路，被楚军俘虏。到息侯公开犒劳楚军时，蔡侯才知中了息侯“借刀杀人”之计，心中悔恨不已。

蔡侯对息侯恨之入骨，想起此祸都是因息夫人而起，便设计报复息侯，于是他假装顺从，媚声对楚文王说：“天下绝世美色尽在大王宫中，但却还没有一个人能超过息侯夫人妫氏的美。”

楚文王思蔡侯之言，心中涌起得到息妫的想法，便找借口来到息国。息侯在朝堂之上款待楚王，息妫陪席，楚王见息妫美色果然天上徒闻，人间罕见，当夜便思不能寐。

次日楚文王设宴答谢息侯，乘机以武力俘虏息侯。妫氏在宫中闻变，仓皇奔入后苑准备投井自杀，被楚将斗丹拦住，斗丹劝她：“夫人不欲存息侯之命乎？何为夫妇俱死？”妫氏听罢，经过一番痛苦思考，决定忍辱偷生，委身楚文王。楚文王也果然答应不杀息侯。

三年的时光一晃就过去了，妫氏为楚文王生下了两个儿子，但却始终不发一言，楚文王十分纳闷，一定要妫氏说出道理来，妫氏万般无奈，才泪流满面地说道：“我一个女人，伺候两个丈夫，即使不能死掉，又有什么话可说的？”

有一次，妫氏趁楚文王出城打猎的机会，悄悄地跑到城门外私会自己的丈夫，两人见面，恍同隔世，妫氏边哭边说：“妾在楚宫，忍辱偷生，初则为了保全大王性命，继则为了想见大王一面，如今心愿已了，死也瞑目。”于是奋力朝城墙撞去，息侯阻拦不及，眼看自己的妻子香消玉殒，顿时万念俱灰，为报答妫氏的深情，也撞死在城下。

楚文王打猎回来，听说了这件事，黯然神伤，有感于二人的纯情，便以诸侯之礼将息侯与妫氏合葬在汉阳城外的桃花山上。后人在山麓建祠，四时奉祀，称为“桃花夫人庙”，至今仍为汉阳的名胜之一。

唐代诗人杜牧途经汉阳时，曾到庙中凭吊，题诗道：

细腰宫里露桃新，脉脉无言度几春；
毕竟息亡缘底事，可怜金谷坠楼人。
息亡身入楚王家，回看春风一面花；

感旧不言常掩泪，只应翻恨有荣华。

——《题桃花夫人庙》

历史上的另一位花蕊夫人

在中国古代历史上，共有两位花蕊夫人，一位是上文讲到的后蜀后主孟昶的贵妃，另一位则是比她略早的五代十国时期前蜀开国皇帝王建的妃子徐氏。当时徐氏两姐妹都得到王建的宠爱，妹妹小徐妃即是花蕊夫人，封淑妃。

大徐妃为王建生下一个儿子王衍，王衍在王建的儿子中本排行十一，是最小的，却由于皇帝宠爱他的母亲、小姨的关系而被立为皇太子。王衍当上皇帝后荒嬉无度，对吃喝玩乐十分在行，当他陪母亲和小姨游青城山时，命宫女在衣着上都画上云霞，又令宫女穿着宽松的道袍，簪莲花冠，浓妆艳抹，叫做“醉妆”，他自己跟随在后，夹着檀板哼哼唱唱：

这边走，那边走，只是寻花柳；

那边走，这边走，莫厌金杯酒。

王衍少不更事，一天到晚陪侍两位徐妃游宴贵臣之家，或周览蜀中名山寺观。而大小徐妃更是交结佞臣，专权受贿。后来，前蜀为后唐灭掉，王衍、大小徐妃也被后唐庄宗杀掉。

第三节　一朝死在君王侧

——朱棣剐杀宫女案

明永乐八年（1410年）和永乐十八年（1420年），明成祖朱棣对宫女进行了两次大规模的剐杀，近3000人因此毙命。

人物小档案：

朱棣（1360—1424年），明太祖朱元璋第四子，明朝第三位皇帝，在位22年（1402—1424年），年号永乐，庙号成祖。

朱棣是明太祖朱元璋的第四子，原来被封为燕王，后发动“靖难之役”，从侄儿建文帝手中夺取了皇位，成为明成祖。尽管是通过起兵反叛而登上权力的最高峰，但是无可否认，朱棣确实是中国历史上少数几个精明能干的帝王之一。他五征漠北，浚通大运河，大规模营建北京紫禁城，七次遣郑和下西洋……其文治武功为他在历史上留下了美名。

明成祖朱棣

但是，朱棣的缺点也不容忽视，性格固执、刚愎自用、猜忌多疑，一生残忍暴虐，杀人如麻。让人错愕的是，永乐年间，他竟把屠刀伸向了柔弱的宫女。

据史料记载，朱棣一共对宫女进行了两次大规模的屠杀。第一次是在永乐初年，屠杀宫女 100 多名；第二次发生在永乐末年，这次竟屠杀宫女将近 3000 人，成为明朝后宫最大的惨案。这样大规模屠杀宫女的事件，在中国历史上也实属罕见。作为一个高高在上的帝王，为何要对地位卑贱的宫女痛下杀手呢？要弄清朱棣屠杀宫女背后的故事，还得从永乐初年说起。

永乐初年，在朱棣的治理下，伤筋动骨的大明王朝又重新焕发出了新的活力，国力蒸蒸日上。在这种大好的形势下，朱棣也开始将自己沉迷于温柔乡之中，于是在全国各地广为选美，后宫美女日益增多。在所选的佳丽之中，选自朝鲜的美女权氏迅速从众多貌美如花的宫女之中脱颖而出。权氏美艳殊丽，聪慧过人，能歌善舞，且善吹箫，赢得了朱棣的怜爱，成为朱棣最宠幸的妃子之一。

明成祖永乐八年（1410 年），生性喜好战争的朱棣又按捺不住征服的欲望，亲自率军出征漠北。出征之前，他特地带上权贤妃随军出塞。但是令朱棣没有料到的是，这位集万千宠爱于一身的权妃竟然在大军凯旋回宫的路上得病身亡，权贤妃的死给朱棣带来了沉重的打击。

在朱棣伤心欲绝之时，恰好宫中有人报告给了他一个重要消息，说权氏是被一个姓吕的宫女串通太监和银匠用砒霜毒死的。

揭发吕氏毒死权妃的人也姓吕，是一位朝鲜商贾的女儿，史书为了分别与投毒案有关的两个吕氏，称其为“贾吕”。贾吕被选入宫后，并没有得到朱棣的宠幸，内心苦闷不堪。后来，她遇到了先期入宫的宫人吕氏，由于两人同是朝鲜人，贾吕便想与吕氏交往。可是，吕氏鄙视贾吕的为人，不愿意和她交往，于是贾吕一直怀恨在心，等待着报复的时机。朱棣宠爱的权氏死于北征凯旋回师途中的消息无疑给贾吕带来了报复吕氏的机会，因为吕氏当时随军侍候过权氏，很容易诬陷。于是她便在伤心欲绝的朱棣面前诬告权氏是被吕氏毒死的。朱棣听后勃然大怒，也不细查，即下令将被告下毒的太监、银匠处死，对吕氏则采用酷刑，用烙铁直烙了一个月，吕氏被烙得体无完肤而死。受吕氏牵连而被杀者达 100 多人，这便是发生在永乐初年的第一次宫女大屠杀。

过了一段时间，朱棣逐渐从权氏去世的悲痛之中解脱出来，王贵妃也逐渐取代了权氏在皇帝心中的位置，成为当时朱棣最为宠幸的妃子。但可能是王贵妃无福消受这种莫大的荣幸，永乐十八年（1420 年），正在朱棣准备册立她为皇后之时，她却得病去世，走完了短暂的一生，王贵妃的去世使朱棣再一次经历丧失宠妃的伤痛。

而恰在此时，贾吕与宫女鱼氏和太监结好之事败露。历代宫中，都有宫女和宦官相好之事。虽然不能行夫妻之事，但多少可以相互给予一些心理上的慰藉和生活上的照顾，这种现象宫中称之为“对食”，与宦官对食的宫女称为“菜户”。明朝后期的皇帝对此类事，往往采取听之任之的态度，明熹宗朱由校甚至还亲自将宦官与宫女结为“对食”。

而这种现象，在永乐年间并不盛行。尽管不盛行，但此举顶多也就是会遭到皇帝的制止，应该不会招来什么杀身之祸。但是，朱棣正为再失宠妃而痛不欲生，听到这一消息之后，甚为恼火，雷霆大发。贾吕和鱼氏惧祸，上吊自杀。朱棣并没有善罢甘休，为了查出宫廷究竟还有多少类似的丑闻，又兴株连之法，令拘捕与贾吕亲近的宫婢，亲自审讯。宫婢受不了酷刑，竟诬称后宫有人要谋害皇帝。

这一口供，让朱棣极为震惊和恼怒。中国历史上所有的皇帝都对“谋反”、“谋大逆”等词神经过敏，只要听说谁要谋杀皇帝，就要无限株连，残酷屠杀。于是，接连有更多的人被抓，更多人被屈打成招，百连千扯，自称“谋逆”的宫婢侍女越来越多。

朱棣的嗜杀本性被激起，下令穷治后宫谋大逆案，清洗后宫，朱棣下令将这些从全国选来的美丽宫女处以剐刑（即凌迟处死）。

行刑之日，朱棣亲自监刑，分批剐杀宫女，共杀了几天才杀完。后宫之中哀嚎不绝，血流成河，有宫女临刑时斥骂朱棣：“你自己年老阳衰，宫人与少年宦官相好，有何罪过！”朱棣更加恼怒，令画工画了一张贾吕与宦官相拥图，挂在后宫，以羞辱无辜的宫女。

《李朝实录》记载，朱棣大肆屠杀宫女之际，适有宫殿被雷电击毁，宫女们暗喜，以为朱棣会因害怕上天惩罚而停止屠杀，但朱棣“不以为戒，恣行诛戮，无异平日”。最后被诛的宫女达 2800 人之多，加上永乐初年的那次屠杀，一共有近 3000 名宫女成了冤魂。

相关链接：

靖难之役

明太祖朱元璋有 26 个儿子，他因自己出身卑微，当上皇帝后，生怕那些开国元勋“尾大不掉”，很快将长子朱标立为太子，九子、二十六子早死，其余 23 个儿子都封王建藩。燕王朱棣、晋王朱棡、宁王朱权等率兵驻守北方，抵御蒙古；周王朱橚、齐王朱榑等驻于内地各省，监督地方官吏。朱元璋规定，如遇奸臣专权，藩王可以声讨奸臣，甚至可以发兵“清君侧”。朱元璋如此做的本意是想用皇室亲戚来维护朱家江山，但他没有料到却事与愿违。

洪武二十五年（1392 年），年仅 38 岁的太子朱标病死，朱元璋按照嫡长子继承的原则，把长孙朱允炆立为皇储。洪武三十一年（1398 年）朱元璋病逝，长孙朱允炆即位，成为建文帝。建文帝书生气十足，温文尔雅，向往儒家的仁政，却缺少祖父与叔父们雄才大略的草莽习气。建文帝身边几个被委以重任的大臣齐泰、黄子澄、方孝孺等都是饱读诗书的才子，所以人称新朝廷为“秀才朝廷”。

建文帝即位后，那些分封于边疆及内地的藩王们个个拥兵自重，根本不把这个年轻的侄皇帝放在眼里，建文帝时时感受到有着皇叔身份的藩王们的威胁，不得不与亲信大臣齐泰、黄子澄、方孝孺商量削夺藩王的权力。众藩王之中，燕王朱棣的实力最强。齐泰主张擒贼先擒王，只要先铲除燕王，其他诸王自然无力反抗了。黄子澄则认为燕王实力强大，应该先削弱小的周、齐、代诸王，去燕王的羽翼，待时机成熟再削燕王。

建文帝朱允炆

建文帝听取了黄子澄的意见，先后废周王、湘王、齐王、代王、岷王等藩王，势力最大的燕王朱棣当然不会坐以待毙，他率先发难，其借口就是援引朱元璋的祖训：如遇奸臣擅权，藩王可以发兵声讨，“以清君侧”。于是，建文元年（1399年）七月，朱棣在他的封地起兵，发动了“靖难之役”，以声讨齐泰、黄子澄为名，矛头直指建文帝。

北方诸将多燕王旧部，降燕从战者甚多。朱棣一路破荆斩棘，建文帝被迫罢了齐泰、黄子澄的官，遣庆成郡主至燕师，乞割地求和，燕王不许。建文四年（1402年）六月，燕军渡江直逼南京城下，谷王与曹国公李景隆开金川门迎降，南京城破，宫中起火，建文帝下落不明。

关于建文帝的下落，有的说建文帝于宫中自焚而死；有的说建文帝由地道逃走，落发为僧，云游天下；也有传说他于正统朝入居宫中，寿年而终。建文帝的真正下落已不可确考，成为明史上的一大悬案。

建文帝的失败，无疑与他削藩策略的失误有着直接关系。他虽然一直视燕王朱棣为心腹大患，但却并没有果断地直指燕王，而是先削了其他藩王，他的行动实际上已经打草惊蛇，给了朱棣充分的准备时间。

朱棣攻下南京后，自即皇帝位，清宫三日，诛杀无数。并下令搜捕齐泰、黄子澄、方孝孺、铁铉等建文朝臣50余人，把他们的名字写在奸臣之列，实行族诛之法，族人无论男女老少皆斩，追随建文帝的忠臣及其家属共一万多人被虐杀。

“靖难之役”是明初皇权斗争日趋激化的必然结果。朱棣以强藩起兵夺取皇位后，北方不再有强藩存在。朱棣又继续实施朱允炆的削藩政策，并改革中央行政机构，建立厂卫，继又迁都北京，使中央集权得到进一步加强。

朱棣灭方孝孺十族

方孝孺是明初名闻天下的第一大儒，其学识品德为四海所称颂。建文帝朱允炆对方孝孺有知遇之恩，视方孝孺为最亲近的大臣，方孝孺十分感激，他也决心竭尽全力辅助建文帝治理天下。

朱棣起兵时，其谋士姚广孝曾对他说，“城破之日，方孝孺是决不会投降的，但万万不能杀他，否则天下读书种子将会灭绝。”朱棣点头答应。其实，朱棣也有意借用方孝孺的威信来收揽人心。

南京陷落后，文武百官多见风转舵，投降燕王。方孝孺拒不投降，闭门不出，日日为建文帝穿丧服啼哭，结果被捕下狱。

朱棣屡次派人到狱中向方孝孺招降，希望由他撰写新皇帝即位的诏书。方孝孺坚决不从。朱棣强行派人押解方孝孺上殿，方孝孺披麻戴孝而入，悲恸至极，哭声响彻大殿。

朱棣开始还好言相劝，走下殿来跟他说：“先生不要这样，其实我只是效法周公辅弼成王来了。”方孝孺反问：“成王在哪里？”朱棣答：“已经自焚了。”方孝孺问：“那为什么不立成王之子？”朱棣道：“国家需要年长的君主。”方孝孺说：“那为什么不立成王之弟？”朱棣发怒道：“这是朕的家事！”并让人把笔给方孝孺，让他起草即位诏书，说：“此事非先生不可！”方孝孺执笔，疾书“燕贼篡位”几个字，把笔扔在地上，边哭边骂：“死就死了，我是不会给你起草即位诏书的！”朱棣发怒说：“你不顾九族了吗？”方孝孺愤然作答：“便十族奈我何！”骂声益厉。

> 灭九族：诛父族四、母族三、妻族二。父族四即姑之子（姑姑的子女）、姊妹之子（外甥）、女儿之子（外孙）、己之同族（父母、兄弟、姊妹、儿子）；母族三即母之父（外祖父）、母之母（外祖母）、从母子（娘舅）；妻族二是指岳父一家、岳母的娘家。

朱棣气急败坏，恨其嘴硬，叫人将方孝孺的嘴角割开，撕至耳根。方孝孺血涕纵横，仍喷血痛骂，朱棣厉声道：“你哪能马上就死，等我火了你十族！”此时，方孝孺的妻子郑氏与儿子方中宪、方中愈已上吊自杀，两个女儿亦跳入秦淮河自尽。朱棣就大肆搜捕其他亲属，押解至京，并在行刑当日把他们押往刑场，在方孝孺面前行千刀万剐之烈刑，场面十分残忍。方孝孺强忍悲痛，始终不屈。胞弟孝友临刑时，方孝孺泪如雨下，孝友从容吟诗：“阿兄何必泪潸潸，取义成仁在此间。华表柱头千载后，旅魂依旧回家山。”方孝孺亦作绝命诗一首：“天将乱离兮孰知其由，奸臣得计兮谋国用猷，忠臣发贲兮血泪交流，以此殉君兮抑又何求，呜呼哀哉兮庶不我尤。”

最终，朱棣又在九族之上加上一族，将方孝孺的学生朋友也算为一族，这就是亘古未有的“灭十族”，一共杀了七天，总计873人全部凌迟处死！入狱及充军流放者达数千。

最后轮到方孝孺了，他被凌迟处死后，又被拆散骨骸，其门人德为庆侯廖永忠的孙子廖庸、廖铭等人捡其遗骸，葬于聚宝门山上。

方孝孺一介书生，手无缚鸡之力，却面对专制君主的屠刀视死如归，抗节不屈，可谓感天地泣鬼神！受到后人的无限敬仰和赞颂。就其个人气节来看，历史上实在不多见。

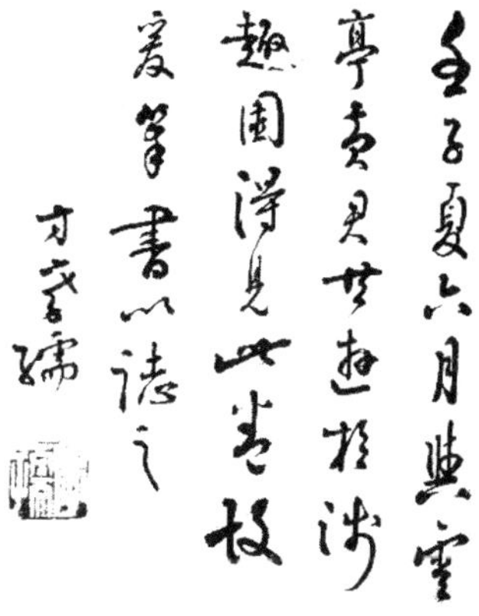

方孝孺墨宝

古代酷刑之首——凌迟

凌迟也写作“陵迟”，原来指山陵的坡度是慢慢降低的，凌迟本意为：“缓缓的山丘”。用于死刑名称，则是指处死人时将人身上的肉一刀刀割去，使受刑人痛苦地慢慢死去。凌迟在秦汉左右就已经出现，但国家法典不允许，算是私刑。五代时期才合法，正式定名“凌迟”是在辽代，此后，金、元、明、清都规定为法定刑，是最残忍的一种死刑。

在明朝以及明以前，这种刑法主要用于处罚那些十恶不赦的犯罪，如谋反、大逆等。到了清朝乾隆时期，如果打骂父母或公婆、儿子杀父亲、妻子杀丈夫等触犯伦理道德的重罪，也要处凌迟刑。而历代凌迟的行刑方法也有区别，一般是切八刀，先切头面，然后是手足，再是胸腹，最后枭首。但实际上比八刀要多。明朝时期，凌迟一般比较精细，大多数凌迟都超过千刀，故又称“千刀万剐”。如果犯人在规定刀数前死去，刽子手将被观众嗤之以鼻，并有可能丢掉饭碗。刽子手为使受刑者不致很快死去，便发明新方法，用渔网紧箍在犯人身上，使其身上的肉从网眼中凸出，然后一刀一刀地切割。又有刽子手用特制的铁钩，不断从犯人身上将肉钩起而割之，然后将割下的肉扔进放在旁边的筐中。为怕犯人昏死，失去凌迟的意义，还要割 10 刀一吆喝。刀数割满，犯人身上肌肉去净，露出骸骨，然后再割去外生殖器、剖心挖肝、枭首剉尸俎骨。

历史上比较有名的凌迟案例是 1510 年明朝作恶多端的太监刘瑾犯谋反罪，被判处“剐刑”三日，不过第二天他便死去，共 3357 刀，据说第一天割完后，刘瑾还喝了一点粥。行刑时，燕京围观百姓争夺其肉，下酒生食之，以泄其愤。

清代仍有凌迟之刑。统治者对农民起义的首领一旦捕获，总是要凌迟处死。同治二年（1862 年），太平天国的著名领袖石达开在大渡河兵败后，清兵把石达开和宰辅曾仕和等绑赴刑场。石、曾二人分别被面对面缚在两个十字木桩上。执行凌迟时，刽子手先对曾仕和割第一刀，曾仕和受疼不过，惨叫狂呼，石达开斥责他说：“为什么不能忍受此须臾时间？”曾仕和这才紧咬牙关，不再叫喊。石达开受刑时，被割一百多刀，他从始至终默然无声。石达开的凛然正气和坚强意志使清军官兵感到震惊，四川布政使刘蓉说他“枭桀坚强之气溢于颜面，而词句不亢不卑，不作摇尾乞怜语……临刑之际，神色怡然，实丑类之最悍者。”

凌迟之刑一直延续到清末。戊戌变法后，清廷受各种内外矛盾的冲击，不得不顺应潮流对传统的弊政作些改革。光绪三十一年（1905 年），修订法律大臣沈家本奏请删除凌迟等重刑，清廷准奏，下令将凌迟和枭首、戮尸等“永远删除，俱改斩决”。从此，凌迟这种非人的酷刑才从法典中消失。

第四节　弑君不成反丧命
——宫女谋杀皇帝案

嘉靖皇帝朱厚熜

嘉靖二十一年（1542 年）十月二十一日，以杨金英为首的 16 名宫女不堪忍受折磨，企图勒死嘉靖皇帝朱厚熜。

人物小档案：

朱厚熜（1507—1567 年），兴王朱祐杬（明宪宗第四子）之子，明朝第十一位皇帝，在位 47 年（1521 — 1567 年），年号“嘉靖”，历史又称“嘉靖皇帝”，庙号“世宗”。他是明代实际执政时间最久的皇帝。

明朝嘉靖年间的宫女谋杀皇帝案，史称“壬寅宫变”，是中国古代历史上一起罕见的宫女起义。

一切都要从 1521 年说起，那一年，明武宗朱厚照驾崩，由于武宗没有留下子嗣，又是单传，因此皇太后和内阁首辅杨廷和决定，由最近支的皇室——武宗的堂弟朱厚熜继承皇位，第二年改年号为嘉靖。

嘉靖帝在他最初登基的几年里确实是有所作为的，他打击旧臣和皇族、勋戚势力，总揽内外大政，使皇权高度集中。他还重视内阁作用，注意裁抑宦官权力。但这种善政并没有保持多久，他就日渐腐化，大肆兴建道观、迷信方士、尊崇道教、好长生不老之术。

嘉靖帝尊道教、敬鬼神，一生乐此不疲，这与他从小生长的环境关系密切。荆楚之地本就是道教的源头，嘉靖帝的父母也尊信道教，对嘉靖帝产生不小的影响。嘉靖帝个性很强，认定的事大多难以改易，他不仅本人信道，当上皇帝以后，还要全体臣僚都要尊道，让尊道者升官发财，将敢于进言劝谏者轻则削职为民，枷禁狱中，重则当场杖死。道士邵元节、陶仲文等官至礼部尚书，陶仲文还身兼少师、少傅、少保数职，这在明朝历史上是空前绝后的。嘉靖十七年后，内阁 14 个辅臣中，有 9 人是通过撰写青词起家的。从此明朝官员中谄媚阿上之风盛行，政治风气日益败坏。

> 青词：又称绿章，是道教举行斋醮时献给上天的奏章祝文。一般为骈俪体，用红色颜料写在青藤纸上。要求形式工整和文字华丽，无实在内容。

当时嘉靖帝为求长生不老药，命方士炼丹。其中“红铅”是最流行的炼丹制药之法，它是将处女月经和其他成分经过拌和、焙炼而成，形如辰砂。据说这些药物能够起到强身健体和增强性欲的作用，还可保长生不老。嘉靖帝听信道士之言，大量征召十三四岁的女孩入宫，命方士利用她们的处女月信来制丹药。为了采得足够的炼丹原料，方士强迫宫女们服食催经下血的药物，轻则极大损伤宫女身心，重则造成失血过多甚至血崩，许多人因此丧命。此外，为了防止泄漏炼药的秘密，有时还可能杀掉取过血的宫女灭口。

另外，为保持宫女的洁净，方士规定宫女们不得进食，只能吃桑、饮露水。被征召的宫女受到的摧残和侮辱已经超过了人的极限，一些宫女不堪忍受这种残酷的摧残，决定反抗，于是发生了嘉靖时期的重要事件——“壬寅宫变”。

明朝皇帝的寝宫是紫禁城内的乾清宫。除了皇帝和皇后，其余人都不可以在此居住，妃嫔们也只是按次序进御，除非皇帝允许久住，否则当夜就要离开。嘉靖年间的乾清宫，暖阁设在后面，共 9 间。每间分上下两层，各有楼梯相通。每间设床 3 张，或在上，或在下，共有 27 个床位，皇帝可以从中任选一张居住。因而，皇帝睡在哪里，谁也无法预知，这种设置极大地保证了皇帝的安全。然而，当时，谁也没有想到防备那些守在皇帝身边的宫女。而就是这群宫女，竟演出了惊天动地的“壬寅宫变”。当时史料曾有如下记载：

嘉靖壬寅年（嘉靖二十一年，1542 年）十月二十一日凌晨，十几个宫女决定趁嘉靖帝熟睡时把他勒死。先是杨玉香把一条从仪仗上取下来的丝花绳搓成的粗绳递给苏川药，苏川药又将拴绳套递给杨金英。邢翠莲把黄绫抹布递给姚淑皋，姚淑皋蒙住嘉靖帝的脸，然后紧紧地掐住他的脖子。邢翠莲按住他的前胸，王槐香按住他的上身，苏川药和关梅秀分别按着他的两手，刘妙莲、陈菊花分别按着他的两腿。待杨金英拴上绳套，姚淑皋和关梅秀两人便用力去拉绳套。眼看她们就要得手，绳套却因被杨金英拴成了死结，怎么拉也拉不紧。这时候，一个胆小的宫女张金莲害怕起来，连忙跑出去报告方皇后。前来解救的方皇后被姚淑皋打了一拳。王秀兰叫陈菊花吹灭灯，但灯马上又被总牌陈芙蓉点上了，徐秋花、郑金香又把灯扑灭。这时陈芙蓉叫来了管事，这些宫女才被捉住。

嘉靖帝虽然得救，但由于惊吓过度，仍然不省人事。方皇后召集御医会诊，御医们面面相觑，谁也不敢冒这个风险。方皇后心急如焚，要御医许绅务必设法救活皇帝。许绅无可推托，只好开了一服猛烈的药方，嘉靖帝服下后终于坐了起来，但仍然说不出话来。

嘉靖帝苏醒后，方皇后便开始审讯杨金英等人。司礼监将审讯结果向嘉靖帝禀报，嘉靖帝此时仍然惊魂未定，用手示意方皇后处置。于是方皇后立即下令将所有的宫女都关起来严加审问。

事后，司礼监对宫女进行了多次严刑逼供，但宫女的供招均与杨金英相同。最终司礼监得出“杨金英等同谋弑逆。张金莲、徐秋花等参与其中，一并处罚”的结论，于是，杨金英等16名宫女在西安门外四牌坊的西市被凌迟处死，尸枭首示众。

嘉靖帝有个宠妃曹氏，生得妍丽异常，被封为端妃，集三千宠爱在一身。事发当日，正是端妃在皇帝身边伺候，嘉靖帝酒酣欲睡，端妃不敢随便惊扰，自己悄悄出去。窥伺已久的宫女们就是趁嘉靖帝熟睡之时，潜了进来。事情被发觉后，端妃才闻报赶来。方皇后正好要借机除掉情敌，命人也将端妃处死。

嘉靖帝病痊后，忆起端妃的情爱，对人说：“端妃，我所爱，应该没有害我之心。”从此迁怒记恨方皇后，开始跟方皇后不和。清人对此有诗咏道：“无端事变起宫闱，全仗长秋息祸根。岂料顿忘宗社恨，翻然病已忆端妃。”嘉靖二十六年，方皇后寝宫失火，嘉靖帝故意命人不去救火，方皇后因此被烧伤，加之受到惊吓，几天后便死去了。

经历了这场宫变后，嘉靖帝认为大难不死是神灵庇佑，故而比以前更痴迷于丹药方术。

在“壬寅宫变”后，30多岁的嘉靖帝住进了皇城西苑的永寿宫，一住就是二十几年，从此再也没有回到紫禁城内的寝宫里居住。

相关链接：

嘉靖朝的“大议礼之争”

嘉靖帝朱厚熜是兴王朱祐杬的独子，幼时聪敏，兴王亲授书史，通《孝经》、《大学》及修身齐家治国之道，重礼节，遇事有主见。他即位的时候，年仅14岁。

早在由藩邸进京，尚未即皇帝位的时候，嘉靖帝与朝臣们就为迎接的礼仪发生了争执，结果以朝臣的妥协告终。紧接着，嘉靖帝的生母进京，又发生了类似的事情，最后朝臣又做了让步。

这两件事可以说是议礼之争的导火索，从嘉靖帝主观来讲，他从外藩即皇帝位，对朝廷的旧臣并不十分信任，而且他不希望以过继给孝宗皇帝当养子的身份来入继大统，因此他要求追封自己的亲生父亲为皇帝，这一点是标榜尊崇先师孔子礼教的大臣们无法同意的，众大臣表现得空前团结，反对的奏章压得嘉靖帝喘不过气来。

就在嘉靖帝准备让步的时候，一个叫张璁的人站了出来，帮了嘉靖帝一个大忙。张璁写了一篇文章，为嘉靖帝追封自己的父母找了许多理论依据，而且引经据典批驳了群臣的观点，嘉靖帝看后深受鼓舞，张璁也得以加官进爵，成为“议礼派”的首领（当时把反对皇帝的大臣们称为“护礼派”）。

朝中出现了议礼派与护礼派的对立，由于嘉靖帝的支持，议礼派的队伍在不断扩大，双方的斗争也日趋激烈，经过几回合的你来我往，终于爆发了“血溅左顺门”事件。

由于议礼派逐渐占据上风，护礼派群臣决定集体向皇帝进谏，于是包括九卿23人、翰林20人、给事中21人、御使30人等共200余人的庞大队伍，集体跪在左顺门外，哭声、喊声震天。嘉靖帝派人将为首的几位大臣押入监狱，群臣情绪更加激愤，左顺门前出现骚动。嘉靖帝杀心顿起，将 134 人逮捕，86 人待罪，一时间锦衣卫从四面八方围来，左顺门前血迹斑斑。

左顺门事件以皇帝的胜利、护礼诸臣的失败告终，嘉靖帝终于如愿地将父亲追尊为睿宗，并将其位入太庙，排在武宗朱厚照之上。这次事件致使许多正直的大臣或死或引退，而佞臣却乘机窃取了朝政大权，使弊政重兴。通过这件事，嘉靖帝不仅实现了追封自己父亲为皇帝的愿望，而且树立了新皇的威信，开始了他的专制统治。

历时三年的大礼议之争，最后以嘉靖帝的胜利结束，嘉靖帝由议礼的过程体会到了如何行使皇权的无上威严，开始变得独断专行。大礼议加强了皇权专制，促成了嘉靖帝刚愎自用、专横暴虐的政治作风。

《直言天下第一事疏》

——海瑞于嘉靖四十五年（1566 年）二月

海瑞（1515－1587 年），字汝贤，号刚峰，广东琼山（今属海南）人。明朝著名清官，后人称其为“海青天”，与宋代包拯齐名。历任知县、州判官、尚书丞、右佥都御史等职。为政清廉，洁身自爱。为人正直刚毅，职位低下时就敢于蔑视权贵，从不谄媚逢迎。一生忠心耿耿，直言敢谏。刚升任户部主事的海瑞见嘉靖帝一心求长生不老术，不管国家兴衰，就买好了自己的棺木，诀别妻儿，遣散家僮，写了《直言天下第一事疏》，将嘉靖帝所犯的错误全部数了出来，上疏死谏，嘉靖帝看后大怒，下令将海瑞逮捕入狱。

海瑞

下面是《直言天下第一事疏》的白话文：

户部云南清吏司主事海瑞在这里上奏：为了匡正君道，明确臣下的职责，求得万世治安，我要直陈天下第一事。

国君是天下臣民万物的主人，正是因为是天下臣民万物之主，所以责任重大。如果民生措置失当，就是君主没有负起责任。所以臣子就应当尽量为君主服务，忠于职守，畅所欲言。臣子尽到了自己的责任，君主的责任也才算尽到了。以前那种专图讨好，曲意逢迎，不让君主听到实际情况的人，现在用不着说他们了。

……

臣蒙受国恩，宁可直言得罪也不想说假话，好的就是好的，坏的就是坏的，一丝一毫都不敢隐瞒。我不为讨上面的欢心，也不计较得失，今天披沥肝胆，掏出真心，对陛下您说几句实话。

汉代名臣贾谊曾和文帝这样说："下面进言的人总是说：天下已经大治，臣独以为还没有。那些说天下已安已治的人，不是愚昧无知就是阿谀逢迎。"文帝算是汉代的贤君了，贾谊也不是对文帝要求过高。汉文帝的品质作风是好的，他有爱民的美德，为人也慈和俭朴，从容谦逊，但缺点在于游于玄老，不专事于政务，有许多政事都被耽误了，没有办好。假使臣下看不到这些弊病，一味认为天下已安已治，这就是愚昧无知。假使臣下看不到文帝的才能毕竟有限，一味用已安已治的话来歌颂他，这就是阿谀奉承。

陛下自视和汉文帝比较起来怎么样呢？陛下天资英断，睿识绝人，具有成为尧、舜、禹、汤、文、武这样的君王的潜力，陛下像汉宣帝一样做事努力认真，像光武帝一样为人大度，像唐太宗一样英武无敌，像唐宪宗一样能够消平各地藩镇叛乱，陛下还有宋仁宗的仁恕之德，总之像这些可取的优点，无论哪一项，您都是具有的。您即位初年，铲除积弊，明白宣示，同全国老百姓一道革新政事……那时候天下人都很期待，认为您一定大有作为。

……

陛下您立志要有作为，可是没过多久，就被杂乱的念头导引到别的地方去了。您把自己的刚强英明用到错误的地方，以为人真的能够长生不老，而一味的玄修。陛下富有四海，却不念及那都是民之脂膏，常常大兴土木，大修宫殿庙宇。陛下二十余年不上朝处理政务，导致纲纪松懈败坏。朝廷卖官买官，援用这种章程越来越滥，美其名曰推广事例，导致豪强四起，名爵泛滥。您专门和方士在一起炼丹，不与自己的儿子们相见，人们都以为您缺少父子之情。您常以猜疑诽谤戮辱臣下，人们都以为缺少君臣之礼。您整天待在西苑不回宫，人们都以为缺少夫妇之情。天下官吏贪污成风，军队弱小，水灾旱灾无时不有，民不聊生，导致流民暴乱像火烧一样，越来越盛。自陛下登基以来，前几年就这样，但还不严重，但是如今赋税徭役越来越重，各级官吏都效法朝廷，盘剥百姓无度。陛下花很多钱崇奉道教，十余年来已经做到极致了。因此，陛下改元号之时，天下人都猜想：这意思就是说"嘉靖者言家家皆净而无财用也"。

近来，严嵩罢相，严世蕃被处以极刑，勉强可以令人满意，一时人称天下清明。然而严嵩罢相以后的政事，不过和他做宰相以前差不多，也并不见得清明多少。陛下比汉文帝差远了。天下之人对您不满已经很久了，这内外臣工都知道。

……

陛下修宫殿，设坛祈祷，就让群臣竞相进献香物和仙桃仙药，叫臣子进表祝贺。陛下要兴建宫室，工部就极力经营；陛下要取香觅宝，户部就派人到处索取。陛下举动有误，诸臣顺从得也没道理，竟没有一个人为陛下正言。那种公开讨论对错、贡献良言、防止邪恶的做法，长久没有听到了，献媚的风气太甚。然而人们不敢直言，内心却不能不惭愧，气也不壮了，当面不敢说，却在背后议论是非，人们表面上顺从陛下，却把真心藏起来，这样为陛下歌功颂德，是多么大的欺君之罪？

……臣子们进谏，您采纳实行，对您说来只不过动一动节省的念头罢了。京师里的一块金子，到了田野百姓那里抵得上一百块金子用。您稍稍节省一点，国库便有余用，老百姓则有了储蓄，好处真不知有多少啊，而陛下为何不这样做呢？

陛下只要稍事节省和振作就行了，又不是要您多么劳心劳神。九卿掌握大政方针，百官承担具体的职责，巡抚、巡按、六科给事中等纠举肃清，维护风气，陛下考核政纲的实施情况，督促他们做出成绩来。努力去找贤才，任用他们办事，自己就省力了……要是依旧去服食什么长生不死之药，巴望着能成仙升天，不是道理所在。那么做只能匆忙的散爵禄，让精神徒然的紧张，玄修求长生，是捕风捉影的空想，陛下一辈子求之，究竟得到没得到呢？

君道不正，臣职不明，是天下第一大事。于此不言，更复何言？大臣为保乌纱帽而阿谀奉承，小臣害怕获罪表面顺从，陛下有错误却不知道，不能改正不能执行，臣每想到这里便痛心疾首。所以今天便冒死竭忠，诚恳地向陛下进言。望陛下能够改变心思，转换方向，而天下之治与不治，民物之安与不安都取决于您，若陛下真能采纳，是我宗庙、社稷、国家的幸运，是天下黎民百姓的幸运！

嘉靖帝的永陵

明永陵位于北京市昌平天寿山阳翠岭南麓，是明朝嘉靖帝朱厚熜及陈氏、方氏、杜氏三位皇后的合葬陵寝。

永陵开始营建于嘉靖帝登基后的第十五年，系其在位时营建的“寿宫”。但其卜选陵址却是在嘉靖七年（1528年）皇后陈氏去世之时。当时，嘉靖帝命辅臣张璁及兵部员外郎骆用卿等人为陈皇后选择陵地，同时，命他们秘密为自己选择陵地。

明永陵

骆用卿在嘉靖年间以通晓风水术闻名，他来到天寿山后，外观山形，内察地脉，为嘉靖帝选择了橡子岭和十八道岭两处吉壤。随后，嘉靖帝带领从臣和钦天监官员到骆用卿为他选定的两处吉壤察看。看后，觉得十八道岭风水最佳，决定在那里建陵。但还不放心，又派人到江西一带找来著名风水师杨筠松、曾文迪、廖三传的后人再次察看。最后十八道岭被确定为建陵地点。嘉靖帝嫌十八道岭山名不雅，下诏更名为“阳翠岭”。

嘉靖十五年（1636年）四月二十二申时，浩大的陵工开始了。嘉靖帝亲自主持了祭告长陵的典仪，武定侯郭勋、辅臣李时奉命总理山陵营建事宜。在这一天动工的还有其他七陵的修缮、长陵神道甃石以及石像生加护石台等工程。

永陵用料考究，规制宏阔，耗费了大量国库银两和人力，仅参加营建永陵的三大营官军就有 4 万人。

建成后的永陵，与前七陵相较，确有独特之处。

首先，是规模宏大。在古代，陵园规模的大小，取决于陵园殿庑、明楼及宝城规则。按照《大明会典》的记载，永陵宝城直径为 81 丈，祾恩殿为重檐 7 间，左右配殿各 9 间，其规制仅次于明成祖朱棣的长陵，而超过献、景、裕、茂、泰、康六陵制度。

另外，永陵的方院和宝城之外，还有一道前七陵都没有的外罗城，外罗城之内，左列神厨，右列神库各五间，还仿照深宫永巷之制，建有东西长街。嘉靖帝是想把自己的妃子们也葬在自己的陵园内（虽然不是在一个玄宫内），于是，夏言等人设计了外罗城，以便将皇妃们埋葬于外罗城之内，其布葬的位置则拟在“宝山城之外，明楼之前”，亦即明楼前左右宫墙之外，左右相向，依次而祔。后来，嘉靖帝皇妃们的墓室虽然没有修在外罗城内，但外罗城则按原定计划修好了。

永陵的砖石结构的明楼，造型新颖的圣号碑，别具一格的宝城城台设计，以及宝城墙花斑石垒砌的城垛，祾恩殿、祾恩门“龙凤戏珠”图案的御路石雕也都是以前各陵没有的，这些做法后来为万历帝的定陵所效法。

第五节　两个女人不成戏

——清慈安太后暴毙

光绪七年三月初十日（1881 年 4 月 8 日）戌时，慈安太后突然崩逝于钟粹宫，终年 45 岁。

人物小档案：

慈安太后（1837—1881 年），钮祜禄氏，满洲镶黄旗人，广西右江道三等承恩公穆扬阿之女，比咸丰帝小 6 岁。于咸丰二年（1852 年）被立为皇后，时年 16 岁。咸丰皇帝去世后，与慈禧两宫并尊，称母后皇太后，垂帘听政。

在咸丰帝未登基之前，慈安就已经是他的侧福晋。咸丰帝的正室福晋是萨克达氏，在咸丰帝登基前便过世了，咸丰帝登基后，于咸丰二年（1852 年）六月初八，册封钮祜禄氏为皇后，也就是日后的慈安太后。

慈安太后

咸丰帝在世时，慈安一直荣宠不衰，史上说她“素性贞娴”。貌似与世无争，其实胸怀丘壑，自有一套处理与众妃嫔、与夫君皇帝复杂关系的本领，深得皇帝的敬重。

咸丰十年（1860 年），八国联军攻进北京，咸丰帝携慈安慈禧等仓皇逃往承德避暑山庄。

咸丰十一年（1861 年）七月十七日，咸丰帝驾崩。他在临终前做了三件事：一、立皇长子载淳为皇太子；二、命御前大臣载垣、端华、景寿，大学士肃顺和军机大臣穆荫、匡源、杜翰、焦祐瀛八人为赞襄政务大臣；三、授予皇后钮祜禄氏“御赏”印章，授予皇太子载淳“同道堂”印章（由慈禧掌管），顾命大臣拟旨后要请两宫太后盖上“御赏”和“同道堂”印章。

咸丰帝的原意，是让八大臣和两宫太后互相制约权力，既不让辅臣一手遮天，又避免后宫专政。但后来的事实证明，咸丰帝的如意算盘落空了，他的临终遗命，分散权力的目的没有达到，制造的矛盾却立刻显现出来，直接引发了“辛酉政变”。

“辛酉政变”实质上就是一场朝廷内部的权力之争。一方是两宫皇太后和以恭亲王奕䜣为首的皇族，另一方则是咸丰帝临终任命的八位赞襄政务大臣。这场政变的组织者、策划者和领导者是慈禧，其依靠的骨干力量是奕䜣，但也绝对不应忽视慈安在其中的作用。

慈安本是个娴静的人，对权力和政治没有什么兴趣，但险峻和急迫的现实却迫使她必须做出选择，作为一位德高望重的原中宫皇后、当时的母后皇太后，她的立场具有举足轻重的作用。因此，她是这场政变中决定成败的关键性人物。这一点，机敏而工于心计的慈禧比谁都清楚。慈禧清楚地知道自己是靠“母以子贵”才登上皇太后宝座的，声望、资历、影响力远逊于慈安。如果慈安站在八大臣一边，“辛酉政变”就不会发生，这段清史就得重写。慈禧凭其如簧之舌，终于将慈安拉到了自己这一边，以肃顺为首的顾命大臣因“辛酉政变”而灰飞烟灭，从此，两宫太后垂帘听政拉开了序幕。

慈安与慈禧两宫太后以姐妹相称，共同垂帘听政，执掌国家最高权力。慈禧有干才，又有强烈的政治欲望，虽然初时并不十分在行，但很快就进入了角色。慈安比较娴静，不喜政务，就放手让慈禧去做，也乐得轻松自在。慈禧优于才，大小政务，皆能从容处置。而慈安优于德，有着巨大威望和无与伦比的凝聚力、感召力。她们两个各有所长，相得益彰，配合默契。

但是，天不假年，光绪七年三月初十日（1881 年 4 月 8 日）戌时，比慈禧还小两岁的慈安太后突然崩逝于钟粹宫，终年 45 岁。清廷的垂帘听政由两宫并列一下子变成了慈禧一人独裁。慈安太后的突然死亡，在当时与以后都引起了人们种种怀疑与猜测，成为二百多年清宫史上的又一件疑案。

慈安之死，事先没有什么明显征兆，三月初九日，慈安身体稍感不适，第二天晚上就突然崩逝了。据史载，三月初九日晨，慈安依然召见军机大臣，处理军国大事，未见身体有何大的异常之处，只是“两颊微赤”（《述庵秘录》）。然而，次日早，“东太后（慈安）感寒停饮，偶尔违和，未见军机”（《翁同龢日记》）。晚间即暴病身亡。病情如此之重、如此之急，令人难以接受。光绪帝对慈安的猝然而逝，也深为不解：“初九日，慈躬偶尔违和，当进汤药调治，以为即可就安。不意初十日病情陡重，痰涌气塞，遂至大渐，遽于戌时仙驭升遐。”慈安之死事出太过突然，令朝野皆惊。慈安身体一直很好，她自己也说“体气素称强健”，认为自己“克享遐龄，得资养”。一个素来体健之人，怎么得点小病，不足两天就死了呢？时任军机大臣的左宗棠，听说慈安突然得病身亡，顿足大声说：“昨早对时，上边（指慈安）清朗周密，何尝似有病者？即去暴疾，亦何至若是之速耶？”（《清稗类钞》）于是，朝野上下种种猜测不胫而走，人们自觉不自觉地将她的猝死与慈禧联系起来。都说两个女人不成戏，慈安到底是不是慈禧害死的呢？

慈禧和慈安两宫太后，在长达二十年间的垂帘听政期间，一直对外保持比较和谐、稳定的关系，未曾见得两人有重大分歧和争执的记载。然而，两个性格和判断是非标准存在差异的掌权者，要说她们之间完全没有任何不愉快，那也是不可能的。

慈安太后与慈禧太后虽然都身为太后，名义上也是两宫并尊，但慈安太后是母后皇太后、慈禧太后是圣母皇太后，实际上还是慈安的地位高过慈禧一截，奏折文书、日常行走的次序，亦为慈安在先，慈禧在后。慈禧虽长慈安两岁，但是嫡庶之分，仍不得不称慈安一声“姐姐”，“慈禧慑于嫡庶之分，亦恂恂不敢失礼”。

慈安对权力不感兴趣，所以日常朝政多让慈禧处理。不过，这并不意味着慈禧可以任意而为，一些日常的事务由慈禧处置，但凡是涉及朝政举措的大事，即使慈禧明知道慈安没有异议的时候，也先要请示，要由慈安太后做出最后决定。慈安皇太后小事不拘，在大事上决不糊涂，她的存在对慈禧是有着相当的震慑作用的。因此，在两宫共同垂帘时期，慈安起到了制衡慈禧的作用，内心充斥着权力欲望的慈禧，感到不舒服是必然的。

另外，还有两件事，让慈禧对慈安耿耿于怀，恨之入骨。

一件是慈安命令山东巡抚丁宝桢杀掉慈禧宠侍安德海。

安德海，直隶南皮县人。年少时他就羡慕那些因在宫中当太监而发迹的乡人，于是自残入宫做太监。他为人“艺术精巧，知书能文”，可以读《论语》、《孟子》这类书籍。他很善于察言观色、阿谀逢迎，“以柔媚得太后欢”，当上了总管太监，深得慈禧的器重。无论是慈禧诛杀肃顺等顾命大臣，还是垂帘后打压恭亲王奕䜣，都有安德海参与其中，卓有功勋。因此，小人得志的安德海倚仗慈禧为靠山，不把满朝文武放在眼里。他培植党羽，势焰熏天，连同治皇帝都怕他三分。

同治八年七月，在慈禧太后的默许下，安德海借皇上大婚、采办龙袍的名义，乘楼船沿运河南下。按清朝祖制，太监不准出京。但安德海不仅出京，一路上，他还招摇过市，私挟妇女，大张龙旗，浩浩荡荡，抓差纳贿，沿途大肆索要给养，甚至召训地方官。所过顺天府衙门、直隶总督衙门，地方官们都隐忍不发。结果在山东被山东巡抚丁宝桢缉拿，并以太监出京违背祖制请旨处置。

对安德海在宫中拨弄是非、混乱朝政按捺已久的慈安，在接到了军机大臣的奏折后，立即召集军机大臣、内务府大臣共同商议，时逢慈禧生病，慈安独处朝政。大家一致认为："祖制不得出都门，犯者杀无赦，当就地正法。"（《清宫遗闻·安德海》）慈安明确表态，同意将安德海就地正法。朝野上下，无不拍手称快。慈禧痛失心腹，十分心疼，大丢颜面，有苦难言，却不敢公然对抗慈安，更不敢对抗煌煌之祖训，只是由此对慈安心生嫉恨。

另一件事，就是慈安和同治帝违背慈禧选后的心意，一致坚持选慈禧并不看好的阿鲁特氏为皇后。

慈安和慈禧共同抚育同治幼帝，她像亲生母亲一样，关怀呵护、无微不至，而且比严厉的慈禧更亲切。同治帝也因而对慈安更尊敬、更亲近，这些慈禧看在眼里，早就心生不满。

而同治帝长大后，在为同治帝选后这个重大问题上，慈安、慈禧产生了分歧。慈安看中了淑静端慧、容德俱佳的崇绮之女阿鲁特氏，而慈禧则看中了年轻俏丽、姿性敏慧的凤秀之女富察氏。于是，慈安和慈禧让同治帝自己选，结果同治帝和慈安的意见一致。

这个结果对嗜权如命、心高气傲的慈禧来说无疑是空前的打击，她无法原谅自己的亲生儿子在这个关键的时候与慈安联盟背叛自己，她也十分嫉妒慈安在儿子的心目中拥有比她更为尊崇的地位，在心中充满了对慈安的恨。

这些因素，为慈禧害死慈安的说法提供了依据。

《清稗类钞》记载：慈安与慈禧共同垂帘听政。慈禧权欲极重，慈安却倦怠少闻外事，并不与之争权，因此倒也相安无事。光绪七年初，慈禧患血崩剧疾，不能视事，慈安有一段时间独视朝政，致使慈禧大为不悦，诬以“贿卖嘱托，干预朝政，语颇激”，以致慈安气愤异常，又木讷不能与之辩，恼恨之下，“吞鼻烟壶自尽”。

又据《崇陵传信录》载：当年咸丰帝临终时，曾秘密留下一份遗诏给慈安，要她监督慈禧，若慈禧“安分守己则已，否则汝可出此诏，命廷臣传遗命除之”。但老实的慈安却将此事告诉慈禧，并当着慈禧的面将此遗诏烧掉。阴险毒辣的慈禧表面对慈安感泣不已，实际上已起杀机，遂借向慈安进献点心之机，暗下毒药，加以谋杀。

但是，这一类描述，多见于野史笔记，虽然十分生动，但可信性很差。

而清朝官方的“正常病死说”，又寥寥数语，语焉不详，“（光绪七年三月）初九日偶染微疴，初十日病势陡重，延至戌时，神思渐散，遂至弥留”。这一记载见于慈安的《遗诰》。但《遗诰》完全是在慈安死后，按照慈禧的指示所做，因此人们有理由怀疑它的真实性，怀疑慈禧有可能为了掩盖某种阴谋而肆意编造死因。

慈安究竟是不是被慈禧害死的，一百多年过去了，此事已无从查起。

那么，对于慈安的死，慈禧是如何应对的呢？慈禧的反应，在《翁同龢日记》中有比较详尽的记载。

> 翁同龢（1830—1904年），江苏常熟人。晚清政坛的重要人物。先后担任同治、光绪两代帝师。历任户部、工部尚书、军机大臣兼总理各国事务衙门大臣。在光绪时期，因卷入“帝党”与“后党”的政治斗争被慈禧太后罢官。

当晚，慈禧即刻召集相关大臣入宫，安排后事。慈安死于十日晚八时，半夜（子时）翁同龢就接到了入宫的通知。进宫后，发现各枢臣陆续到来。在慈安后事的时间安排上，慈禧没有片刻拖延。天明以后，各位守候在宫中的大臣，接到旨意，进入钟粹宫（慈安的寝宫）。慈禧命太监去掉蒙在慈安脸上的“面幂”，令大臣们瞻仰。此时，慈禧并没有遮遮掩掩，而是泰然地安排着一切。

慈禧还为慈安准备了一个很大的金匮。翁同龢与各位王公大臣进入慈宁宫以后，看见慈安的金匮置于地中，金匮“甚大，时灵驭已移至宫，安奉于金匮之西”。如此安排，可以证明慈禧是把慈安放在皇太后的位置上处理其后事的，没有丝毫的怠慢。未正二刻(中午12时左右)，大殓，也就是将慈安入棺，这完全符合清朝的礼制，从慈安死后慈禧的做法中，人们并没有寻找到慈安系慈禧所害的证据。

但是，慈安的死对于朝局的影响却是非常之大的。

慈安的死，无疑也使恭亲王奕䜣在最高统治集团中少了一个可以依靠的同盟。多年来，慈安和奕䜣与慈禧之间均有矛盾，奕䜣多通过支持慈安压制慈禧的嚣张气焰，慈安也多倚重和信任奕䜣，无形之中，奕䜣和慈安形成一种联合力量，来共同对付慈禧。诛杀安德海就是如此。慈禧感到势单力薄，也努力培植自己的势力，在内务府、军机处相继安排自己的人或者是牵制奕䜣势力的人。慈安在时，尽管奕䜣屡受打击，但因慈安的倚重，他依然能保住军机处的位子，执掌军机处大权；慈安一死，形势大变，慈禧不再受约束，同时由于自己的党羽势力大增，消长之间，她对奕䜣也就不再顾忌了。

慈安的死，为慈禧专权扫清了道路。尽管慈安生前清心寡欲，极少参与政治，不像慈禧那样有谋略和魄力，然而慈安的存在本身，对慈禧的专权就是一股巨大的威慑。有慈安在，慈禧就不敢那么明目张胆、恣意妄为。慈安一死，权力尽归西宫，慈禧可以唯我独尊、专执国政而无所忌惮，从此两宫垂帘格局变为西宫独尊，是时光绪帝还未成人，慈禧大权独揽，开始成为名副其实的清王朝的最高统治者。慈禧成为慈安死后的最大获益者，这也许是人们对她产生怀疑的原因。

相关链接：

深谋远虑的慈安太后

垂帘听政，并非宫廷政治的常态，相反，它恰是特殊情况下的救急之举，是基于长远利益的一个权宜之计，定会有许多饱读圣贤之书的大臣对此不满，因此，维持内部团结，施政上不出大的纰漏就显得尤为重要。当时，26岁的慈安清醒地意识到了这点。

按照朝廷的规矩，皇后为正为嫡，她所生的儿子最有资格成为储君，其他嫔妃都为庶，她们的地位与皇后有着很大差别。嫔妃可以很多，而皇后只有一个。当皇后没有子嗣时，其他被选为太子的嫔妃之子，要过继给皇后，成为皇后之子才算符合条件。此皇子要由皇后亲领亲带亲抚亲养，而生母却无权养护，甚至随便看一眼都不行。

可是皇帝年幼，两个女人垂帘，正处于一个比较特殊的时期，再按以往的老规矩办就会有弊端产生。于是，慈安请同治帝的生母慈禧与她这个嫡母同居养心殿，共同抚养 6 岁的同治皇帝。这样固然破坏了宫中规矩，自己的专一抚养之权也被分出，与皇帝的感情培养也增加了难度系数和不确定性，这对她显然是不利的，但是却对大局有利。“吾两寡妇人抚一孤子，设不幸奸人乘机造作语言，居间播弄，则天下大事去矣。今寝处一所，朝夕相见，各坦怀相示，谗何由兴？”于此一端，可见慈安的眼光、胸怀、气度和大局意识，后来的事实证明慈安的深谋远虑有多么英明。

《国闻备乘》中写道：“后穆宗（同治）大婚，乃各异宫而居，烛影斧声，遂成千古疑案。戊戌之变，亦因慈禧居颐和园，母子会见日稀，故康党以邪谋进。慈安远虑，真有不可及者。”就是说，后来皇上大了，结婚单住，两宫也从此分居，40 多岁的慈安暴病而逝，惹得沸沸扬扬，疑窦丛生，对朝廷的形象是个沉重打击。后来的戊戌之变，也是因为光绪与慈禧分地而居，交流日稀，才惹出帝、后嫌怨日重，互不信任，最后酿成血案。

年纪轻轻的慈安，很早前就能看到这一步，不能不说是深具政治眼光和远见卓识的。

钟粹宫

钟粹宫，是内廷东六宫之一。明永乐十八年（1420 年）建成，初曰咸阳宫，明嘉靖十四年（1535 年）更名钟粹宫，隆庆五年（1571 年）改钟萃宫。前殿曰兴龙殿，后殿曰圣哲殿，为皇太子居处，后复称钟粹宫。钟粹同钟萃，古代是汇集精华、精粹的意思。

清代沿用明朝旧称，于顺治十二年（1655 年）重修，后于道光十一年（1831 年）、同治十三年（1874 年）、光绪十六年（1890 年）、

钟粹宫

光绪二十三年（1897年）多次修葺。清晚期于宫门内添加垂花门、游廊等。慈安太后从受册封为皇后起，多居住在钟粹宫，直至她在光绪七年（1881年）暴崩为止。

钟粹宫为二进院，正门南向，名钟粹门，前院正殿即钟粹宫，面阔5间，黄琉璃瓦歇山式顶，前出廊，檐脊安放走兽5个，檐下施以单翘单昂五踩斗拱，彩绘苏式彩画。明间开门，次、梢间为槛窗，冰裂纹、步步锦门窗。室内原为彻上明造，后加天花顶棚，方砖墁地，明间内悬乾隆帝御题“淑慎温和”匾。殿前有东西配殿各3间，前出廊，明间开门，黄琉璃瓦硬山式顶，檐下饰苏式彩画。

后院正殿5间，明间开门，黄琉璃瓦硬山式顶，檐下饰苏式彩画，两侧有耳房。东西有配殿各3间，均为明间开门，黄琉璃瓦硬山式顶。院内西南角有井亭1座。

钟粹宫明代为妃嫔所居，曾一度为皇太子宫，明崇祯朝的皇太子朱慈烺就曾居住于此。清代为后妃居所。清咸丰帝奕詝幼年曾以皇子的身份居于此宫长达17年，道光帝的静贵妃（孝静成皇后），即恭亲王奕䜣之母亦居此宫，代为抚育奕詝。光绪大婚后，隆裕皇后也曾在此居住，孝定景皇后一生都没有获得光绪帝的宠爱，甚至是被冷落，她在此宫度过19年的孤寂岁月，形同冷宫。末代皇帝溥仪入宫后也曾在此宫住过。

慈安太后和慈禧太后的定东陵

在清朝，只有咸丰朝是两座皇后陵。两座定东陵是清代中等级最高的皇后陵。和其他皇后陵相比多了碑楼和下马牌，慈安陵名普祥峪定东陵，慈禧陵名普陀峪定东陵。双陵的建制本来一样，但慈安死后，慈禧却要在陵寝上压倒慈安。

光绪二十一年（1895年）八月，东陵守护大臣为讨好慈禧，上奏朝廷说慈禧陵因连年雨水，多有糟朽，急需修整。慈禧命亲信庆亲王和兵部尚书荣禄为承办大臣。结果，陵内建筑无一不修，将普陀峪万年吉地的方城、明楼、宝城、隆恩殿、东西配殿、东西燎炉全部拆除重建，将宫门、朝房、小碑楼、神厨库等建筑揭瓦大修，地宫各券及石五供也在维修之列，重修工程于光绪二十一年十一月二十四日开始，到光绪三十四年（1908年）十月慈禧死前几天才告结束，历时13年之久。

定东陵

慈禧陵的建筑之华丽精美冠于东陵。尤其隆恩殿殿里殿外都装饰贴金彩绘，殿内明柱也盘旋金龙，可谓金碧辉煌。陵内的丹陛石，为高浮雕加透技法雕成，图案为“龙在下，凤在上”。隆恩殿周围的69块汉白玉板处处雕成“凤引龙追”，74根望柱头打破历史上一龙一凤的格式，均为“一凤压两龙”，暗示慈禧的两度垂帘。

慈禧陵也有清代后陵中唯一的地宫，地宫内随葬有大量的金银珠宝，其中一对万寿壶共嵌有珍珠1288粒、红宝石56件、蓝宝石18件，被视为稀世珍宝。慈禧的棺内葬有大量价值连城的随葬品，据李莲英回忆：慈禧尸体入棺前，先在棺底铺三层金丝串珠锦褥和一层珍珠，共厚一尺。头部上首为翠荷叶；脚下置粉红碧玺莲花。头戴珍珠凤冠，冠上最大一颗珍珠大如鸡卵，价值1千万两白银。身旁放金、宝石、玉、翠雕佛爷27尊。脚下两边各放翡翠西瓜、甜瓜、白菜，还有宝石制成的桃、李、杏、枣200多枚。身左放玉石莲花，身右放玉雕珊瑚树。另外，还有玉石700多件。葬殓完毕，又倒入四升珍珠、宝石2200块填棺。

慈禧陵一棺的奇珍异宝，引发了一场盗陵灾难。民国十七年（1928年）七月，定东陵发生震惊中外的盗陵巨案，军阀孙殿英盗掘了慈禧陵，劈棺扬尸，掠走了全部珍宝，只留下孤独的荒冢，任后人评说。

第六节 谁动了朕的爱妃
——珍妃坠井死亡真相

珍妃

光绪二十六年七月二十一日（1900年8月15日），慈禧太后指示亲信太监崔玉贵将珍妃投入井中。

人物小档案：

珍妃（1876—1900年），他他拉氏，满洲镶红旗人，是光绪皇帝最宠爱的妃子。

光绪十四年（1888年），慈禧太后开始为已经17岁的光绪帝选后妃，选定其弟副都统桂祥的女儿叶赫那拉氏为光绪帝皇后，是为隆裕皇后；同时选户部右侍郎长叙的两个女儿为珍嫔和瑾嫔。

珍妃的祖父乃陕甘总督裕泰，其父长叙任户部右侍郎，其伯父长善乃广州将军，珍妃与其姊瑾妃自幼随长善在广州长大。珍妃10岁那年，长善卸任广州将军，她与姐姐随同北返北京。1889年，珍妃两姐妹双双入宫，13岁的她被封为珍嫔，居东六宫的景仁宫，15岁的姐姐被封为瑾嫔，居永和宫。

> 嫔：帝王的姬妾，后宫的一个级别，妃以下，贵人以上，为九等宫女序列中的第六等。清朝后宫制度分为：皇后、皇贵妃、贵妃、妃、嫔、贵人、常在、答应这八个等级。

隆裕皇后容貌丑陋，为光绪帝不喜；瑾妃性情忠厚，不会巴结人，她与光绪帝相处漠漠，反与皇后走得很近；而珍妃不仅美丽动人，还生性乖巧、善解人意，13岁的年龄，也不失孩童的天真活泼。当时光绪帝也不过十七八岁，每日凌晨寅时上朝，午时退朝还宫，工作时间长达七八个小时，很是辛苦。珍妃日侍左右，想着法子顺应光绪帝的喜爱，调皮可爱，灵秀动人。加之她本来就工翰墨，会下棋，与光绪帝共食饮，甚至经常和光绪帝互换装束，嬉戏玩乐，是以博得光绪帝专宠。

珍妃给精神上长期受压抑的光绪帝带来了许多的安慰和快乐。二人相亲相爱，都视对方为知己，度过了一生中最幸福的一段时光。

光绪二十年（1894年），慈禧皇太后六十大寿，宫外虽然硝烟弥漫，宫内却是张灯结彩、歌舞升平。借着喜庆之年的福头，宫里的人，该赏的赏，该升的升。瑾嫔与珍嫔也多少沾了喜气，同时晋封：姐姐为瑾妃，妹妹为珍妃。珍妃这年刚满19岁，正是情窦初开、花样年华，而光绪帝在爱上了活泼聪慧的珍妃之后，他年轻人应有的魄力与热情也渐渐显露了出来。

然而，光绪帝和珍妃残酷的人生，才刚刚开始。

据说，珍妃初入宫时，亦为慈禧所钟爱，还让内廷供奉缪嘉蕙调教她。但珍妃喜欢新鲜事物，对宫中众多的繁文缛节深感厌恶，也就常常不守规矩。珍妃喜欢打扮，常爱穿些时新衣裳。为了能和皇帝朝夕相处，珍妃曾住进养心殿西侧的燕善堂，晚上二人一起生活，但是清朝祖训，皇帝办公时女子不能出现在其身边，光绪帝便想了个变通的方法，让珍妃顶戴花翎，身穿朝服马褂，足蹬朝靴，打扮成一位英姿飒爽的少年侍官陪伴在自己左右，这些，自然也是慈禧所看不惯的，她在寻找机会惩罚这个不知天高地厚的儿媳。

清宫有制，皇后每年例银不过千两，递减至妃这一级别，每年仅300两，嫔为200两。珍妃自幼生活在钟鸣鼎食之家，花钱大方，对宫中宫女太监时有赏赐，用度自然不足，又不会节省，亏空日甚，遂不得不挖找生财之道。这样，就有了她与太监联合起来向外受贿卖官的事儿。

珍妃依靠胞兄志琮，串通奏事处太监拉官纤——收人钱财为人跑官。奏事处乃是太监与朝廷官员的传达沟通之处。因为有利可图，当时太监中最有势力的有郭小车子、奏事太监文澜亭、慈禧掌案太监王俊如诸人，均染指其中。珍妃住景仁宫，景仁宫太监亦多有涉及。私卖官职所收之贿款，一部分供给珍妃，其余由各层分肥。珍妃的主要“任务”是向光绪帝求请，“功劳”最大，自然分赃亦最肥。

然而，这种事可一可二不可三，毕竟世上没有不透风的墙，珍妃和其兄长的所作所为日渐彰显，终于，珍妃参与卖官的事情败露。事情的起因是这样的，一次，珍妃收到一个叫鲁伯阳所送的4万两黄金。珍妃觉得钱多就应该给个大官。于是就在光绪帝面前给他求了个“上海道台”的官职。不料这事被两江总督刘坤一知道了，就联合众臣弹劾罢免鲁伯阳，惹得朝野议论纷纷。最终光绪帝在诸多的压力下罢免了鲁伯阳，才得以平息此事。

光绪二十年甲午（1894年）四月间，珍妃又为一个叫玉铭的人谋得四川盐法道一职，按例这一级别的新官上任，要由皇帝召见一下。光绪帝在召见时问玉铭在哪一衙门当差，玉铭居然对曰在木厂，光绪帝闻之骇然，于是命其将履历写出，那玉铭竟久久不能成字，原来是一个文盲。光绪帝大惊，他一向认为珍妃富于见识，珍妃向他荐的官必不会差，不想竟是如此人物。于是另下一旨：“新授四川盐法道玉铭，询以公事，多未谙悉，不胜道员之任。玉铭着开缺，以同知归部铨选。”

此事盛传于朝廷内外，慈禧闻后切责光绪帝，要求光绪帝将这事追查到底。明清两朝明令规定：后宫不得干预朝政。何况珍妃居然推荐一个文盲去当道员，也实在不像话。此时，光绪帝知道珍妃要倒霉了，买卖官职惑乱朝野这个罪名可不小，就是光绪帝有意庇护珍妃，也很不好办了。

光绪帝于当年十月二十九日下旨：“朕钦奉慈禧……皇太后懿旨，本朝家法严明，凡在宫闱，从不敢干预朝政。瑾妃、珍妃承侍掖廷，向称淑慎……乃近来习尚浮华，屡有乞请之事，皇帝深虑渐不可长。据实面陈，若不量予儆戒，恐左右近侍藉以为夤缘蒙蔽之阶，患有不可胜防者。瑾妃、珍妃均著降为贵人（第七等），以示薄惩，而肃内政。”这个旨意的大致意思是：为严明本朝家法，凡后宫之人，从来不敢干涉朝政，瑾妃、珍妃在内廷中，一向贤淑，但是近来生活作风非常浮华，每每奉银多被挥霍一空，并找皇帝请赏，皇帝认为这样的事情不能长久下去，必须解决。如果现在不警告她们一次的话，怕后宫诸人都效仿她二人。所以特将瑾妃、珍妃降为贵人，以示微惩，以清肃后宫。

虽瑾珍二妃俱降为贵人，领受责罚，但瑾妃不过是被妹妹牵连，惩罚的重点在珍妃。援宫中成例，犯事儿的嫔妃均交皇后严加管束。于是，慈禧颁下两块禁牌，一块是给珍、瑾二妃的，是要求她们谨言慎行，穿着朴素，远离新巧稀奇物件；另一块是给隆裕皇后的，要她严加看管珍、瑾二妃。珍妃被隆裕皇后幽闭于宫西二长街百子门内牢院，由太监总管命人严加看守，与光绪帝隔绝，不能见面，这是珍妃和光绪帝的第一次分离。

珍妃被囚禁的这个小院原是侍从下人居留的地方，珍妃入住后，正门被牢牢关上，打上内务府的十字封条，珍妃住在北房三间最西头的一间，屋门从外面倒锁着，吃饭、洗脸等均由下人从一扇活窗中端进递出。珍妃所食为普通下人的饭，平时不准与人说话。逢年过节或月初一、十五，看守她的一位老太监就代表慈禧对她进行训斥。训斥在午饭时进行，老太监指着珍妃的鼻子列数罪状，珍妃得跪着听训。训斥结束，珍妃还必须向上叩头谢恩。

那帮拉官纤的太监均被处以极刑。据清末老太监信修明回忆："太后宫的掌案太监王俊如，其徒弟小太监宣五、聂八，皆在其内。因为太后留面子，将王俊如等三人发遣奉天，缓些时日，方以密旨命盛京将军长顺将王俊如就地正法。其余奏事处总管太监郭小车子、奏事太监文澜亭，以及光绪御前太监、杨姓孪生两兄弟，并无姓名可考的内殿技勇太监，珍妃景仁宫的太监等，共同交内务府慎刑司杖毙，前后打死太监六十余人。"可见，珍妃一案在宫中的牵涉面甚大，影响可知。事败后，珍妃之兄志琮惧祸逃沪，光绪二十四年戊戌八月被革职。

好在第二年，珍妃被赦免，仍封珍妃，得以和光绪帝团聚。本来，聪明识趣的话，珍妃应该从此安分守己，但是，她的个性却一点儿也不曾改变。

"亲政"后，光绪帝仍未摆脱慈禧太后的控制，遇到大事，光绪帝仍要向慈禧太后请示，没有多少决定权，他与慈禧太后的第一次分歧，发生在光绪二十年（1894 年）的中日甲午战争中，在战与和的问题上，光绪帝与慈禧发生了争执，朝中形成了主战的"帝党"与主和的"后党"。

甲午战败后，光绪帝锐意变法革新，不做亡国之君。他起用康有为、梁启超等，于戊戌年（1898 年）四月二十三日下《定国是诏》，开始全面推行变法，并以谭嗣同等四军卿架空原有的军机大臣，遭到了以慈禧太后为首的当权保守派的强烈反对。

而此时的珍妃在做什么呢？

珍妃自小一直随伯父在广东生活，身处国家最南边，所以从幼年时起珍妃就有很强的接受新鲜事物的能力。家里又曾聘著名文人文廷式当她的私塾老师，文廷式接受过海外思潮的影响，思想较为开明、激进，这对珍妃产生了很大的影响。

当光绪帝急需人才的时候，珍妃首先推荐的就是文廷式等人，在珍妃的帮助下，光绪帝找到了与自己志同道合的心腹，大力任用。珍妃在"戊戌变法"中表现活跃，经常给光绪帝的改革出谋划策。此时帝党和后党的矛盾冲突日渐尖锐起来，慈禧更视珍妃为眼中钉，欲拔之而后快。

1898 年 9 月，由于袁世凯的出卖，"戊戌政变"失败。慈禧将光绪帝幽禁于瀛台，在这之后的岁月里，光绪帝就只剩下了大清王朝在位皇帝的虚名。光绪帝的处境尚且如此，被慈禧视为红颜祸水的珍妃，处境必然更加悲惨。

戊戌政变后，慈禧太后对珍妃的切齿痛恨终于得以发泄，她将珍妃打入冷宫。一对恩爱夫妻被生生拆开。或许，刚开始这对苦命人还期盼过他们能有重新相见的那一天，然而，一个突发事件让这一愿望成为永远的梦。

光绪二十六年（1900 年），八国联军进攻北京，慈禧要携光绪帝逃往西安。光绪帝向慈禧请求让他留在北京，准备"亲往东交民巷向各国使臣面谈"，以求议和（《德宗遗事》）。然而，谙熟政治权术的慈禧当即意识到光绪帝留下后便有了独立发展的机会，"帝留之不为己利"（《崇陵传信录》），断然拒绝了光绪帝的要求，决意将光绪帝带走。而临走前，慈禧并没有忘记处理一个人，这就是已经被打入冷宫近两年的珍妃。

光绪二十六年七月二十一日（1900 年 8 月 15 日），珍妃被慈禧传到了颐和轩。在《宫女谈往录》这本书中，记载了自称是太监崔玉贵的口述：

"到了颐和轩，老太后已经端坐在那里了。我进前请跪安复旨，说珍小主奉旨到。我用眼一瞧，颐和轩里一个侍女也没有，空落落的只有老太后一个人坐在那里，我很奇怪。

珍小主进前叩头，道吉祥，完了，就一直跪在地下，低头听训。这时屋子静得掉地下一根针都能听得清楚。

老太后直截了当地说：‘洋人要打进城里来了。外头乱糟糟，谁也保不定怎么样，万一受到了污辱，那就丢尽了皇家的脸，也对不起列祖列宗，你应当明白。’话说得很坚决。老太后下巴扬着，眼连瞧也不瞧珍妃，静等回话。

珍妃愣了一下说：‘我明白，不曾给祖宗丢人。’

太后说：‘你年轻，容易惹事！我们要避一避，带你走不方便。’

珍妃说：‘您可以避一避，可以留皇上坐镇京师，维持大局。’

就这几句话戳了老太后的心窝子了，老太后马上把脸一翻，大声呵斥说：‘你死到临头，还敢胡说。’

珍妃说：‘我没有应死的罪！’

老太后说：‘不管你有罪没罪，也得死！’

珍妃说：‘我要见皇上一面。皇上没让我死！’

太后说：‘皇上也救不了你。把她扔到井里头去。来人哪！’

就这样，我和王德环一起连揪带推，把珍妃推到贞顺门内的井里。珍妃自始至终嚷着要见皇上！最后大声喊：‘皇上，来世再报恩哪！’”

当时，珍妃年仅25岁。她与光绪帝至死也未能相见。

清代士大夫十分同情光绪帝与珍妃，有恽毓鼎的《落叶词》为证：“金井一叶坠，凄凉瑶殿旁。残枝未零落，映日有辉光。沟水空流恨，霓裳与断肠。何如泽畔草，犹得宿鸳鸯。”读之令人断肠。

1901年春，清廷与八国联军媾和，慈禧准备还朝。慈禧命崔玉贵回京探听消息，并查看宫内事宜，见珍妃所投之井依然如故，便命内务府将珍妃从井中捞起，装殓入棺，葬于阜成门外恩济庄内务府太监公墓南面的宫女墓地。

珍妃井

11月28日，慈禧、光绪帝还宫。慈禧于11月30日下懿旨："上年京师之变，仓促之中，珍妃扈从不及，即于宫闱殉难，洵属节烈可嘉，加恩着追赠贵妃，以示褒恤。"慈禧对外宣称，珍妃为了免遭洋人污辱而投井自杀，将珍妃追封为珍贵妃，并企图以"贞烈殉节"的名义掩世人耳口。为避舆论，又借故将崔玉贵谪贬，以示珍妃投井都是手下太监闯的祸。

光绪三十四年十月二十一日（1908年11月14日）傍晚，光绪帝驾崩，终年38岁，他孤独悲惨的一生至此终于画上了句号，他和珍妃也终于可以在另一个世界相见。

民国二年（1913年），珍妃的姐姐瑾妃（时为端康皇太妃）将珍妃迁葬光绪帝景陵妃嫔园寝，并为她修建了一个小灵堂以供奉她的牌位，灵堂上悬挂一额纸匾，上书"精卫通诚"，颂扬珍妃对光绪帝的一片真情。

作为一个妃子，珍妃可以说是幸运的，因为她博得了皇帝的爱；但同样，作为一个妃子，她又是不幸的，在那个等级观念强烈祖宗家法严明的时代，她强烈的个性与宫廷格格不入。在内外局势动荡的清朝后期，珍妃和皇帝相爱，但这个皇帝又被慈禧控制着，这最终酿成了珍妃一生的悲剧。

相关链接：

珍妃墓被盗始末

1938年，日本侵略军占领了易县县城，共产党领导的八路军奋起抗战，解放了西陵以西的广大地区。伪西陵办事处的护陵人员逃进县城，整个陵区成了敌我双方争夺的游击区，这就给盗墓的不法之徒造成了可乘之机。

这年秋末冬初，西陵附近华北村的鄂士臣找来老相识关友仁密谋：乱世英雄起四方，要搞点家伙，拉起队伍闯荡闯荡。这话与关友仁不谋而合。可是怎么才能搞到家伙呢？于是鄂士臣提议，挖陵盗宝，换钱买枪。

第二天，鄂士臣与关友仁又分头找来几个同伙，都是附近几个村的鼠窃狗偷之徒，他们聚到一处僻静村舍，商量盗墓的计划与步骤措施。

首先是盗陵目标，皇帝陵与皇后陵里宝物多，但工程坚固，盗掘不易。李纪光盗过泰妃陵和王爷陵，是这些人当中最有经验的一个，他提议捡个容易下手的，速战速决。最后他们将目标集中在崇妃园寝里的珍妃墓。理由是：珍妃墓距村庄较远，不易被人发现，相对来说比较安全。珍妃是光绪帝的宠妃，生前虽不得意，死后入葬的规模却很高，随葬的珍宝肯定不少，如盗掘成功就能发横财。

目标既定，8 名匪徒分头去做盗墓准备。鄂士臣与关友仁装成打柴人去探查出入路径；下岭村姓张的找来 3 支枪；荆轲山村的一个人自带手枪一支；众人又设法凑了 20 多发子弹，“盗墓专家”李纪光自制了下地宫用的“蜈蚣梯子”。

当天晚上，这 8 个人由凤凰台村向崇妃园寝进发，悄悄逼近护陵老人居住的东班房。荒野空园，万籁俱寂，不知谁咳嗽了一声，惊动了守陵人养的一条大黄狗，荆轲山村的那个人紧张过度，触动了扳机，“叭”的一声走了火，吓得那狗夹着尾巴逃窜了。鄂士臣、关友仁等人立刻闯进东班房，用枪口对准了浑身发抖的守陵老人，直截了当地说明来意，“如敢声张就先要你的命。”老人急忙磕头求饶，蹲在炕上不敢动了。他们挖了一个晚上，才挖出一个直径两米，深约三米的竖井，底下便是坚硬的地宫墓顶石，用镐实在挖不动了。这时天已放亮，而白天盗墓实在危险，他们只好暂时收兵，临走时命令老人把大黄狗杀掉。

到了第三天夜里，他们带来了几十斤炸药，为了不让附近村里的人们听到炮声，盗墓者采取了两条措施：一是把警戒哨放得远些，如遇到紧急情况，鸣枪为号，各自逃跑；另一条是速战速决，炮响之后，不容外人赶来就把宝物盗走。一名姓白的盗墓者是开石能手，没多大工夫就把炮眼打好了，连放三炮，墓顶被炸开了一个大窟窿。鄂士臣用根长绳将一盏小油灯送下去，幽暗灯光匆匆闪了几下，没有灭。李纪光麻利地将“蜈蚣梯子”顺下地宫，肩挎褡裢，臂挽手锯，腰别利斧，踩着梯子的木棍进入地宫。

这座地宫有十米多长，八九米宽，南面是石门，用长条石顶着，北面是宝床，宝床之上安放着棺椁。李纪光用斧头把棺椁打开一个洞，又用手锯将此洞锯成一个能钻进人的大洞，取过油灯一照，只见珍妃尸并未腐烂，头戴朝冠，身穿朝服，手握宝石，腰挂锦囊，身边放着如意，脸上皮肉尚存，五官依稀可辨。李纪光有些心跳气短，顾不得、也不敢细看，钻进半截身体，连抓带划拉，将能看到、摸到的大小宝物全收到入口处。他先将一些贵重的东西藏在棺角处，准备分赃后，自己再返回来取走独吞，而后才把所有的东西装进褡裢里，慌忙爬了上来。

鄂士臣等人将盗得的宝物经过简单清点，叫李纪光背上褡裢，一伙人便去下岭村姓张的家里分赃。李纪光见一个镶玉云头金扁方很贵重，便在路上趁人不注意时，装进了自己的口袋，又急于想返回墓穴中取藏下的宝贝，便假装肚子疼回家去了。这伙人到了张家，发现少了两件东西，一件是银壳怀表，另一件是镶玉云头金扁方。怀表在下岭村姓张的手里，主动交了出来，其他六个人也未计较。金扁方在哪里呢？他们便怀疑是李纪光在路上偷走了，他们立刻赶到凤凰台村，把李纪光从家里揪出来，拉到太和村南的女儿沟，喝令他跪下，几支枪对着他的脑袋，让他交出金扁方，李纪光吓得连连叩头，只好交出了赃物。

8个盗墓者重返张家，研究如何处理盗来的这批宝物。关友仁、鄂士臣主张集中保存，按事前设想的那样，变卖后买枪拉队伍，当个乱世英雄。其余几个并没有这等“雄心壮志”，主张分给个人。李纪光做了丢脸的事，自觉理屈，没敢发表意见。两种意见争执半天，最后关、鄂二人力单势弱，只好妥协，将所有宝物按质量好坏分成八等份。金扁方很贵重，不便单分给某个人，只好用斧头剁成8瓣，随后用抓阄儿的办法，把这些稀世珍宝分掉了，赃物分完，各自回家。李纪光又偷偷跑回珍妃墓，取出藏好的一堆宝物，趁黑溜之大吉。

没过几天，珍妃墓被盗的消息被披露，伪满洲国以“保护皇家祖坟”的名义，派来军队进驻易县城处理西陵被盗善后事宜。8个盗墓者见风声日紧，惶惶不可终日，于是，“三十六计走为上”，除李纪光外，那7位都离开故土远走高飞了。有一次李纪光喝醉了酒，得意忘形，吹嘘他有的是钱，一辈子也花不完。李纪光是个穷光棍，自小家境贫寒，这自然引起了伪满军警的怀疑，立即把他抓了起来，经过严刑拷打，李纪光终于供出了盗墓的实情和同案人，而后被砍头示众，这成为此地轰动一时的特大新闻。李纪光招供被杀的消息传开后，出逃在外的同案犯们也有所耳闻，于是就隐姓埋名再也没敢回来，只好做外乡之鬼了。

如果说珍妃活着的时候，由于支持光绪帝实行变法维新遭到慈禧的打击迫害，下场令人同情可怜，那么她死后遭遇劈棺扬尸，就更加令人在同情可怜之外，感到气愤和不平了。

附：

珍妃印，金质，重市制十三斤六两，印台高 3.4 厘米，每边长 11 厘米，印文为满汉两种朱文“珍妃之印”四字。该钮动物的身躯是龟的形状，但头、尾部是龙形，这种印钮称龟钮，按规定，皇妃的印章都是这种钮制。

金龟钮珍妃之印

第四章 伴君伴虎 难得虎穴暂栖身

第一节 红颜自古关兴废

——晋献公宠妃骊姬乱晋案

晋献公二十一年（公元前656年），晋献公听信宠妃骊姬谗言，逼死太子申生，另外两子重耳和夷吾流亡国外。

骊姬

人物小档案：

NO1. 晋献公（？—公元前651年），姬姓，晋氏，春秋时代的晋国君主，在位26年。

NO2. 骊姬（？—公元前 651 年），春秋时代骊戎（今陕西省临潼县）国君的女儿，公元前 672 年，被晋献公虏入晋国，成为献公的妃子。

NO3. 申生，晋献公之子，母亲为齐桓公之女齐姜。献公即位后，立申生为太子。

NO4. 重耳（公元前 671—公元前 628 年），晋献公长子，公元前 636 年即位成为晋国君主，在位九年，是春秋时期著名的政治家，春秋五霸之一，史称晋文公。

NO5. 夷吾（？—公元前 637 年），晋献公之子，公子重耳的弟弟，公元前 650 年即位成为晋国君主。

晋献公名叫诡诸，是春秋时期晋武公的儿子。晋武公一生战功显赫，一次，晋武公活捉了戎狄首领诡诸，为了纪念此事，给自己的儿子取名为诡诸。晋献公即位后，一点也不比父亲逊色，他一方面采纳大夫士蔿计谋使群公子互相残杀，进而全部消灭以巩固君位；一方面奉行尊王政策，朝见周王以提高声望。同时积极扩充军队，加强国家实力，先后攻灭骊戎、耿、霍、魏等国，击败狄戎，又采纳荀息假道伐虢之计，消灭强敌虞、虢，史称其“并国十七，服国三十八”，晋国空前强大起来。然而这样一位“明君”，却逼得自己的三个儿子一个自杀，两个流亡，这究竟是怎么回事呢？

晋献公五年（公元前 672 年），晋献公出兵攻打骊戎（古代少数民族，西戎的一支，姬姓，在今陕西省临潼县的骊山）。晋献公十五年（公元前 663 年）打败骊戎，骊戎求和，以国君的两个女儿和亲，长女叫骊姬，次女叫少姬。

当时，晋献公的夫人齐姜已死，骊姬很有姿色，晋献公想把骊姬立为夫人，便用龟甲来占卜，结果不吉利；然后用蓍草占卜，结果吉利。晋献公说：“照占筮的结果办。”卜人说：“占筮不灵验，龟卜很灵，不如照灵验的办。再说卜筮的兆辞说：‘专宠过分会生变乱，会夺去您的所爱。香草和臭草放在一起，过了十年还会有臭味。’一定不能这么做。”但骊姬的美丽令晋献公不顾占卜人的劝阻，坚持把骊姬立为夫人，立少姬为次妃。

骊姬以美色取得了晋献公的专宠，她工于心计，献媚取怜，逐步博得晋献公的信任，参与朝政。后来，骊姬生了一个儿子，取名奚齐。从此，骊姬更是为自己母子的未来权位未雨绸缪，蠢蠢欲动，想让奚齐成为太子，争取继承晋国国君的地位。

晋献公共有 8 个儿子，其中申生、重耳、夷吾都很有才能。申生的母亲是齐桓公的女儿，叫齐姜，早年死去。重耳的母亲是狄人狐氏的女儿。夷吾的母亲是重耳母亲的妹妹。晋献公即位后，就封齐姜为夫人，她的儿子申生为太子。

骊姬想废太子申生，立自己的儿子奚齐为太子。但有才华的重耳和夷吾让她很头疼，她要为儿子扫清踏上国君之位的所有障碍。

晋献公有个宠爱的戏子叫小施，和骊姬有私情，骊姬问说："我要立奚齐为太子，如果申生、重耳、夷吾诸公子反对怎么办呢？"小施说："把他们早点安排好，让他们知道自己的地位已经到顶点了，这样就会轻慢当国君的心，如此，则不难对付。"小施还建议先从太子申生下手。

骊姬买通晋献公的宠臣——大夫梁五和嬖五，叫他们对晋献公说："曲沃（今山西省闻喜县东北）这个地方是晋国祖庙所在，最好派太子申生去镇守；蒲城（今山西省吕梁县）和南北屈（今山西省石楼县东南）是边防要塞，最好派公子重耳、夷吾分别防守。"晋献公中计，把三个人全打发走了。只留下奚齐与少姬生的儿子卓了二人在他的身边，以伺机废立，史称"二五害晋"。晋献公渐渐地在感情上疏远了三位公子，晋国人由此知道，申生太子的地位大概快保不住了。

之后，骊姬又唆使晋献公，让申生率军攻打戎狄，以便伺机抓住把柄，置申生于死地，但未能得逞。小施又教骊姬半夜三更在晋献公面前哭诉说："我听说，申生很会收买人心，恐怕要对您行凶，夺取王位。"晋献公说："申生哪里会爱他的百姓，却不爱他自己的父亲呢？"骊姬的计谋又没有得逞，于是，她要亲自下毒手了。

骊姬打着晋献公的幌子命令申生道："国君夜里梦见先夫人齐姜，让太子速去曲沃的齐姜庙上祭祀。"申生是个孝子，听说此事，立即去曲沃祭奠亡母，回来后将祭肉献给晋献公，让父亲分享。这时正赶上晋献公外出打猎去了，申生只好将祭肉暂放在宫中。骊姬趁四周无人的时候，往祭肉里下了毒。

过了两天，晋献公打猎归来，宰人把祭肉献给献公。晋献公先用祭肉祭地，不料，地皮竟然马上鼓起包来。晋献公大惊，拿祭肉给狗吃，狗立刻口吐白沫，倒地而死。晋献公又把祭肉给身边的小臣吃，小臣吃了也马上死掉了。骊姬伺机大哭道："太子何其毒也！他父亲他都想杀了取而代之，别的人更不在话下了！"晋献公听罢勃然大怒。

太子听说了这件事情，异常恐惧，当即逃到新城。晋献公没处发泄，杀了太子的师傅杜原款。

这时，有人给太子出主意说："毒药分明是骊姬下的，太子为何不自己申辩明白，背这个黑锅呢？"太子无可奈何地说："我君父年事已高，一天也离不开骊姬。没有骊姬在侧，他觉睡不甜，饭吃不香。如果我立即去为自己辩解，君父会火冒三丈的。这样做绝对不可以。"还有人献计说："可以逃到外国去呀，远离这个是非之地。"太子说："我身被弑君恶名逃走，有谁会接纳我呢？我只有自杀这条路了。"于是，申生在新城结果了自己的性命。

申生自杀后，公子重耳、夷吾来国都朝见父王。这时，有人给骊姬通风报信说："两位公子十分怨恨你。"骊姬做贼心虚，怕老底被揭穿，内心十分恐慌，又向晋献公进谗言说："申生往祭肉里下毒，重耳、夷吾两位公子知道，他们是同谋。"

重耳、夷吾闻知，非常害怕，重耳逃往蒲城，夷吾逃往屈城。晋献公听说二公子不辞而别，更加相信他们与太子有预谋，便派官员勃鞮率兵攻打蒲城，敦促重耳快快自杀了事。重耳跳墙逃走，勃鞮追上便砍，斩断了重耳的衣袖。重耳死里逃生，跑到了狄国。晋献公又派人讨伐屈城，夷吾坚守不住，逃到了梁国。

骊姬见时机已经成熟，就向晋献公进言，让晋献公立奚齐做了太子。

晋献公二十六年（公元前 652 年），晋献公死，奚齐继立，后被晋大夫里克等杀死，骊姬也因诬害太子的罪行被杀死。

相关链接：

“骊姬夜哭”和“唇亡齿寒”

“骊姬夜哭”和“唇亡齿寒”，是我们现在常常用到的两个成语，这两个成语都出自于与晋献公有关的故事。

“骊姬夜哭”

一日，骊姬劝晋献公召回太子。太子见过晋献公后去拜见骊姬。骊姬请太子吃饭，言谈甚欢。第二天，太子入宫谢恩，骊姬又请他吃饭。可是当晚，骊姬就向晋献公哭诉，说太子调戏他，还说了“我父亲现在已经老了”这样的话。之后，骊姬又说她可以和太子一起去郊游，让晋献公在台上观察太子的行为。

第二天，骊姬叫太子和她一起郊游。骊姬先在头发上涂了蜂蜜，使蜜蜂都聚集在她的头发旁边。骊姬说：“太子您可不可以帮我赶走它们呢？”于是，太子从她的身后用袖子赶走蜜蜂。晋献公看见了，以为调戏的事情是真的，心中非常生气，马上就想把太子给杀了。骊姬跪下来恳求说：“我叫太子回来，他却被杀，是我害了他。而且皇宫里的这些事，外人不知道，就忍忍吧。”晋献公就把太子赶回曲沃去了，又下令手下暗中收集太子犯的罪行，伺机废掉他。

到最后，申生又被骊姬以祭肉事件陷害，身背弑君恶名，无法洗雪，自缢而死。

“骊姬夜哭”，在今天意指无中生有，搬弄是非。

“唇亡齿寒”

春秋时候，晋献公想要扩充自己的实力和地盘，就找借口说邻近的虢国经常侵犯晋国的边境，要派兵灭了虢国。可是在晋国和虢国之间隔着一个虞国，讨伐虢国必须经过虞地。“怎样才能顺利通过虞国呢？”晋献公问手下的大臣。大夫荀息说：“虞国国君是个目光短浅、贪图小利的人，只要我们送他价值连城的美玉和宝马，他不会不答应借道的。”晋献公一听，有点舍不得财物，荀息看出了晋献公的心思，就说：“虞虢两国是唇齿相依的近邻，虢国灭了，虞国也不能独存，您的美玉宝马不过是暂时存放在虞公那里罢了。”最后，晋献公采纳了荀息的计策。

虞国国君见到这两份珍贵的礼物，顿时心花怒放，听到荀息说晋国要借道虞国讨伐虢国，当时就满口答应下来。虞国大夫宫之奇听说后，赶快阻止道：“不行，不行，虞国和虢国是唇齿相依的近邻，我们两个小国相互依存，有事可以互相帮助，万一虢国灭了，我们虞国也就难保了。唇亡齿寒，没有嘴唇，牙齿也保不住啊！借道给晋国万万使不得。”虞公却说：“人家晋国是大国，现在特意送来美玉宝马和我们交朋友，难道我们借条道路让他们走走都不行吗？”宫之奇听后连声叹气，知道虞国离灭亡的日子不远了，于是就带着一家老小离开了虞国。

果然，晋国军队借道虞国，消灭了虢国，随后又把亲自迎接晋军的虞公抓住，灭了虞国。这就是著名的“假道伐虢”的故事，“假道伐虢”也成了三十六计中的一计。

“唇亡齿寒”，在今天用于比喻关系密切，利害相关。

《骊姬墓下作》

［唐］岑参

序曰：夷吾、重耳墓，隔河去三十里。

骊姬北原上，闭骨已千秋。
浍水日东注，恶名终不流。
献公恣耽惑，视子如仇雠。
此事成蔓草，我来逢古丘。
峨眉山月苦，蝉鬓野云愁。
欲吊二公子，横汾无轻舟。

在这首诗中，充斥着诗人的同情和憎恨。岑参感叹夷吾、重耳墓的隔河相望，同情这两个兄弟的遭遇；又将这些归咎于骊姬，认为是因为她迷惑主上，晋献公才会疏远亲人的。

晋献公死后的晋国之乱

公元前 651 年 9 月，晋献公自觉时日不多，便提前安排后事。他最放心不下的就是骊姬与其子奚齐。晋献公清楚晋国满朝文武只有荀息是绝对忠于自己的，于是拜荀息为相国，主持朝政。

几日后，一代雄主晋献公终于走完了他的一生。相国荀息按照晋献公的遗命，奉奚齐为晋侯，骊姬为国母，自己为相国，总管国家大事。另外，曾经帮助骊姬夺嫡的外臣梁五、嬖五也得以加封为左右司马，统帅晋兵，悄无声息地对军事大权进行了调整。大臣里克等人本就拥护太子，对害死太子的骊姬一党甚为不满，如今看见别人抢夺他们的军权，更是愤恨，准备发难。

当年十月，里克、邳郑父收买了一个大力士，给他换上晋君卫队的服装，混杂在卫队里，在给晋献公办丧事的时候，把幼主奚齐刺死在灵堂上。

荀息没办法，只得又把次姬所生的九岁的公子卓子扶上王座，立为新的国君。但里克于十一月又杀卓子于朝堂，并逼荀息自杀。

国不可一日无君，在申生死后，里克等晋国的诸大夫便派人去请公子重耳回来做国君。但是，这些年来，父亲晋献公的种种血腥行为历历在目，重耳很害怕，婉言谢绝了。

于是，里克便选择公子夷吾。

夷吾也不清楚国内的具体情况，于是派人到秦国，请秦穆公发兵护送自己回国即位，许诺事成之后，把晋国黄河以西之地割让给秦国。又派人给里克送信许愿，说只要回国做了国君，就封他为相国，把汾阳之邑封给他。于是，夷吾顺利回国即位，是为晋惠公。

晋惠公即位以后，就做了两件背信弃义的事。一件事是背弃割地给秦国的许诺，第二件事是除掉了立了大功的里克。晋惠公虽然解除了晋国的内忧外患，可是他的背信弃义，已使人心离散。

> 秦穆公（？—公元前621年），春秋时代秦国国君。汉族，嬴姓，名任好。在位三十九年（公元前659—公元前621年），谥号穆，春秋五霸之一。

惠公四年（公元前647年），晋国发生饥荒，晋惠公请求秦国卖给晋国一些粮食，秦国不计前嫌答应了。第二年，秦国发生灾荒，也请求晋国卖给秦国一些粮食。晋惠公却拒绝了，这彻底激怒了秦穆公。

晋惠公六年（公元前646年），秦国度过灾荒后，秦穆公便率兵大举伐晋。晋惠公不得人心，士气不振。晋军大败，晋惠公被俘。秦穆公对晋惠公的怨恨难以平息，预备把他杀了祭天。多亏穆公夫人是晋惠公的姐姐，以自焚要挟穆公，才劝阻了此举。两国订立盟约，晋惠公留自己的太子圉在秦国做人质，自己回晋继续为国君，直至逝世。

圉在秦国做人质时，秦穆公把他女儿怀嬴嫁给了他。公元前637年，圉得知父亲晋惠公病重，担心他会改立其他兄弟为太子，遂抛弃怀嬴，逃回晋国。不久，晋惠公逝世，太子圉登上了国君宝座，是为晋怀公。

太子圉逃走后，秦国十分生气，就把怀嬴改嫁给了晋怀公的伯父重耳。公元前636年，秦国派军队护送重耳回国即位。晋怀公的心腹吕省和郤芮临阵倒戈，晋怀公被杀。流亡国外十九年之久的重耳终于回国，成功即位做了晋国国君。大名鼎鼎的春秋五霸之一——晋文公，终于登上了历史的前台。晋文公即位后起用贤能，推行新政，积极改革，晋国国力迅速强大。后为周王室平乱，获得了天下的广泛赞誉，并从此奠定了其春秋第一强国的地位。

第二节 “第一勇士”死不明
——秦大将蒙恬无辜枉死

蒙恬

公元前210年，有“中华第一勇士”之称的秦朝大将蒙恬，含冤死于狱中。

人物小档案：

蒙恬（？—公元前210年），姬姓，蒙氏，名恬。祖籍齐国，山东人。秦始皇时期的著名将领。

蒙恬出身于一个世代名将之家。蒙恬的祖先是齐国人，战国时，祖父蒙骜投靠秦昭王，领军攻打韩、赵，累官至“上卿”。父亲蒙武也为秦将，曾任秦内史，与秦将王翦联手灭掉楚国，为秦始皇统一中国立下了汗马功劳。秦始皇对蒙氏家族非常信任和器重。蒙恬出生于这样的家庭，从小就受到了忠君爱国思想的浓厚熏陶，把自己的命运与国家的安危紧紧地绑在了一起。

秦王政二十九年（公元前221年），蒙恬由于家世的关系，被封为秦国将领，跟随大将王贲率军南下攻打齐国，一路长驱直入，攻占了齐都临淄。之后被秦王封为内史，成为秦始皇的心腹大将。其弟蒙毅也位至上卿。蒙氏兄弟深得秦始皇的尊宠，蒙恬担任外事，蒙毅常为内谋，号称“忠信”，其他诸将都不敢与他们争宠。

当时，匈奴在北方逐渐强大起来，经常在边境侵扰掠夺内地人民的牲畜、财产。尤为严重的是，在秦征伐六国的最后阶段，他们利用中原战乱之机，乘机跨过黄河，占领了河套以南的大片土地。匈奴军队杀人放火，抢劫牲畜财物，边疆人民苦不堪言，直接威胁着秦都咸阳的安全，成为秦王朝最后的心腹之患。

公元前214年，秦始皇拜蒙恬为帅，统领30万秦军北击匈奴。蒙恬率领的军队以锐不可当的破竹之势，击败匈奴各部大军，迫使匈奴望风而逃，远去大漠以北七百里，从此几十年不敢进汉地。蒙恬也因此一跃成为秦帝国最为出色的将领，后人称赞他是“中华第一勇士”。

其后，蒙恬又把原燕、赵、秦长城连为一体，开始修筑西起陇西的临洮（今甘肃岷县），东至辽东（今辽宁境内）的万里长城。长城利用地形，借着天险，设置要塞，有力地遏制了匈奴的南进。

秦始皇统一全国后，为了巩固其政治统治，施行严酷的暴政，大举焚书坑儒，他的长子扶苏为人宽厚，进言劝阻，触怒了秦始皇，被贬到边关，负责监督蒙恬守卫边疆。

扶苏和蒙恬性格相投，朝夕相处，两个人的交情日深，这就为蒙恬的含冤而死埋下了伏笔。

蒙恬的弟弟蒙毅有治国之才，深受秦始皇宠信，位至上卿。蒙毅法治严明，从不偏护权贵。有一次，内侍赵高犯有大罪，蒙毅依法判其死罪，除去他的宦职，但后来秦始皇念及他多年侍奉，又把他赦免了。从此时起，赵高就对蒙氏兄弟怀恨在心。

公元前210年冬，秦始皇游会稽，途中患病，派身边的蒙毅去祭祀山川祈福，不久，秦始皇在沙丘病死。秦始皇死后，按照遗诏，应该由长子扶苏即位。但是赵高担心扶苏继位后蒙恬会得到重用，对自己不利，就封锁皇帝死讯，扣住遗诏不发，与胡亥密谋篡夺帝位。他又威逼利诱李斯，迫使他与他们合谋，假造诏书。诏书中指责扶苏在外不能立功，反而怨恨父皇，赐公子扶苏、蒙恬死。

扶苏接到诏书后，如晴天霹雳，失声大哭，转身回到帐中就要拔剑自杀。蒙恬对这份意外的诏书产生了怀疑，劝阻道："陛下而今出巡在外，又没有立定太子，诸公子必定都虎视眈眈，暗含窥伺之心。他委任你我监军守边，足见信任之深。今天忽然派使者送来赐死命令，怎知不是有诈？不如提出恳请，弄清楚再死不迟。"可是使者早就受了赵高、胡亥等人的指使，只在一旁不断地催促。扶苏一向仁孝，哪里还去想是真是假，悲伤地说："君要臣死，父要子亡，还有什么好说的呢？"言罢挥剑自杀。

蒙恬不肯不明不白地就死，要向皇帝申诉。使者便剥夺了他的兵权，将他囚禁在阳周（今陕西子长县北）。胡亥听说扶苏已死，心中一块大石头落了地，就有了释放蒙恬的念头。此时正好遇上蒙毅替始皇祭祀名山大川归来，赵高本对他积怨已久，同时也担心日后蒙氏重新掌握大权，不如索性一网打尽。于是对胡亥进谗言："先帝本来早就想选贤立太子，就是因为蒙毅屡次阻止才没有实行。这种不忠惑主的人，不如杀之，永绝后患。"胡亥信以为真，于是囚禁并杀死了蒙毅，又派人前往阳周去杀蒙恬。

使者对蒙恬说："你罪过太多，况且蒙毅当死，连坐于你。"蒙恬说："自我先人直到子孙，为秦国出生入死已有三代。我统领着三十万大军，虽然身遭囚禁，可我的势力足以背叛。但我知道，我应守义而死。我之所以这样做是不敢辱没先人的教诲，不敢忘记先主的恩情。昔日周成王初立年幼，周公旦背负成王上朝，曾断指起誓忠心为主，终于平定了天下。及成王长大，却听信谣言，周公旦被诬逃往楚国。后来成王终于反悟，杀了进谗言的人，请回了周公旦。所以《周书》上说：'君王办事要反复考虑。'我蒙氏一家对君王忠心无二而反遭斩杀，这一定是有邪臣作逆谋乱和内部倾轧的缘故。周成王犯了错误而能改过自新，终于使周朝昌盛；夏桀诛杀关龙逢，商纣诛杀王子比干而不后悔，最终身死国亡。所以我认为犯了过错可以改正，听从劝谏可以觉醒。反复考虑是圣君治国的法则。我的这些话，并不是求得免罪，而是准备为忠谏而牺牲，希望陛下为天下万民着想，考虑遵从正确的治道。”可使者说：“我只是受诏来处死你，不敢把将军的话传报皇上。”蒙恬喟然长叹道：“我怎么得罪了上天？竟无罪而被处死？”沉默了良久，他说：“我的罪过本该受死啦，起临洮，到辽东筑长城，挖沟渠一万余里，这其间不可能没挖断地脉，这便是我的罪过呀！”于是吞药自杀。

蒙恬含恨死后，部下将士无不悲愤痛切，将其遗体葬于今陕西省绥德城西大理河畔，数万将士用战袍兜土成墓，状似山丘。

相关链接：

蒙恬和毛笔

历史上，蒙恬不但是一位骁勇善战的名将，还是毛笔的发明者。

公元前 223 年，秦国大将蒙恬带领兵马在中山地区与楚国交战，双方打得非常激烈，战争拖了很长时间。为了让秦王能及时了解战场上的情况，蒙恬要定期写战况报告递送秦王。那时，人们通常是用竹签蘸墨，然后再在丝做的绢布上写字，书写速度很慢。蒙恬虽是个武将，却有着满肚子的文采。用上面说的那种笔写战况报告，常影响他的思绪。那种笔硬硬的，墨水蘸少了，写不了几个字就得停下来再蘸；墨水蘸多了，直往下滴，又会把非常贵重的绢给弄脏了。蒙恬以前就萌生过改造笔的念头，这次要写大量的战况报告，这个愿望就越来越强烈了。

毛笔

战争的间隙中，蒙恬喜欢到野外去打猎。有一天，他打了几只野兔子回军营。由于打到的兔子多，拎在手里沉沉的，一只兔子尾巴掉在地上，血水在地上拖出了弯弯曲曲的痕迹。蒙恬见了，心中不由一动：“如果用兔尾代替普通的笔来写字，不是更好吗？”

回到营房之后，蒙恬立刻剪下一条兔尾巴，把它插在一根竹管上，试着用它来写字，可是兔毛油光光的，不吸墨水，在绢上写出来的字断断续续的，不像样子。蒙恬又试了几次，还是不行，好端端的一块绢也被浪费了。一气之下，他把那支“兔毛笔”扔进了门前的山石坑里。

蒙恬并不甘心失败，仍然抽时间琢磨其他改造笔的方法。几天过去了，他还是没有找到合适的办法。这一天，他走出营房，想透透新鲜空气。走过山石坑时，他又看到了坑里那支被自己扔掉的“兔毛笔”。蒙恬将它捡了起来，用手指捏了捏兔毛，发现兔毛湿漉漉的，毛色变得更白更柔软了。蒙恬大受启发，马上跑回营房将它往墨汁里一蘸，兔尾这时竟变得非常“听话”，吸足了墨汁，写起字来非常流畅，字体也显得圆润起来。原来，山石坑里的水含有石灰质，经碱性水的浸泡，兔毛变得柔顺起来。由于这支笔是由竹管和兔毛组成的，蒙恬就在当时笔的名称“聿”字上加了个“竹”字头，把它叫做“笔”。蒙恬麾下的将士和驻地上郡的黎民百姓纷纷效仿，制作了许多毛笔。从此，毛笔的制作和使用逐渐流传全国，毛笔开始成为中国传统的书写工具和绘画工具，对中国文化乃至文明的发展起到了重要的作用。清人阎秉庚曾为蒙恬造笔题诗一首：

春草离离墓道侵，千年塞下此冤沉。

生前造就千支笔，难写孤臣一片心。

直至今日，被誉为毛笔之乡的河北衡水县侯店每逢农历三月初三，还如同过年一样，家家包饺子，饮酒庆贺，以纪念蒙恬创造毛笔。

指鹿为马的佞臣——赵高

赵高的父亲本是秦王的远房本家，因为犯罪，被施刑，其母受牵连沦为奴婢。秦始皇听说赵高为人勤奋，又精通法律，便提拔他为中车府令掌皇帝车舆，还让他教自己的少子胡亥判案断狱。由于赵高善于观言察色、逢迎献媚，因而很快就博得了秦始皇和公子胡亥的赏识和信任。

秦始皇死后，赵高联合李斯，拥立胡亥为皇帝。之后，他又设计害死了李斯，名正言顺地当上了丞相，事无大小，都完全由他决断，几乎成了太上皇。

赵高羽翼已丰，渐渐不把胡亥放在眼中了。一天，赵高趁群臣朝贺

赵高

之时，命人牵来一头鹿献给胡亥，说："臣进献一马供陛下赏玩。"胡亥虽然糊涂，但是鹿是马还是分得清的。他失声笑道："丞相错了，这明明是头鹿，怎么说是马呢？"

赵高板起脸，一本正经地问左右大臣："你们说这是鹿还是马？"围观的人，有的慑于赵高的淫威，缄默不语；有的惯于奉承，忙说是马；有的弄不清赵高的意图，说了真话。胡亥见众口不一，以为自己是冲撞了神灵，才会认马为鹿，遂召太卜算卦，太卜道："陛下祭祀时没有斋戒沐浴，故至于此。"胡亥信以为真，便在赵高的安排下，打着斋戒的幌子，躲进上林苑游猎去了。胡亥一走，赵高便将那些敢于说"鹿"的人纷纷正法。

这也是"指鹿为马"这个成语的由来。

赵高导演这场"指鹿为马"的丑剧是有其险恶用心的。他考虑到，虽然自己铲除了一批朝中重臣，但不能保证人人都服从自己。借此正好检验一下人心向背，进一步清除异己分子，巩固自己的势力，为篡位扫清道路。而且，他还可以从中了解到胡亥对自己的信任程度，以便伺机而动。果然，这件事以后，朝中上下莫不噤声，都看赵高的眼色行事，任其为所欲为。

中国历代与匈奴的斗争和融合

匈奴是生活在我国古代中原以北的游牧民族，时常南下骚乱中原，为保卫中原，中国有几个王朝都曾经派大军与匈奴作战。

据历史记载，自西周起，匈奴就开始威胁中原王朝，周幽王烽火戏诸侯后，犬戎部落（古匈奴的一支）攻陷镐京，迫使周平王东迁。战国时林胡、楼烦（古匈奴的一支）多次侵扰赵国，赵武灵王胡服骑射驱逐林胡、楼烦，在北边新开辟的地区设置了云中等县。林胡、楼烦北迁，融入新崛起的匈奴。

公元前3世纪，匈奴控制着从里海到长城的广大地域，包括今蒙古国、俄罗斯的西伯利亚、中亚北部、中国东北等地区。

秦始皇统一中国后，公元前214年，命蒙恬率领30万秦军北击匈奴，收河套，屯兵上郡（今陕西省榆林市东南）。“却匈奴七百余里，胡人不敢南下而牧马。”（贾谊《过秦论》）蒙恬从榆中（今属甘肃）沿黄河至阴山构筑城塞，连接秦、赵、燕5000余里旧长城，构成了北方漫长的防御线。蒙恬守北防十余年，匈奴慑其威猛，不敢再犯。

匈奴国的全盛时期是从公元前209年至公元前128年，即冒顿、老上、军臣三单于时期，也就是中原从秦二世元年到汉武帝元朔元年这一时期，匈奴南侵广大地区，威胁中央政权。

汉朝与匈奴进行多次大规模的战斗。汉初公元前201年，韩王赵信被迫投降匈奴。次年，汉高祖刘邦亲率32万大军征讨，在白登（今山西大同东北）被匈奴冒顿单于40余万骑兵围困七昼夜，后用计逃脱。

之后，汉朝对匈奴实行“和亲政策”，以汉室宗女嫁与单于，并赠送一定数量的财物，还开放关市准许双方人民交易。然而匈奴仍不满足，不时出兵侵扰边界。

到汉武帝时，西汉经过近70年的休养生息，经济、国力大大增强，对匈奴从战略防御转为战略进攻，发动了三次大战：河南之战、河西之战、漠北之战。

元朔二年（公元前127年），武帝派卫青占领河套地区。公元前124年，派卫青等击败入侵的9万匈奴骑兵。公元前121年，派霍去病夺取富庶的河西走廊，公元前119年，卫、霍分东西两路进攻漠北。霍去病击匈奴至今蒙古国境内狼居胥山，卫青东路扫平匈奴王庭。右贤王率领4万余人投归汉朝，汉军共获俘7万多人，伊稚斜单于及左贤王带少数人逃走。

在这之后十几年间，匈奴避居漠北休养生息。而汉朝因人力、物资损失很大，及为了征伐朝鲜、西羌及西南夷，也暂时停止对匈奴的用兵。

汉昭帝时，匈奴为缓和与汉的敌对关系，把扣留了19年的汉使苏武释放，以示善意，但其骑兵仍然不断在北方边境出现。公元前73年，匈奴转攻西域的乌孙，乌孙向汉求救，汉朝组织五路大军十几万人与乌孙联兵进攻匈奴，大获全胜，直捣王庭。匈奴元气大伤，已无力扰汉，还发生了内乱，汉完全控制了西域。汉元帝时期，呼韩邪单于朝汉，提出愿婿汉以自亲，娶王昭君与汉修好。在此后的30多年，双方相安无事。

王莽建新朝后，蓄意压低单于的政治地位，强立呼韩邪子孙十五人为单于，以削弱匈奴的势力，激起了匈奴的不满。匈奴连年侵扰北方边塞，西域诸国也先后沦入匈奴势力范围。

东汉初年，匈奴分裂为两部。南下附汉称臣的称为南匈奴，而留居漠北的称为北匈奴。北匈奴不断入侵东汉，东汉开始了征伐北匈奴的战争。

从公元73年开始，东汉派窦宪、窦固等率大军出击北匈奴，大大削弱了匈奴的力量，匈奴在西域已无法立足。

汉末大乱，南匈奴参与了中原混战，东汉蔡邕之女蔡文姬被掳掠去匈奴。202年，南匈奴首领归附汉丞相曹操，蔡文姬归汉。216年，曹操拘留呼厨泉单于，派右贤王监国，并将南匈奴分成五部，安置在平阳郡，匈奴单于王朝终结。

东汉末年以来，周边各民族纷纷涌入中原。其中以匈奴人人数最多，史称“关中人口百余万，戎狄居半，匈汉杂居”。而西晋因“八王之乱”，混战延续长达16年之久，给予了匈奴人介入的机会。

八王之乱：是西晋时统治阶层司马氏同姓王之间为争夺中央政权而爆发的混战，前后历时16年（291—306年），战乱参与者主要有汝南王司马亮、楚王司马玮、赵王司马伦、齐王司马冏、长沙王司马乂、成都王司马颖、河间王司马颙、东海王司马越等八王。其最终结局是东海王司马越夺取大权。“八王之乱”对西晋的统治造成了严重破坏，也加剧了西晋的统治危机，成为西晋迅速灭亡的重要因素。

4世纪初，於夫罗单于之孙、匈奴族的五部大都督刘渊在成都王司马颖手下为将。他乘西晋“八王之乱”之后的混乱时期，在并州起兵立汉国，称汉王，后称帝，占领了北中国的大部分地区。311年刘渊子刘聪攻占洛阳，316年攻占长安，灭西晋。随后经历了多年的内乱，力量衰减，后被鲜卑人建立的北魏所灭。之后，匈奴慢慢地退出了历史的舞台。

第三节　问世间情为何物
——耶律洪基妒火焚琴

辽道宗耶律洪基

大康元年（1075 年），辽道宗耶律洪基听信奸臣谗言，赐皇后萧观音自尽。

人物小档案：

NO1. 耶律洪基（1032—1101 年），字涅邻，小字查剌。辽兴宗耶律宗真长子，母为仁懿皇后萧挞里，是辽朝第八位皇帝，在位四十六年（1055—1101 年），咸雍二年（1066 年），改国号为大辽（983 年时辽改称契丹），庙号道宗。

NO2. 萧观音（1040—1075 年），辽道宗耶律洪基懿德皇后，爱好音乐，善琵琶，工诗，能自制歌词，被道宗誉为“女中才子”。

NO3. 耶律乙辛（？—1083 年），字胡睹衮，辽朝权奸。

萧观音

辽国的文化水平相对中原来说较低。在辽国的宫廷内，一向严禁读书，他们认为读书不但浪费时间，还会把一个人的脑筋弄得太复杂。所以，辽国的皇后大多温柔不足，英爽有余，能够指挥千军万马冲锋陷阵，过一种“马作的卢飞快，弓如霹雳弦惊”的生活。

但是，辽国的皇后中有一人例外，她就是辽道宗的皇后——萧观音。萧观音四岁就嫁给当时为燕赵国王的耶律洪基为妃，与耶律洪基称得上是青梅竹马。辽道宗继位后，伉俪更加情深。

契丹人都保持着尚武的习俗，喜欢打猎，辽道宗即使出外巡游打猎也常常带着萧观音一起去。有一次，萧观音陪着丈夫出猎，豪气勃发，曼声吟道：

威风万里压南邦，东去能翻鸭绿江；
灵怪大千俱破胆，那教猛虎不投降。

此诗气势雄浑，彰显出萧观音女中豪杰的豪气和北国女子的飒爽泼辣。借打猎为题，表现出雄心万里。锦句出玉口，身旁的辽帝辽臣，无不叹服。辽道宗大为高兴，当即把那个地方命名为伏虎林。

萧观音清美娇柔，冠绝后宫，且颖慧透逸，工诗善画，能够自制歌词，尤其弹得一手好琵琶，称为当时第一，被道宗誉为“女中才子”。

辽道宗清宁十九年（1073年），皇太叔耶律重元与其子涅鲁古谋反。当时萧观音临危不乱，主政内宫，展现出巾帼豪杰的风采，更得道宗敬重。

但是后来，辽道宗沉迷于打猎，不理朝政，萧观音对此十分担忧，常常劝谏，辽道宗正对打猎乐此不疲，哪里听得进去，于是渐渐疏远了萧观音，萧观音从此深宫孤寂。夜深人静，萧观音灰心之余，也尝试唤起夫君旧情，她作《回心院词》，希望借此打动丈夫的心，重拾往日的欢乐。

回心院：最早是唐玄宗梅妃江采萍的宫名，在杨玉环入宫前，玄宗和梅妃的感情很好，玉环一来，梅妃就被疏远了，于是她把自己的宫院命名为“回心院”，希望玄宗有朝一日回心转意。多年后玄宗赐她一斛珍珠，她答诗曰：“桂叶双眉久不描，残妆和泪污红绡。长门尽日无梳洗，何必珍珠慰寂寥。”所以，萧观音也把自己的住处起名“回心院”，并作词10首，希望以此打动丈夫。

《回心院词》十首：

第一首写萧观音督促宫人打扫宫殿：

扫深殿，闭久金铺暗；游丝络网空作堆，积岁青苔厚阶面。扫深殿，待君宴。

第二首写擦拭象牙床：

拂象床，凭梦借高塘；敲坏半边知妾卧，恰当天处少辉光。拂象床，待君王。

第三首写更换香枕：

换香枕，一半无云锦；为使秋来辗转多，更有双双泪痕渗。换香枕，待君寝。

第四首写铺陈锦被：

铺绣被，羞杀鸳鸯对；犹忆当时叫合欢，而今独覆相思魂。铺翠被，待君睡。

第五首写张挂绣帐：

装乡帐，金钩未敢上；解除四角夜光珠，不教照见愁模样。装绣帐，待君眠。

第六首写整理床褥：

叠锦茵，重重空自陈；只愿身当白玉体，不愿伊当薄命人。叠锦被，待君临。

第七首写弛张瑶席：

展瑶席，花笑三韩碧；笑妾新铺玉一床，从来妇欢不终夕。展瑶席，待君息。

第八首写剔亮银灯：

剔银灯，须知一样明；偏使君王生彩晕，对妾故作青荧荧。剔银灯，待君行。

第九首写点燃香炉：

爇薰炉，能将孤闷苏；若道妾身多秽贱，自沾御香香彻肤。爇薰炉，待君娱。

第十首写弹奏鸣筝：

张鸣筝，恰恰语娇莺；一从弹作房中曲，常和窗前风雨声。张鸣筝，待君听。

萧观音的《回心院词》用心良苦，展现出一个豪奢华丽而又舒适温馨的画面，力欲重现二人昔日的脉脉温情，以等待辽道宗的到来，反映出她望幸的心情十分迫切。

《回心院词》情致缠绵，必然要配上同样精妙的音乐才合适。萧观音叫宫廷乐师赵惟一谱曲，赵惟一殚精虑智，把此首幽怨之词演绎得丝丝入扣，淋漓尽致。一支玉笛，一曲琵琶，萧观音与赵惟一丝竹相合，每每使听的人怦然心动。共同爱好所致的惺惺相惜之感，是世俗之人所不能够理解的。后宫开始盛传萧观音与赵惟一情投意合，这些谣传被一个别有用心的人听到，他顿生歹念，想利用这个机会陷害萧观音，这个人就是耶律乙辛。

耶律乙辛是辽朝八部之一的五院部人，到他父亲耶律迭剌那辈，家里一贫如洗，部落里都叫耶律迭剌为“穷迭剌”。

耶律乙辛的母亲怀孕时，梦见自己与一只羚羊相搏，拔了它的角和尾巴。早晨找巫师解梦，巫师说：“这是个吉兆。羊字去角尾为王字，你以后会有儿子封为王爷。”

耶律乙辛小时候放羊，很晚不见他回家。其父迭剌去寻找，看见儿子正在草间睡得舒坦，过去一脚把偷懒的耶律乙辛踢醒，乙辛大怒说：“怎么把我惊醒呢！我刚在梦中见到神人给我吃太阳和月亮，已把月亮吃掉了，正咬太阳半块入口，你就把我惊醒了！”

耶律迭剌很迷信，认为这个儿子不同凡人，从此不再让他牧羊。长大后，耶律乙辛身长八尺，相貌堂堂，做事沉稳，性格随和。但其“外和内狡”，有大奸之风。辽兴宗时，耶律乙辛为文班小吏，掌管太保印章。后当时皇后见其风度浑然，如同很有修养的老成官员，便有意提拔他。兴宗朝，耶律乙辛已升至护卫太保的官职，相当于卫队总指挥。

辽道宗即位后，因耶律乙辛是先帝旧臣，也得到辽道宗宠任，迁为同知点检司事，又慢慢迁至枢密副使（副宰相）。清宁五年（1059年），又为南院枢密使，封赵王。

清宁九年（1063年），皇太叔耶律重元的党羽、驸马都尉萧胡睹在朝中树党，想把重臣耶律仁先排挤出朝，让其外放做西北路招讨使。辽道宗不明就里，打算听从，顺便征询耶律乙辛意见。当时的耶律乙辛不知是出于忠贞还是想赌博“押宝”，劝谏道：“为臣我新参国政时间不久，耶律仁先乃先帝旧臣，不可遽离朝廷。”皇太叔耶律重元之乱平定后，辽道宗想起耶律乙辛昔日的劝谏，加上他在叛乱中的镇定表现，拜其为北院枢密使，进封魏王，并赐号“匡时翊圣竭忠平乱功臣”。

辽道宗统治后期，终日打猎饮酒为乐。荒宴之余，辽道宗有时还以掷骰子的方式任用大臣，简直拿国事当儿戏。后来，他干脆把国事全权交予耶律乙辛处理，自己终日在外打猎游乐。耶律乙辛官运亨通，后又加封守太师，“诏四方掌军旅，许以便宜行事”。他已经有随意调动军队、任用官员的权力，自此“势震中外，门下馈赂不绝”。凡是阿谀奉承投奔门下的，耶律乙辛一概予以举荐升官；凡是禀性忠直不听话的，一概被他斥出朝廷。

大康元年（1075年），辽道宗与萧观音所生的皇太子耶律浚开始参与朝政，这位太子聪慧机敏，“幼能言，好学知书……七岁从猎，连中二鹿”，长成后，“法度修明”，一时间得到众臣的拥戴和赞赏。皇太子开始一点一点地从耶律乙辛手中夺回权力。已经大权久掌的耶律乙辛一下子很不适应，权柄旁移不仅让他感到失落、愤懑，心中还充满新君登位后找自己算账的忧虑。想来想去，他就想先除掉太子的母亲皇后萧观音，然后再把仁明聪颖的太子废掉。

耶律乙辛听到萧观音与赵惟一之间出现的谣传，非常兴奋，认为这是千载难逢的良机，他暗中派人作《十香词》，进一步构陷。

《十香词》分别写的是：

第一香：发香。

青丝七尺长，挽出内家装；不知眠枕上，倍觉绿云香。

第二香：乳香。

红绡一幅强，轻阑白玉光；试开胸探取，尤比颤酥香。

第三香：腮香。

芙蓉失新艳，莲花落故妆；两般总堪比，可似粉腮香。

第四香：颈香。

蝤蛴那足并，长须学凤凰；昨宵欢臂上，应惹颈边香。

第五香：吐气香。

和羹好滋味，送语出宫商；定知郎口内，含有暖甘香。

第六香：口脂香。

非关兼酒气，不是口脂芳；却疑花解语，风送过来香。

第七香：玉手香。

既摘上林蕊，还亲御苑桑；归来便携手，纤纤春笋香。

第八香：金莲香。

凤靴抛合缝，罗袜卸轻霜；谁将暖白玉，雕出软钩香。

第九香：裙内香 。

解带色已颤，触手心愈忙；那识罗裙内，销魂别有香。

第十香：满身香 。

咳唾千花酿，肌肤百和装；无非啖沉水，生得满身香。

《十香词》作好之后，耶律乙辛就暗中嘱咐与他交好的教坊伶官朱鹤顶的妻子清子，让清子拜托善弹琵琶的宫人单登，要单登相机行事，把《十香词》献给皇后，就说是宋国皇后所作，皇后若能把它抄下来并为它谱曲，便可称为二绝，也好为后世留一段佳话。

《十香词》遣词用语都十分暧昧，多少有些儿难登大雅之堂，但这正合孤寂中的萧皇后的心态。萧观音读后，深爱《十香词》，觉得它雅丽有致，除了亲手用彩绢抄写一遍以外，还在末端又写了一首题为《怀古》的诗，抒发内心的感怀：

宫中只数赵家妆，败雨残云误汉王；

惟有知情一片月，曾窥飞燕入昭阳。

到此，萧观音完全堕入了耶律乙辛所设的陷阱之中。耶律乙辛立即拿着萧观音亲手誊写的《十香词》到辽道宗那里大进谗言，有了这一个“物证”，又有了过去的一些谣传，头脑简单、专喜打猎的辽道宗不由得有些相信。这时耶律乙辛的走狗、辽国宰相张孝杰乘机就《怀古》诗进行曲解，说道：“诗中‘宫中只数赵家妆’，‘惟有知情一片月”，正包含了‘赵惟一’三字，此正是皇后思念赵惟一的表现。”至此辽道宗醋劲大发，勃然大怒。认定萧观音与伶官赵惟一私通，敕令萧观音自尽，赵惟一凌迟处死，乐器全部焚毁。

一心一意地等待着丈夫可以回心转意的萧观音，等来的却是三尺白绫。萧观音自尽前，想见辽道宗最后一面，竟不获准，被如此绝情的对待，萧观音绝望了，遂作《绝命词》：

嗟薄福兮多幸，羌作俪兮皇家。承昊穹兮下覆，近日月兮分华。

托后钩兮凝位，忽前星兮启耀。虽衅累兮黄床，庶无罪兮宗庙。

欲贯鱼兮上进，乘阳德兮天飞。岂祸生兮无联，蒙秽恶兮宫闱。

将剖心兮自陈，冀回照兮白日。宁庶女兮多渐，遏飞霜兮下击。

顾子女兮哀顿，对左右兮摧伤。其西曜兮将坠，忽吾去兮椒房。

呼天地兮惨悴，恨今古兮安极。知吾生兮必死，又焉爱兮旦夕！

写完之后，她悬梁自尽，一代才女，香消玉殒，年仅 36 岁。

萧观音死后，年刚 18 岁的太子耶律濬也在耶律乙辛的构陷下废为庶人，不久之后也被害死。耶律乙辛继而又害死了太子妃。接下来他还想谋害太子的儿子、皇孙耶律延禧。

好在这个时候辽道宗终于开始怀疑耶律乙辛了，他保护自己的皇孙，逐步削夺耶律乙辛的权力，最后以耶律乙辛妄图逃亡到宋朝为由，把他杀死。

辽道宗死后，皇太孙耶律延禧继位，是为天祚帝。为了他祖母的含冤而死，更为了他父亲的被杀，天祚帝将已死去的耶律乙辛和宰相张孝杰剖棺戮尸，又搜捕耶律乙辛的子孙及亲旧，尽行诛戮。萧观音在九泉之下，终于可以瞑目了。

相关链接：

耶律洪基的文学修养

沉迷于打猎的辽道宗耶律洪基也很有文学天赋，他通音律，善书画，爱好诗赋，与臣下有“诗友”之交，常以诗赐大臣。他的诗作受唐诗影响较深，讲究韵致，反映了契丹贵族崇尚唐文学，积极学习吸收汉文化的倾向。据陆游《老学庵笔记》：“辽相李俨作《黄菊赋》献其主耶律洪基，洪基作诗歌其后以赐之。”道宗赐予李俨的诗是这样写的：

题李俨黄菊赋

昨日得卿黄菊赋，碎剪金英填作句。

袖中犹觉有余香，冷落西风吹不去。

本诗将佳句名诗比作缤纷的菊花，余香袅袅，风吹不散，赞赏之情，溢于言表。“袖中犹觉”写得尔雅有致，特具韵味，且有“赠人佳卉，袖有余香”的言外之意，而“冷落西风”则深化了情景。

道宗朝“重元之乱”

“重元之乱”亦称“滦河之变”，是辽皇族内部争夺帝位的事件。

事情还要从头说起，辽圣宗仁德皇后萧菩萨哥不育，养育元妃萧耨斤之子耶律宗真，视如己出。及辽圣宗去世，耶律宗真即位，即辽兴宗。其生母圣宗元妃萧耨斤诬陷仁德皇太后谋逆，自立为皇太后，把持朝政，辽兴宗对此颇有微词。

为了进一步垄断大权，皇太后竟与其弟萧孝先等谋废兴宗，立她的另一个儿子、辽兴宗的弟弟耶律重元为皇帝。重元将太后的阴谋报告给了辽兴宗，辽兴宗收回太后符玺，将她幽禁于圣宗陵寝庆陵，夺回了政权。耶律重元因提供情报有功，被辽兴宗封为皇太弟，备受恩宠与信赖。历官北院枢密使、南京留守、知元帅府事，被赐金券、四顶帽及二色袍，可免拜皇帝，为宗室中最高优待，辽兴宗还许诺要在千秋万岁后传位与他，于是重元更加骄纵不法，朝臣无敢言者。

但是，受中原文化影响极深的辽兴宗并不想真正兑现自己的诺言，从长子耶律洪基6岁起，就开始培养他成为自己的接班人，先封他为梁王；11岁时总领中丞司事，封燕王；12岁总知北南枢密院事，加尚书令，进封燕赵国王；19岁领北南枢密院事；21岁为天下兵马大元帅，知惕隐事，开始参与朝政。辽兴宗病重之际，又召洪基“谕以治国之要”。因此，辽兴宗死后，耶律洪基顺利地继承了皇位，是为辽道宗。

但是，辽兴宗的言行助长和鼓励了重元的权力欲，加之重元的儿子涅鲁古已长大成人，他的权力欲望比其父有过之而无不及。所以，辽道宗的权力自其即位伊始就受到了其叔和堂弟的挑战。

辽道宗对重元父子采取的依然是安抚策略，“册（重元）为皇太叔，免拜不名，为天下兵马大元帅，复赐金券、四顶帽、二色袍，尊宠无比”。涅鲁古则在辽兴宗朝封安定郡王、楚王。辽道宗即位后徙封吴王、楚国王，清宁三年为武定军节度使，七年知南院枢密使事。这使他们的气焰更加嚣张。清宁七年（1061 年），涅鲁古让其父诈称有病，欲待辽道宗前来问疾时行刺，没有实现。当时臣僚多怀疑重元父子心怀叵测，而辽道宗却浑然不察。

清宁九年（1063 年），辽道宗住在滦河行宫，重元、涅鲁古父子再次密谋行刺。敦睦宫使耶律良得到重元父子诗，知其逆谋，向辽道宗报告。辽道宗命人召涅鲁古，涅鲁古非但不肯前往，还擅自拘留使者，召集 400 人直犯辽道宗行宫。南院枢密使耶律仁先等仓促组织反击，擒获涅鲁古，重元负伤而退。黎明，重元又胁迫奚族猎夫 2000 人再次攻击行宫，又被挫败。耶律仁先等再次反击，追杀 20 余里，重元兵败自杀。

契丹人的婚姻传统

辽国是以契丹族为主体建立起来的统治中国北部的封建王朝。契丹民族只有两姓，一是皇帝族的耶律部落，一是皇后族的萧部落。契丹严格遵循“异姓为婚”的原则，如果是本民族内部通婚，与萧姓通婚的均姓耶律，与耶律姓通婚的必定姓萧。在契丹社会上层，契丹贵族不得与平民通婚，如有特殊情况，需得到皇帝的批准方可。

契丹人在其婚制中除了耶律和萧两姓互为婚姻以外，还保留了其他一些原始婚俗，之所以如此，是与契丹族以游牧为业的经济特点和开放的民族特性有着密切联系的，其中主要是流行收继婚制，“收继婚”亦称“夫兄弟婚”、“妻兄弟婚”。即一个女子当其丈夫死后必须转嫁给亡夫的兄弟。而亡夫的兄弟也有娶她的权利和义务。在辽代，曾一度将收继婚制以法律的形式固定下来，以后虽然被废除，但作为一种社会习俗并没有完全废止。

公元 722 年，唐以燕郡公主嫁给松漠郡王李郁于，第二年，李郁于去世，其弟吐于不但接班当了松漠郡王，还接班当了燕郡公主的丈夫。道宗第二女赵国公主纠里嫁给了萧挞不也，在萧挞不也被害后，其弟讹都斡非要娶纰里，纰里也只好再嫁给丈夫的弟弟。

子娶庶母、侄娶寡婶这种长辈收继婚在汉人眼中有违人伦，契丹人却认为是正大光明的事情，还堂而皇之地记入了墓志铭中。

由于辽代契丹人盛行耶律、萧两姓交互为婚，表亲为婚的现象就比较常见，而且在其表亲联姻中，婚配不论辈分，舅舅可娶外甥女，外甥可娶姨，侄子可以娶姑姑，甚至有外孙女嫁给外祖父的。

辽太祖的女儿质古嫁萧实鲁，齐国公主观音奴嫁切断继先，仁懿皇后女儿魏国公主跋芹嫁萧撒八，都是甥舅关系。辽世宗是淳钦皇后的孙子，他的妻子怀节皇后是淳钦皇后弟弟阿古只的女儿，是姑姑嫁给了侄子。还有道宗娶其驸马萧地霞抹之妹萧思坦为妃子，是岳父与女婿之妹婚配。

契丹族的婚姻与当时其他民族相比，还有一个突出的特点，就是具有开放风气。

公元936年，辽军占领后唐首都洛阳，年仅19岁的耶律阮发现后唐末帝李从珂的宫人甄氏风姿绰约，一见钟情，不顾民族的不同、地位的差别，一意纳为王妃。耶律阮即帝位后，竟然冒着风险立甄氏为皇后。这是辽代皇后群体中唯一一个非契丹族。

萧太后的大姐开始嫁给了齐王，称齐王妃。齐妃在政治、军事方面都是很有作为的，是一个女中豪杰。齐王死后，齐妃一次到驴驹儿河下游的一个马场巡视，发现一个名叫达览阿钵的美男潘奴，召其进入帐中。萧太后得知后大怒，狠狠地惩罚了达览阿钵，然而萧太后的处罚并没能割断齐妃对达览阿钵的爱恋之情。第二年，齐妃恳请萧太后“愿以藩奴为夫”。萧太后终于遵从姐姐的心愿，同意了这门婚事，齐妃终于与达览阿钵结合。

而萧太后自己在辽景帝去世以后，以国母、太后之尊，与汉人官员韩德让结为秦晋之好，并当众公开，就是对于中原来的使者也不隐瞒。这在一个以男性为中心的封建社会中，实在是一件让人咋舌的事情。

辽世宗、齐王妃、萧太后为各自爱情冲破世俗禁忌并如愿以偿，不能不归功于契丹婚姻中的开放风气。此外，契丹婚姻的开放风气还表现在离婚方面，离婚自由是婚姻双方的一个重要权利。

《辽史》记载的30多名公主中，离婚再嫁有6人，其中有的二离三嫁，还有三离四嫁的。圣宗第二女“初嫁萧啜不，改适萧海里，不谐，离之；又适萧胡靓，不谐，离之；乃适韩国王萧惠”。“不谐”即感情破裂，这种的离婚理由，真是抓住了离婚的真谛。

《辽史》的“烈女传”中仅载有3名“烈女”和2名“贤女”。而“烈女传序”中表达了非常现代、开放的观点：“与其得烈女，不若得贤女。天下而有烈女之名，非幸也。”这足以说明契丹人的封建贞节观念是何等淡化。

契丹人的家庭大多实行一夫一妻制，而在多妻的家庭中，众多妻子的地位差别不大，各个妻子的后代嫡、庶差别也不明显。随着社会的发展和中原封建制的影响，到辽圣宗时才开始“画谱牒以别嫡庶”，逐渐与汉族的嫡庶观念相趋一致。与此同时，随着与汉族接触增多，使得汉契通婚迅速发展，“契丹人授汉官者从汉仪，听从汉婚姻”已相当普遍。

第四节　壮志未酬身先死

——民族英雄岳飞蒙冤案

岳飞

南宋绍兴十一年十二月二十九日（1142年1月27日），民族英雄岳飞被宋高宗与秦桧害死在风波亭。

人物小档案：

NO1. 岳飞（1103—1142年），字鹏举，相州汤阴县永和乡孝悌里（今河南省安阳市汤阴县菜园镇程岗村）人。中国历史上著名战略家、军事家、民族英雄、抗金名将。

NO2. 赵构（1107—1187 年），字德基，北宋皇帝宋徽宗第九子，宋钦宗之弟，曾被封为“康王”，是南宋的第一位皇帝，在位 35 年（1127—1162 年），庙号高宗。

NO3. 秦桧（1090—1155 年），字会之，江宁府（今江苏南京）人。中国历史上十大奸臣之一，南宋建立后，两任宰相，前后执政十九年。

岳飞出身于一个农民家庭，少年时家境贫寒，但他刻苦学习兵法，习练武艺。长大成人后，成为中国历史上有名的抗金英雄。

“靖康之耻”后，宋皇室尽被金军掳走，只有宋徽宗的第九个儿子康王赵构逃过此劫，逃往南京应天府（今河南商丘）称帝，建立了南宋帝国。南宋政权虽然暂时安定了下来，但外有金兵虎视眈眈，随时可能再次南下；内有各地溃兵败将组成的游寇集团和农民的反抗武装，极大地威胁着南宋的统治。在这种情况下，宋高宗赵构不得不抛开“压制武将”的祖宗家法，注意笼络重用武将，因此，武艺精湛、熟谙兵法的岳飞得以脱颖而出，崭露头角。

靖康元年（1126 年），24 岁的岳飞投军抗金，因屡立战功被老将宗泽提拔为统制。建炎三年（1129 年），金将完颜宗弼再次南侵，宋军大溃，高宗一度逃亡到海上。岳飞时任江淮宣抚使司右军统制，率部转战广德（今属安徽）、宜兴（今属江苏）地区，并于清水亭等战大败金兵，一举收复建康，又追击兀术，四战四胜，因功升任通泰镇抚使。

绍兴三年（1133 年），岳飞奉命镇压了江西吉安和赣州的农民起义军，高宗非常高兴，亲笔书写了“精忠岳飞”四个字送给岳飞，并提拔岳飞为镇南军承宣使、江南西路沿江制置使。这时，由金人扶植的伪齐政权派军攻占襄阳（今属湖北）等郡，次年四月，岳飞自江州（今江西九江）挥师北上，大败伪齐军，收复六郡，因功授清远军节度使。

绍兴五年（1135 年）夏，杨幺勾结伪齐图谋南宋，岳飞受命击破杨幺军，彻底消除内患；绍兴六年（1136 年），任湖北京西路宣抚副使，举兵奇袭伪齐军，收复河南、陕西大片失地；绍兴七年（1137 年），高宗赐岳飞宋代武将的最高头衔——太尉。

但是，高宗是在向金人求和而不得的形势下才重用武将的，其目的只是自卫，并没有北伐恢复故国的打算。尽管绍兴四年以后，岳飞、韩世忠等将领率军先后击败了金和伪齐的两次南侵，但高宗并不想利用这绝好时机进行北伐，宋军的战果只是为他与金朝议和提供了讨价还价的砝码。

岳飞出兵前，高宗明白他与其他将领只守不攻的作风不同，特意下手诏，告诫他只需收复伪齐（金人所立的傀儡政权）所夺之地，千万不可领兵北上，触犯金人，否则就算立下战功，也定要严惩。这一纸诏书，牢牢地束缚了岳飞的手脚。

就在各地战事接连取得胜利的时候，高宗也络绎不绝地派出求和使臣。绍兴七年（1137 年）年底，宋使从金朝带来了议和条件，金朝要求南宋称臣、交纳岁币，作为交换，金朝答应废黜伪齐，归还徽宗帝后棺木和高宗生母韦氏，归还河南、陕西等地。高宗得到这个消息，欣喜异常，屈膝求和的决心更加坚定。

之后，岳飞乘金朝废除伪齐政权之机，多次向高宗上书，力主出兵北上，收复中原。又多次反对与金议和，均遭高宗和宰相秦桧拒绝。

秦桧是北宋末年的御史中丞，曾与宋徽宗、钦宗一起被金人俘获。在金营作俘虏的经历，让秦桧亲眼目睹了金兵的强悍和凶残，认为金军是不可战胜的。

金太宗天会八年（1130 年），秦桧被金人看中，假意把他放跑。回到南宋后，他苟且偷安、专心议和的思想正中高宗皇帝的下怀，很快就被提升为宰相，成为投降派的领袖。

岳飞威名赫赫，主张坚决抗金，成了秦桧求和最主要的阻碍力量。于是秦桧不时地向高宗进谗言，加深高宗对岳飞的不满。

高宗和秦桧议和的决定遭到了朝野上下的强烈反对，其中几位手握重兵的大将的意见对于和议能否顺利签订至关重要。绍兴八年（1138 年）八月，高宗召韩世忠、张俊与岳飞入朝，希望说服他们不要反对议和。

张俊向来害怕金兵，在历次对金作战中都极力避免与金兵交锋，其为人又善于逢迎，所以马上表态支持议和。而韩世忠与岳飞则坚决反对，个性耿直的岳飞更是对高宗明确表示：“夷狄不可信，和好不可恃，相臣谋国不善，恐贻后世讥议。”这番义正词严的话不禁使高宗对岳飞心生嫌忌，秦桧更是对岳飞恨之入骨。

其实，在此之前，岳飞已经在两件大事上冒犯了高宗。

绍兴七年（1137年）三月，宋廷解除了“中兴四将”之一的刘光世的兵权，高宗本来答应将刘光世率领的淮西军队拨给岳飞指挥，岳飞信以为真，以为这样一来，自己兵力大增，兴奋之余，立即提出要带兵10万，出师北伐，这正犯了高宗的大忌。高宗临时变卦，拒绝将淮西军队交给岳飞。对高宗的出尔反尔，岳飞十分愤慨，一怒之下，他竟然离开本军驻地鄂州，以为母守孝为名上了庐山。在高宗看来，这种行为分明是要挟君主，但当时金兵的威胁尚在，解除岳飞兵权的时机并不成熟，因此高宗不得不强忍怒气，再三下诏，对岳飞好言抚慰，敦促其下山。六月，岳飞返朝，向高宗请罪，高宗表示对其宽恕的同时，引用太祖“犯吾法者，惟有剑耳”的话以示警告，言语之中已经暗藏杀机。

第二件事发生在同年八月。返朝不久的岳飞好心建议高宗早立太子。高宗的独子赵旉3岁的时候夭亡，高宗又在扬州溃退时受了惊吓，失去了生育能力。但高宗时年才30岁，内心仍抱有生育的希望，此时立太子，在他看来无疑是向天下暴露其难言之隐。何况，宋朝的祖宗家法也规定武将不得干预朝政。所以，岳飞的建议一下触犯了两大忌讳，更加深了高宗对他的忌恨。

这两件事以及在抗金上毫不妥协的立场，为岳飞日后的命运埋下了祸根。

绍兴九年（1139年），高宗和金国议和，金国归还了南宋河南、陕西等地。高宗以为和议之事已成定局，从此就可以安享太平，便大赦天下，给文武大臣加官晋爵。但是，岳飞却拒绝接受高宗赐给他的高官，公然与皇帝唱起了对台戏。高宗和秦桧对岳飞切齿痛恨，除掉岳飞的阴谋已经在秘密地酝酿之中。

果然不出岳飞所料，绍兴十年（1140年），金人撕毁和议，再次南侵，岳飞又率军奔赴抗金前线，屡败金军主力。金军冲不过岳飞这个“障碍”，只得聚积兵力准备与岳飞率领的一万五千精锐骑兵决一死战。满足于“半壁江山”的高宗闻讯后，大为担忧，于是给岳飞下诏，要岳飞“审处自固”。高宗不仅替岳飞的成败担忧，更是替自己主张的议和政策能否实现而担忧，所以给岳飞的诏书很明确，就是让岳飞“自固”，只要金军打不过来就行。可是，岳飞却把高宗的叮嘱当成了耳旁风，依然每日出城挑战，于金军营前骂阵。后来，岳飞又亲率军队大败金军，数挫金军精锐主力，令金军闻风丧胆，发出了“撼山易，撼岳家军难”的感慨和无奈。在连战连捷的大好形势下，岳飞上表高宗，提出要诸路人马“火速并进”，继续北上抗击金军的请求，并激励部下：“直捣黄龙府，与诸君痛饮耳！”

以高宗和秦桧为首的投降派，当初令岳飞北进，并不想依靠岳飞光复宋朝江山，只是指望他击退金军南侵，以此作为与金国议和的条件，保住半壁江山即可。岳家军的接连胜利当然不利于高宗、秦桧与金国和议。此外，高宗还担心岳飞等主战派抗金，金军在战局不利的情况下，可能会迫于形势主动和南宋求和,进而放还被他们掳掠去的皇兄宋钦宗，宋钦宗归国后会与自己发生皇位的争夺。因此，在接到岳飞的奏疏后，高宗竟然一日连下 12 道金牌，让岳飞“措置班师”、“不许深入”，并催促岳飞立即班师。

此时，岳家军由于收复失地很多，战线过长，兵力分散，需要其他军队的配合。可是，张俊、韩世忠、刘锜等其他各路军队接到高宗撤军的命令后，已经陆续班师，岳飞要想在没有后方支援、缺乏友军配合的情况下，孤军深入，收复故土，实是难上加难，他不禁深深痛惜，发出“十年之力，废于一旦”的悲叹！

在形势和君命的逼迫下，岳飞只能奉诏班师回朝。但他为了保护中原百姓南迁，竟然下令部队驻留五日，延误了回朝的期限，这让高宗更为恼火。

岳飞自从高宗建炎三年开始，率领军队抗击渡江南侵的金军，驰骋疆场十多年，大多数战役都是以少胜多，威名响彻中原，让金兵闻风丧胆，其声望早已超过了宰相秦桧，这为秦桧所不能容忍，于是他对高宗说，天下百姓知道有岳飞，却不知道有皇帝了。高宗也不得不考虑岳飞的影响力了，万一岳飞势力逐渐壮大，像苗刘兵变时那样出现逼宫，局势就无法控制了。

苗刘兵变：是建炎三年（1129年）由苗傅和刘正彦发动的兵变。他们诛杀宋高宗赵构宠幸的权臣及宦官以清君侧，并逼迫宋高宗将皇位禅让给3岁的皇太子赵旉。之后各地将领纷纷勤王平乱，出兵镇压，苗傅和刘正彦见局势失去控制，连忙奉宋高宗复辟，最后两人被处决。

这时候，金将兀术也乘机把杀岳飞作为议和的条件。绍兴十一年（1141年），在宋金议和的过程中，兀术通过使臣告诉秦桧“尔朝夕以和请，而岳飞方为河北图，且杀吾婿，不可以不报。必杀岳飞，而后和可成也”。

绍兴十一年四月，高宗以犒赏军功为借口，把张俊、韩世忠和岳飞召到临安，任命张俊、韩世忠为枢密使，岳飞为枢密副使，名为升官，实际是解除了他们的兵权。接着，高宗和秦桧把迫害的矛头直接指向了岳飞。

同年七月，秦桧的死党万俟卨秉承上意，上章弹劾岳飞。岳飞意识到自己处境险恶，上书辞职，恳求高宗“保全于始终”，能放过自己，但高宗对岳飞的厌恶由来已久，根本就没打算手下留情。八月，岳飞被罢免了所有官职。九月，秦桧收买岳飞的部将王俊和王贵，诬告岳飞谋反，把岳飞关进了监狱。岳飞身受酷刑折磨，知道自己根本没有申辩的机会，他在狱中悲愤地写下“天日昭昭！天日昭昭！”八个大字，向高宗和秦桧发出了最后的抗议。

听说岳飞以谋反罪入狱，已经辞官在家的韩世忠忍无可忍，他当面责问秦桧，岳飞谋反的证据究竟何在，秦桧答道：“其事体莫须有。”意思是这件事情大概有吧。韩世忠气愤地说：“‘莫须有’三字，何以服天下！”

与此同时，高宗、秦桧与金国的议和也正在紧锣密鼓的运作中。十一月，南宋与金国签订了《绍兴和议》，接受了称臣、割地、纳贡等屈辱的条件。

南宋绍兴十一年十二月二十九日（1142年1月27日），高宗不惜违背赵匡胤“不杀大臣”的祖宗家法，亲自下旨，以毒酒赐死岳飞，岳飞爱将张宪、长子岳云被斩首。岳飞这个被誉为宋、辽、金、西夏时期最为杰出的军事统帅、两宋以来最年轻的建节封侯者、南宋中兴四将（岳飞、韩世忠、张俊、刘光世）之首、一生中指挥了126次战役却没有一次失败的常胜将军，最后没有死在战场上，而是死在自己效忠的皇帝手中！事实上，当高宗想要岳飞死时，岳飞到底犯没犯“谋反之罪”，已经变得不重要了。诚如宰相秦桧所说，这些“莫须有”的罪名是否成立并不重要，重要的是“此乃上意也”。

岳飞自20岁从军，到39岁被害，戎马一生，一直战斗在抗金的最前线，时时不忘以恢复中原为己任。他领导的岳家军纪律严明，骁勇善战，沉重打击了南侵的金兵。岳飞是在抗金斗争中表现最坚决、最刚猛的大将，在战场上有勇有谋，所向披靡，让人可敬可佩。有人曾问岳飞，天下何以太平，他答道：“文臣不爱钱，武臣不惜死，天下太平矣。”

绍兴三十二年（1162年），宋孝宗即位，下诏为沉冤21年的岳飞平反昭雪，谥号武穆。

相关链接：

满江红

岳飞

怒发冲冠，凭栏处，潇潇雨歇。抬望眼，仰天长啸，壮怀激烈。三十功名尘与土，八千里路云和月。莫等闲，白了少年头，空悲切！

靖康耻，犹未雪。臣子恨，何时灭？驾长车，踏破贺兰山缺！壮志饥餐胡虏肉，笑谈渴饮匈奴血。待从头，收拾旧山河，朝天阙！

译文：

我怒发冲冠，独自登高凭栏，骤急的风雨刚刚停歇。我抬头远望天空一片高远壮阔。禁不住仰天长啸，一片报国之心充满心怀。

三十多年的功名如同尘土，八千里经过多少风云人生。好男儿，要抓紧时间为国建功立业，不要空空将青春消磨，等年老时徒自悲切。

靖康之变的耻辱，至今仍然没有被洗雪。作为国家臣子的愤恨，何时才能泯灭！我要驾着战车向贺兰山进攻，连贺兰山也要踏为平地。我满怀壮志，发誓吃敌人的肉，喝敌人的鲜血。待我重新收复旧日山河，再带着捷报向国家报告胜利的消息。

岳母刺字

岳飞十五六岁时，北方的金人南侵，宋朝当权者腐败无能，节节败退，国家处在生死存亡的关头。岳飞投军抗金。不久因父丧，退伍还乡守孝。

1126年，金兵大举入侵中原，岳飞再次投军。临行前，姚太夫人把岳飞叫到跟前，说："现在国难当头，你有什么打算？"

"到前线杀敌，精忠报国！"

姚太夫人听了儿子的回答，十分满意，"精忠报国"正是母亲对儿子的希望。她决定把这四个字刺在儿子的背上，让他永远铭记在心。

岳飞解开上衣，露出脊背，请母亲下针。

姚太夫人问："孩子，针刺是很痛的，你怕吗？"

岳飞说："母亲，小小钢针算不了什么，如果连针都怕，怎么去前线打仗！"

姚太夫人先在岳飞背上写了字，然后用针刺了起来。刺完之后，又涂上醋墨。从此，"精忠报国"四个字就永不褪色地留在了岳飞的后背上。

母亲的鼓舞激励着岳飞。岳飞投军后，很快因作战勇敢升秉义郎。这时宋都开封被金军围困，岳飞随副元帅宗泽前去救援，多次打败金军，受到宗泽的赏识，称赞他"智勇才艺，古良将不能过"，后来，岳飞成为著名的抗金英雄，为历代人民所敬仰。

岳飞墓

岳飞庙是历代纪念民族英雄岳飞的场所，位于杭州栖霞岭南麓，始建于南宋嘉定十四年（1221年），经历了元、明、清、民国，时兴时废，代代相传，一直保存到现在。现存建筑是清康熙五十四年（1715年）重建。岳王庙坐北朝南，庙内建筑分东西两部，东部为门楼和纪念岳飞的忠烈庙；西部由三个部分构成：南为岳飞墓，中为正气轩、南枝巢，北为纪念岳飞母亲的启忠祠。岳王庙门楼为重檐歇山顶，正中悬挂"岳王庙"三字竖匾，入门经过庭院到达忠烈庙大殿，大殿重檐间悬有叶剑英书写的"心昭天日"横匾。殿内是身披戎装的高4.5米的岳飞像，上挂岳飞手迹"还我河山"匾额。大殿两壁有"精忠报国"四个石刻大字，大殿

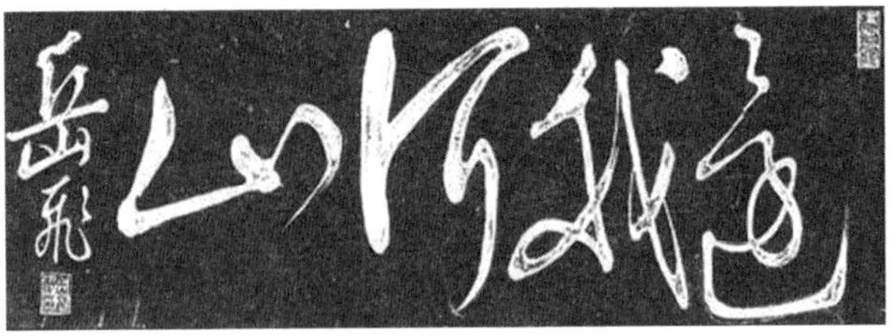

岳飞手迹“还我河山”

墙壁上有反映岳飞一生事迹的八幅壁画。大殿天花板上绘有“百鹤图”，共计373只鹤，形态各异，象征着岳飞的浩然气节万古长青。

岳飞墓在岳庙西部，建于南宋隆兴元年（1163年），距今已有800多年历史。该墓坐西朝东，以石块围砌而成。墓前建有墓门，前有照壁，上嵌有明人洪珠书写的“精忠报国”四个字。穿过墓门有甬道通至墓前，道旁列有石人、石兽，岳飞墓在正中，墓碑刻有“宋岳鄂王墓”。岳飞墓的左侧是岳云墓，墓碑上写着“宋继忠侯岳云墓”。墓的周围古柏森森，有石栏围护。石栏的正面望柱上刻有“正邪自古同冰炭，毁誉于今判伪真”一联。墓门的下边有四个铁铸的人像，反剪双手，面墓而跪，他们即是陷害岳飞的秦桧、王氏、张俊、万俟卨四人。跪像的背后墓门上有联“青山有幸埋忠骨，白铁无辜铸佞臣”。

岳飞墓

第五节　兔死狗烹良弓藏
——明初开国功臣接连殒命案

从洪武十三年（1380年）到洪武二十六年（1393年）的14年间，明太祖朱元璋借“胡蓝之狱”，将明初的开国功臣基本上诛杀殆尽，受株连被杀者45000余人。

人物小档案：

明太祖朱元璋

NO1. 朱元璋（1328—1398 年），初名重八，后更名兴宗，字国瑞，出生于盱眙太平乡（今安徽省明光市明光街道赵府村）境内一个贫苦的农民家庭，明朝开国皇帝，明洪武元年（1368 年），于南京称帝，国号大明，年号洪武。在位 31 年（1368 — 1398 年），庙号太祖。

NO2. 胡惟庸（？—1380 年），定远（今属安徽）人，早年随朱元璋起兵，洪武六年（1373 年）七月，凭李善长推荐，任右丞相，约至洪武十年（1377 年）进左丞相，是中国历史上最后一个宰相。

NO3. 蓝玉（？—1393 年），明朝开国名将，定远人。曾大破北元，名震天下，官拜大将军，封凉国公。

《汉书》中记载着韩信的这样一句话："狡兔死，走狗烹；高鸟尽，良弓藏；敌国破，谋臣亡。"说的是刘邦在建立汉朝之后剪除异姓诸侯王，大杀功臣的事。可是，如果把刘邦与朱元璋相比，就简直是不值一提了。刘邦不过是在异姓诸侯王反叛的咄咄逼人形势下的反击，朱元璋则是在并无反叛迹象时，精心策划了一场又一场大屠杀。

朱元璋以贫农的身份最后登上皇帝的宝座，他雄才大略，勤政爱民。然而，朱元璋在人们心目中依旧是面目可憎，这是为什么呢？这其实就是因为他肆意屠杀功臣。

朱元璋出身淮西贫民，从他投入"红巾军"，到建立了大明政权，戎马征战十几年。他的成功，得益于身边聚集着一批运筹帷幄、能征善战的淮西文臣武将。朱元璋称帝后将这些开国功臣都封以高官贵爵。他们中间文臣以李善长、胡惟庸等为中心，武将以徐达、蓝玉等为中心，组成了势力强大的“淮西集团”，朱元璋虽然依靠“淮西集团”起家，但是，一旦大功告成，这个羽翼丰满的政治军事集团就被朱元璋视为新朝的毒瘤了。

早在洪武七年（1374 年），朱元璋就开始有计划的清洗功臣了，只是因为那时候清洗的人数较少、手段比较隐蔽，并不引人瞩目罢了。

华云龙是明朝开国大将，他元末聚众起兵，后率众归附朱元璋。从渡江，破采石，下集庆，克镇江。参加攻灭陈友谅、张士诚诸役。又从徐达攻克大都，留守北方，兼北平行省参知政事。官至都督同知兼燕王左相，封淮安侯。可是洪武七年（1374 年）他却因“擅用故元宫中物”，被召南还，蹊跷地死于途中。

廖永忠，早年南征北战，鄱阳湖之战因战功卓著，太祖以漆牌书“功超群将，智迈雄师”八字赐之。他还曾奉命凿沉小明王韩林儿的坐船，给朱元璋解除了后顾之忧。朱元璋在《平蜀文》作“傅一廖二”（意为傅友德第一、廖永忠第二）之语，盛赞廖永忠功勋。洪武八年（1375 年），朱元璋以其私自穿着绣有龙凤图案衣服逾制为由诛杀了他。

华云龙、廖永忠两个人的罪名都是违制，功臣就这样被处死，实在是欲加之罪，何患无辞。

当然，这些还都只是小小的序曲，真正的杀戮还在后面。

洪武十三年（1380 年），轰轰烈烈的“胡惟庸案”终于拉开了大杀戮的大幕。

明朝按照历朝旧制，设立中书省，当时的中书省不但有“综理机务”的职权，而且全国各级各部门给皇帝上的奏报，也规定要“先白中书省”，一切以皇帝名义发出的诏令谕旨，也经中书省再下达，俨然是设置在皇帝和国家机关中间的一级权力部门，是必要的中转站。任丞相的人对一切庶务有权专决，是处在皇帝一人之下，高踞于百官之上的权要。

朱元璋登基后，任命李善长为左丞相，徐达为右丞相。李善长是朱元璋攻下滁阳后接纳下来的谋士，指挥作战，组织供应，事事皆能妥善处理。还在朱元璋称吴王时，李善长便出任右相国，充分展现他裁决如流的才干，为文臣的功臣之首。洪武元年（1368年）任左丞相，封韩国公，在朝廷上位列第一。徐达常年带兵在外作战，实权掌握在李善长手中，而且他的儿子李祺又被朱元璋招为驸马，权势更加显赫，成为朝廷中掌握实权的淮西集团首领。

淮西集团势力的日益膨胀，让朱元璋感到了威胁。朱元璋对李善长颇存顾忌，于是在洪武四年（1371年），以年高有病为名，让时年58岁的李善长告老还乡。其实，朱元璋早就有意撤换李善长，但是苦于没有合适的人选。后来根据李善长的推荐，任用了胡惟庸。他看中的，就是胡惟庸比起其他的功臣宿将功劳小、根基浅，容易控制。胡惟庸早年随朱元璋起兵，历任元帅府奏差、宁国主簿、知县、吉安通判、湖广佥事、太常少卿、太常卿等不大的官职。

胡惟庸入相后，他的精明干练很快得到朱元璋的赏识。但是，胡惟庸并没有领会皇帝任用他的意图，与朝臣相互攀附，还将自己的侄女嫁给了李善长的侄子李佑为妻，结成姻亲，使得他与李善长关系更进一步。有这样的元老重臣为后盾，胡惟庸可谓如鱼得水。到洪武十年（1377年），胡惟庸进左丞相，位居百官之首，独揽丞相之权。

朱元璋最不能容忍的就是大权旁落，卧榻之侧，岂容他人鼾睡？等待的只是机会罢了。

洪武十二年（1379年）九月，占城贡使来朝，胡惟庸等人未及时引见占城贡使，致使他们把进贡的象、马赶到皇宫人门外，后来又与礼部互相推卸责任。这本来也不是个严重的事情，但是朱元璋终于找到了惩治胡惟庸的机会。他立即将左右丞相胡惟庸和汪广洋囚禁审问。

后来，右丞相汪广洋被赐死，接着又查出汪广洋的妾陈氏竟是罪臣之女。当时规定，没官妇女只给功臣家，文臣家是不应该给的。朱元璋敕令法司要彻底追查此事，因此，从胡惟庸至六部堂属各官都难辞其咎、负有罪责。此时，胡惟庸的地位已岌岌可危了。

一波不平一波又起，胡惟庸之子又在闹市区骑马奔驰，坠于马下，被车压死，胡惟庸令人把那个挽车人杀死。朱元璋听闻大怒，令杀人者抵死，不准用钱来抵罪。

在胡惟庸已明显失宠的情况下，大概是揣度到朱元璋的心理，洪武十三年（1380年）正月，御史中丞涂节首先告胡惟庸谋反，中书省属吏商暠也揭发了胡惟庸的许多隐私。

朱元璋接到告发后，立即命廷臣进行审讯，但由于谋反罪名实在缺乏证据，就给胡惟庸定了个“擅权植党”的罪名，将其处死。

胡惟庸死后，事情非但没有平息，反而在朱元璋的授意下越闹越大，其“谋反”罪状陆续被揭发出来，如派林贤下海勾结倭寇；派封绩称臣于元嗣君，请出兵为外应；令李存义、杨文裕说李善长谋逆；毒死刘基；收纳亡命等事，牵连出韩国公李善长、吉安侯陆仲亨、平凉侯费聚、延安侯唐胜宗等。一场“肃清逆党”的政治运动铺天盖地而来，到处侦捕，牵连蔓引，前后迁延近十年，共有三万多人被诛戮。

为了平复人心，朱元璋特地颁布《昭示奸党录》，刊印多册发往各地，晓谕臣民以此为戒。胡惟庸案至此才算告一段落。“胡党”因受株连至死或已死而追夺爵除的开国功臣有李善长、南雄侯赵庸、荥阳侯郑遇春、永嘉侯朱亮祖等一公、二十一侯。

其中李善长是受祸最惨的，居功至伟，却在年迈之年被赐死，还被族诛。他死后一年，郎中王国用为其鸣冤：李善长与陛下同心，出万死以取天下，功勋第一，又何必为胡惟庸谋事，况且他已经年迈，根本没有精力再折腾，何苦如此！当时正值胡党株连，气氛异常恐怖，很多人担心会招来祸事。但朱元璋看了以后，未作任何批示，可见他也默认李善长是枉杀。

有明一代任丞相的只有四人，李善长、徐达、汪广洋、胡惟庸，却有三人被朱元璋杀掉。

据说徐达也未能善终。徐达一生跟随朱元璋出生入死，刚毅武勇，屡统大军，转战南北，治军严整，功高不矜，名列武将功臣第一，朱元璋誉之为“万里长城”，封魏国公。可是洪武十八年（1385年），他患上了极为凶险的背疽，忌吃蒸鹅。朱元璋却偏偏派人送一只蒸鹅给他吃。徐达心知肚明，皇上不希望他继续活下去，只好当着来人的面，流着眼泪吃下蒸鹅，没过几天就死了。

胡惟庸被杀后，朱元璋趁机撤掉丞相一职，革撤中书省，并严格规定嗣君不得再立丞相，臣下敢有奏请说立者，处以重刑。丞相废除后，其事由六部分理，皇帝拥有至高无上的权力，中央集权得到进一步加强。

这次血洗朝臣之后，朱元璋并没有收手，洪武二十六年（1393 年），又爆发了“蓝玉案”。

蓝玉也是定远人，属于淮西集团。他是开国公常遇春的妻弟，临敌勇敢，所向披靡。由于屡立战功，蓝玉被封为永昌侯，其女被册封为蜀王妃。洪武二十一年（1388 年），作为大将军出塞，征讨北元嗣君脱古思帖木儿，一直打到捕鱼儿海（今贝加尔湖），大胜而还。蓝玉因此晋升为凉国公，他是中山王徐达、开平王常遇春之后的明军重要将领。

北元（1368—1402 年），指明军攻陷大元帝国首都大都后，退居蒙古高原的原元朝宗室的政权，因国号仍叫大元，以其地处塞北，故称北元。直到 1402 年，乞儿吉斯部鬼力赤杀死元愍宗顺天皇帝坤帖木儿，鬼力赤去元国号，称可汗，北元正式灭亡。北元共历七帝，历时 35 年。

但是，蓝玉因居功至伟，渐渐骄傲恣肆，曾经纵容家奴侵占民田，御史对其家奴的不法行为进行质问，他就驱逐御史；蓝玉带兵北征回来，夜半来到喜峰关城下，要求开门，关吏限于制度没有及时开门，他就毁关而入；后来，又有人告发他，说他私自占有元朝皇帝的妃子，致使元妃因羞愧而上吊自杀；在军中，他为所欲为，擅自升降将校；参加西征后，他被升为太傅，而与他同时出征的宋国公冯胜、颍国公傅友德却被封为太师，他对此大为不满，满腹牢骚。

洪武二十六年（1393 年）二月，锦衣卫都指挥使蒋瓛揭发蓝玉谋反。经审讯蓝玉，认定他串通景川侯曹震、鹤庆侯张翼、舳舻侯朱寿、东伯何荣、吏部尚书詹徽、户部侍郎傅友文等谋划起事。于是，蓝玉被族诛，凡连坐的都称为“蒋瓛蓝党”，一律处死。朱元璋亲手写诏布告天下，并将蓝玉谋反的事实编为《逆臣录》，刊行于世。仅列入《逆臣录》的高官就有一公、十三侯、二伯。这一次杀戮中，各军府卫所被株连诛杀的军官达 15000 多人，明初的功臣宿将差不多都被杀完了，这时候，朱元璋还说什么“自今胡党、蓝党概赦不问”，因为此时已经无人可杀了。

那么，蓝玉真的要谋反吗？如果真的要谋反，如此众多手握重兵的高级将领，为什么会毫无反抗地束手就擒？显然，他们没有任何要同朝廷作对的准备，也就是说，他们并没有反谋。与之相反，朱元璋却早为这次杀戮做了精心准备。

虽然朱元璋对权臣的防范由来已久，但“蓝玉案”爆发还是有一个重要的导火线。“蓝玉案”爆发的前一年，即洪武二十五年（1392年），朝中发生了一件大事：四月二十五日，年仅38岁的太子朱标病死了。皇位继承人的死，对朱元璋的打击太大了。他在召见群臣时说：“朕老矣，太子不幸，遂至于死，命也！”不禁大哭，这时他已经65岁了。朱元璋诛杀权臣，本来想要为子孙铲除后患，但是他没想到太子朱标会死在自己的前面。

按嫡长子继承制，皇位只能由皇太子的长子接任，而朱标的长子早已夭折，这时排行老大的朱允炆才15岁。朱标生性敦厚仁柔，他的儿子朱允炆则更为孱弱，更令人不放心。朱元璋在位，尚且感到如狼似虎的悍将难于驾驭，一个15岁的孩子，没有任何政治经验，将来怎么能保证坐稳皇位？于是，他在晚年又再起杀机。

“胡惟庸案”和“蓝玉案”，史称“胡蓝之狱”，起于明洪武十三年（1380年），终于洪武二十六年（1393年），朱元璋借此两案，大开杀戒，14年间，几乎将明初的开国功臣诛杀殆尽，受株连被杀者有45000余人，煊赫的淮西集团荡然无存。

“胡蓝之狱”让我们看到，一个社会最底层的赤贫农民、一个游方僧，一旦登上皇帝的宝座，要实现绝对集权，并欲使之传之久远，表现出了怎样的残忍，而他的残忍又让多少人断送性命、付出鲜血！

相关链接：

朱元璋和马皇后

马皇后，是明朝开国皇帝朱元璋的结发妻子，是宽厚、善良、俭朴、爱民的一代贤后。

马皇后的父亲原是郭子兴同乡人，在乱世中早逝，马皇后因聪慧贤良被郭子兴收为养女，后来因属下朱元璋作战勇猛，屡立战功，颇受郭子兴的赏识，就将义女许配给他为妻。

在朱元璋平定天下、创建帝业的岁月里，马皇后和他患难与共。

马皇后

有一次，郭子兴在别人挑拨下把朱元璋关了起来，不给饮食。马氏怕饿坏丈夫，偷出刚出炉的热饼，揣在怀里给朱元璋送去，等到事后才发现胸前的皮肤都烫焦了（《明史·高皇后传》）。当时因战乱缺乏食粮，马氏在家省吃俭用，把粮食留给丈夫，以至有时自己饿肚子。这些事朱元璋铭感五内，当皇帝后还向大臣讲述，把它比作刘秀困在河北得到冯异豆粥麦饭的美事。据《明书·懿文皇太子纪》记载，朱元璋与陈友谅对垒时，曾被对方追击，马氏背着朱元璋逃跑，太子朱标为此绘有图像，放在怀中。后来朱标与其父政见不合，朱元璋追打他，他故意把图像遗落在地，朱元璋见到，痛哭一场，也不打儿子了。

一次，与朱元璋敌对的陈友谅大兵临城，不少官员百姓准备逃难。在人心慌乱的紧急时刻，马皇后镇定如常，把家中的金帛都用来犒劳将士，稳定了军心，为朱元璋获得胜利起了重要作用。

朱元璋当了皇帝后，对马皇后一直非常尊重和感激，对她的建议也往往能认真听取和采纳。朱元璋常将马皇后的贤德与唐太宗的长孙皇后相提并论。

朱元璋关心马皇后，要为马皇后访察亲属，以便封赏。马皇后认为封外戚容易乱政，不是好事，不让访找。朱元璋只好追封岳父马公为徐王，岳母郑媪为王夫人，在宿州为他们设立祠祭署。

马皇后一直保持过去的俭朴作风，平日穿洗过的旧衣服，破了也不忍丢弃。并教导妃嫔不忘蚕桑的艰难。遇到荒年灾月，她带领大家吃粗劣的菜饭，以此来体察民间疾苦。

马皇后对子女仁爱，勉励他们学习，要求他们生活简朴，爱惜财物。她对待养子如同亲生，而且始终如一。

和朱元璋血缘最近的亲戚是侄儿朱文正，文正在对陈友谅战争中立功，因叔父未及时赏赐而不满，朱元璋因此杀了朱文正身边的亲信，还要治他的罪。马皇后这时劝元璋：这孩子立了好多战功，守南昌尤其不易，况且只是性急要强，并不是反叛，不要追究了，朱元璋这才将朱文正免官了事。

马皇后对朝臣的家庭也给予关心。有人告发和州知州郭景祥的儿子要杀其父，朱元璋欲以不孝罪处郭子死刑，马皇后知道了后说这是传闻之词，不一定真实，何况郭景祥就这么一个儿子，处决了他就绝后了。朱元璋一调查，果然发现是传闻不实。

洪武十三年（1380 年），知制诰宋濂因长孙宋慎陷入胡惟庸党而获罪，朱元璋要处他极刑。宋濂是明朝开国“文学之首臣”，又是太子的师傅，这时他已告老还乡，与胡党毫无牵涉。宋濂眼看要遭殃，马皇后及时出面救援，她说：“老百姓请一位先生，还知道终生不忘尊师的礼节；再说他致仕回籍，京中的事必定不知道，可别冤枉了他。”但是朱元璋一心惩办胡党，不听马皇后的劝告。一次马皇后陪丈夫吃饭，她不喝酒，也不吃肉，朱元璋问为什么不吃不饮，她说：“听说宋先生获咎，我不近荤酒，为他祈福，希望他免祸。”听了这番话，朱元璋动了恻隐之心，也不吃饭了，第二天便赦免了宋濂的死罪。

马皇后对士庶的生活也很关心。明朝太学建成，当时有些太学生携带眷属在京，他们没有薪俸，无法养家，马皇后建议按月发给口粮，朱元璋接受了，专门设立“红板仓”，存储粮食，发给太学生。此后，“月粮”成为明代学校的一项制度。

马皇后最后一场病很严重，朱元璋命太医诊治，但马皇后不肯服药，她说：“如果我吃药无效，你就会杀死那些医师，那不等于是我害了他们吗！我太不忍心了。”朱元璋希望她医好，就说不要紧，你吃药，就是治不好，我也不会惩治医生。但是马皇后还是不肯用药。

马皇后死于洪武十五年（1382 年），享年 52 岁。她在病榻上留给朱元璋遗言：“愿陛下求贤纳谏，有始有终，愿子孙个个贤能，居民安居乐业，江山万年不朽。”朱元璋恸哭不已，誓言不再册立皇后。

朱元璋的孝陵

孝陵是明代开国皇帝朱元璋和皇后马氏的合葬陵墓。因皇后谥“孝慈”，故名孝陵。坐落在南京紫金山独龙阜玩珠峰下，是南京最大的帝王陵墓，也是中国古代最大的帝王陵寝之一。

明孝陵修建工程从洪武十四年（1381年）动工，于洪武十六年（1383年）完成了陵墓的享殿等主体工程，先后调用军工10万，至永乐三年（1405年）建成，历时25年。

陵园纵深2.62公里，当年围绕的红墙周长22.5公里。规模宏大，建筑雄伟，形制参照唐宋两代的陵墓而有所增益。建成时围墙内享殿巍峨，楼阁壮丽，陵内植松十万株，养鹿千头。其周边有常遇春墓、仇成墓、吴良墓、吴桢墓及李文忠墓等5座功臣墓。

墓区的建筑大体分为两组：第一组神道部分，从下马坊起，到孝陵正门；第二组是主体部分，从正门到宝城、明楼、崇丘为止。

明孝陵的神道是中国帝王陵中唯一不呈直线的，而是环绕建有三国时代孙权陵墓的梅花山形成一个弯曲的形状。沿神道依次有：下马坊、禁约碑、大金门、神功圣德碑碑亭、御桥、石像路、石望柱、武将、文臣石像生、棂星门。

下马坊即孝陵的入口处，是一座二间柱的石牌坊，额枋上刻“诸司官员下马”六个楷书大字，谒陵的文武官员，到此必须下马步行。

石牌坊中的“大明孝陵神圣功德碑”是明成祖朱棣于永乐三年（1405年）为父所立，碑文由明成祖亲自撰写，四方城后的神道两边立有狮、骆驼、象和马等巨型石兽雕，以及华表和身着盔甲或蟒袍的文臣武将石人雕，布局宏大有序，风格多样，造型厚重古朴，代表着明初石雕艺术的最高成就。

过棂星门折向东北，便进入陵园的主体部分。这条正对独龙阜的南北轴线上依次有：金水桥、文武方门、孝陵门、孝陵殿、内红门、方城明楼、宝顶等建筑。

明孝陵的朱红大门坐北朝南，正对梅花山，门额上书“明孝陵”三字。门外东侧立有一个石碑，石碑上书“治隆唐宋”四个金字，是康熙第三次南巡时（1699年）亲笔题书，并由曹雪芹的祖父、当时的“江南织造”曹寅立碑。碑高3.85米，宽1.42米，厚度0.38米。“治隆唐宋”的意思是颂扬明太祖治国方略超过了唐太宗李世民和宋太祖赵匡胤。清朝康熙皇帝对朱元璋十分推崇，一生中六次南巡，五次拜谒明孝陵，行三跪九叩大礼。

朱元璋及皇后合葬的地宫俗称“宝城”，是一个直径约400米的圆形大土丘，它的四周有条石砌成的石壁，其南边石壁上刻有“此山明太祖之墓”7个大字。宝城厚实坚固，依山势高低起伏，下砌巨石，上用明砖垒筑，厚约1米。

明孝陵在清代曾受到过多次重创，尤其清代咸丰年间的战火几乎让明孝陵地表建筑毁于一旦，康熙手书的御碑甚至倒地破碎。一直到同治三年（1864年）九月，曾国藩奉诏祭陵，才着手修复明孝陵。除陵寝地宫外，现仅存下马坊、禁约碑、内红门、碑亭中壁、石像路、方城明楼下部等砖石建筑，但是，明孝陵至今从未被盗过。

第六节　忠魂依旧守辽东

——袁崇焕惨遭凌迟案

崇祯三年（1630年）三月十六日，一代名将袁崇焕以“通虏谋叛”、“擅主和议”、“专戮大帅”的罪名被崇祯皇帝凌迟处死。

袁崇焕

人物小档案：

NO1. 袁崇焕（1584—1630年），字元素，号自如，广州府东莞县石碣镇水南乡（今属广东省东莞市）人，明朝末年的著名军事统帅。

NO2. 朱由检（1610—1644年），明光宗第五子，明熹宗异母弟，明朝第十六位皇帝，明朝亡国之君。年号“崇祯”，历史又称“崇祯皇帝”，在位17年（1627—1644年）。1644年，李自成军攻破北京后于煤山（景山）自缢身亡，终年35岁，庙号思宗。

明朝末年，努尔哈赤统帅的后金铁骑崛起于白山黑水之间。后金军队以咄咄逼人之势，攻城略地，成为明朝的心腹之患。在此风云激荡之际，堪称中流砥柱者，非袁崇焕莫属。

袁崇焕，万历四十七年进士，天启六年（1626 年）出任辽东巡抚，镇守宁远。后金军队入侵后，时任辽东经略采取消极防御、放弃辽东的方略，命令山海关外的兵力全部撤到关内。身为宁前道的袁崇焕对顶头上司抗命不从："我宁前道也，官此当死此，我必不去！"在孤立无援的情势下，他拒绝努尔哈赤的诱降，题写血书，激励士兵拼死抵抗。

努尔哈赤根本就没有把一个小小的宁远城放在眼里，结果后金十几万百战之师，就是攻不下万余人防守的宁远城。袁崇焕还用红夷大炮击中了努尔哈赤的黄龙幕帐，击伤努尔哈赤，迫使金军狼狈败退。宁远之战使得袁崇焕崭露头角，也使屡战屡败的辽东战局出现了转机。

努尔哈赤自从 25 岁征战以来，号称战无不胜，攻无不克，此次宁远城下败北，他愤愤而归，不久就病死在沈阳。之后袁崇焕又在锦州、宁远再次挫败皇太极，天启皇帝朱由校欣喜若狂，在谕旨中说："十年积弱，一旦挫其狂锋。"令人不可思议的是，这样一位扭转十年积弱之势，力挫敌人狂锋的大将，竟然遭到专擅朝政的魏忠贤的忌恨，受到魏忠贤唆使的党羽的诬陷，被迫辞官而去。

崇祯皇帝即位以后，在严厉打击魏忠贤阉党势力后，便全力应付辽东战局。当年十一月，重新召还了袁崇焕。次年（1628 年）元月，任命袁崇焕督师蓟辽，兼督登莱天津军务，这等于将辽东的防务全部委托给了他。

袁崇焕不负众望，将辽东宁远、锦州一线的防卫布置得很好，让后金无处下手。于是，崇祯二年（1629 年）十月下旬，皇太极率领满洲与蒙古骑兵十万之众，避开袁崇焕在宁远、锦州的防线，绕道蒙古，分兵两路，分别进攻长城关隘龙井关、大安口等。当时"塞垣颓落，军伍废弛"，后金军没有遇到任何强有力的抵抗，顺利突破长城，直逼长城南面的军事重镇遵化。至十一月初连陷遵化、三屯营，巡抚王元雅、总兵朱彦国自尽。遵化县城距离北京城不过二三百里，京师震动，十一月初一日，北京宣布戒严，同时诏令各路兵马勤王，这就是历史上著名的

“己巳之变”。

其实，袁崇焕对后金此举已有所料。为此，袁崇焕曾向崇祯皇帝上疏，陈述蓟门比较薄弱，应当设重兵把守，因为宁锦防线坚固，皇太极打不破，就会以蒙古为向导，突破长城，来威胁北京（“惟蓟门陵京肩背，而兵力不加。万一夷为向导，通奴入犯，祸有不可知者”）。但是，袁崇焕的两次上疏，都没有引起朝廷的足够重视，结果不幸被袁崇焕言中了。

面对危急的局势，袁崇焕立即命山海关总兵赵率教增援，自己也于十一月初五日，与总兵祖大寿、副将何可纲等率领骑兵，亲自疾驰入关，保卫北京。袁崇焕把在关外的三员大将——赵率教、祖大寿、何可纲全部带到关内，可见袁崇焕已经下定决心，不惜任何代价，誓死保卫京师。

袁崇焕本计划在遵化、蓟州、通州三地阻截敌军，均被皇太极巧妙地绕过，袁崇焕率领九千关宁铁骑，日夜兼驰，行几百里，由近道急奔，终于抢在皇太极之前，于十九日抵达北京外城广渠门外。

但是北京城一向是天子脚下的太平之地，从没有经历过战火，后金军突至，京城上下一片恐慌，皇帝和满朝文武都对袁崇焕充满了不信任。后金方面兵临北京城下后，便巧妙利用朝廷上下这种不信任气氛，巧施离间计，散布谣言说与袁崇焕有密约在先，故意引满洲铁骑进入内地。战争在京城外围打响后，大片达官贵人的别墅庄园尽被战火摧毁，这些达官贵人纷纷向朝廷告状，引得上至皇帝下至百姓，都对袁崇焕切齿痛恨。

袁崇焕到达北京的第二天，即十一月二十日，八旗军兵临北京城下，北京保卫战在广渠门外打响。

在这场大战中，九千关宁铁骑血战数万八旗军及蒙古兵，炮鸣矢发，激战8小时，转战10余里。后金军箭如雨下，袁崇焕身中数箭，两肋如猬，赖有重甲不透。由于袁崇焕身先士卒，拼死力战，关宁铁骑奋勇砍杀，后金军队被击败。

皇太极在广渠门战败后，嘱咐副将高鸿中与参将鲍承先故意在俘虏的明朝太监杨某面前低声耳语：“今日撤兵，乃上（按：指皇太极）计也。顷见上单骑向敌，有二人来见上，语良久，乃去，意袁巡抚（按：

指袁崇焕）有密约，此事可立就矣。”杨太监假装睡着，默记在心。第二天，皇太极故意把杨太监放归，情报就传到崇祯皇帝那里。

皇太极的这一招，在“都人竞谓崇焕召敌”的气氛中是极易奏效的。十一月二十三日，崇祯皇帝在宫中召见袁崇焕、满桂、祖大寿、黑云龙等将领，以及新任兵部尚书申用懋。这时，他已经获悉杨太监的情报，但为了稳定军心，驱逐来犯之敌，还是对袁崇焕加以慰劳，甚至把自己身上的貂裘大衣解下来，给袁崇焕披上。但是，他却拒绝了袁崇焕提出的让疲惫的军队进城休息的请求。二十七日，袁崇焕击退了皇太极的军队，京师外围局势趋于平静。待到崇祯皇帝把京城与皇城的警卫置于自己的直接控制之下后，在十二月初一日再度召见袁崇焕，这次召见崇祯皇帝名义上是和袁崇焕讨论军饷事宜，实际上是要把他逮捕入狱。

皇帝突然翻脸，不但使得袁崇焕大惊失色，也让陪同召见的将领们吃惊不小，更出乎他们意料的是，皇帝直截了当地责问袁崇焕三大罪状：擅杀大将毛文龙、导致敌军进犯北京、射伤满桂。袁崇焕毫无思想准备，一时语塞，无言以对。锦衣卫校尉们一拥而上，把袁崇焕扭押到锦衣卫大堂，发镇抚司监禁。

临敌易将，兵家所忌。对于皇帝的这种非常举动，内阁辅臣们极力劝谏，崇祯不听。果不其然，祖大寿见袁督师被逮，而他又与满桂有过节，现在要他听从满桂节制，大为不满。十二月初四日一早，祖大寿不顾北京的战事，愤然率领辽兵离开北京，回归宁远。敌军还未撤退，一支最有战斗力的劲旅却脱离战场，形势堪忧。

崇祯皇帝接受兵部尚书梁廷栋的建议，指派内阁六部官员前往狱中，开导袁崇焕，让他顾全大局，阻拦祖大寿东行。袁崇焕欣然从命。于是，手持袁崇焕蜡书的信使昼夜兼程，在距离锦州一日路程的地方追上了祖大寿一行。祖大寿下马捧读袁督师的手书，泣不成声，一军尽哭。祖大寿要以军功救出袁督师，他回师北京，奋勇杀敌，收复永平、遵化一带。崇祯皇帝大喜过望，感到了袁崇焕军队的忠心，甚至还说出“守辽非蛮子不可”（蛮子是崇祯皇帝私下里对袁崇焕的昵称）的话，事情似乎有了转机。

但是，明末党争十分严重，一些别有用心的人想利用袁崇焕来整倒内阁辅臣钱龙锡，在崇祯皇帝耳边不断煽风点火，说钱龙锡与袁崇焕两人早就密议与后金议和。崇祯皇帝听后怒不可遏，把袁崇焕的罪名定为“卖国欺君”，与千古罪人秦桧相提并论。

崇祯三年（1630年）三月十六日，经过半年多的审判，袁崇焕以“通虏谋叛”、“擅主和议”、“专戮大帅”的罪名被判凌迟处死。

袁崇焕在行刑前，念出了自己的遗言：

一生事业总成空，半世功名在梦中。

死后不愁无勇将，忠魂依旧守辽东。

——《临刑口占》

清人张岱在《石匮书后集》中写到了袁崇焕被行刑时的惨烈情景：

割肉一块，京师百姓从刽子手争取，生啖之。刽子乱扑，百姓以钱买其肉，顷刻立尽。开膛出其肠胃，百姓群起抢之，得其一节者，和烧酒生啮，血流颊间，犹唾骂不已。拾得其骨者，以刀斧碎磔之。骨肉俱尽，只剩一首，传视九边。

袁崇焕就这样被他誓死保卫的京城百姓吃掉了，可见当时无人不对他误解和痛恨。

其实，从袁崇焕崭露头角的宁远之战起，他的悲剧就已经开始慢慢地酝酿了。

袁崇焕在宁远之战告捷后，急于修建防御工事，而后金则急需军需补给，巩固统治。双方都欲议和。议和同时，后金部队趁机进攻朝鲜和毛文龙部队。袁崇焕也趁机派兵修建锦州、中左、大凌的防御工事。

袁崇焕议和之初，朝廷并不所知。后来奏报时，当时的天启皇帝朱由校起初赞许，后改变看法，认为并非良策，于是频繁下旨禁止。可是袁崇焕则因为要修筑防御工事而坚持已见，与后金悄悄“议和”。当时朝鲜与毛文龙部队被后金进攻，朝中大臣认为是因袁崇焕议和所致，纷纷弹劾袁崇焕，这为日后袁崇焕遭到崇祯皇帝的猜忌埋下了伏笔。

再有，崇祯元年（1627年）七月十四日，崇祯皇帝召开御前会议，讨论辽东事

毛文龙（1576—1629年），字振南，明朝浙江杭州府钱塘县（今浙江省杭州市上城区）人。中国历史上著名的军事家、民族英雄、抵抗后金的名将。毛文龙是明末歼灭后金军数量最多的军事统帅，被誉为“海上长城”。

宜，席间袁崇焕不假思索地提出了“五年复辽”的方略：倘若皇上能够给我便宜行事的权力，那么五年之内我就可以平定辽东外患，收复辽东失地。听了这样的话，崇祯皇帝非常高兴。

兵科给事中许誉卿乘皇帝退入便殿休息之机，当面向袁崇焕请教“五年复辽”的可行性。袁崇焕轻描淡写地吐出四个字：“聊慰上意！”意思是就是安慰一下皇帝而已。许誉卿听了大吃一惊，悄声提醒：“当今皇上英明之极，你岂可随口承诺，到时候按期责功，你怎么办？”

袁崇焕自知失言，待会议继续进行时，急忙对“五年复辽”加以解释，提出许多前提条件，例如钱粮与武器必须悉心筹措，用人必须得心应手等。崇祯皇帝迫切希望“五年复辽”得以实现，马上交代户部、工部、兵部、吏部一一照办。又赏赐他尚方宝剑，嘱咐道：“愿卿早平外寇，以舒四方苍生之困。”

根据当时辽东的军事力量对比，奢谈“五年复辽”，简直是痴人说梦。崇祯皇帝对袁崇焕寄予厚望，可是袁崇焕却草率地用“五年复辽”这种不切实际的豪言壮语来“聊慰上意”。后来，五年期限日近，而局势却越来越不明朗，不要说“五年复辽”，后金都已经兵临北京城下了，这无疑引起了崇祯皇帝强烈的愤怒和猜忌。

清初学者张岱为袁崇焕写传记，把他的性格弱点和悲剧遭遇联系起来：“攘臂谈天下事，多大言不惭”，从张岱对他的评价我们可以看出袁崇焕是一个自信而且有点自负的人，偶尔还会夸一下海口。

还有，袁崇焕上任后，急切地要统一政令，以便对辽东军事有绝对的支配权。但是，长期割据在皮岛的平辽总兵毛文龙不听他的调遣，双方矛盾逐渐激化。最后，袁崇焕倚仗皇帝给了他尚方宝剑，许他“便宜行事”，就以“冒领军饷，无尺寸之功”等十大罪状用尚方宝剑杀死毛文龙。

但是，毛文龙也有先帝所赐的尚方宝剑，并且其割据、冒领军饷的行为是得到崇祯皇帝默许的。毛文龙所在的皮岛是一个极其重要的地方，可对金兵的南下起牵制作用。而今抗辽大业未成，先斩大将，还直接导致了毛文龙手下大将耿精忠和尚可喜投敌，后来成为清兵入关占领中原的两员悍将，爵至封王。即使是毛文龙有千般不是，这种级别的大将，也该由皇帝处罚，袁崇焕实在是越俎代庖，太倚仗皇帝赐给他的权力了。不管怎样，毛文龙已经死了，此时的崇祯皇帝还需要袁崇焕继续经营他的抗辽大业，只能接受这一既成事实，没有对他深究，但他的心里已经对袁崇焕充满怨愤。

袁崇焕在擅杀毛文龙之后，再一次向皇帝立下军令状：“臣五年不能平辽，求皇上以诛文龙者诛臣。”这无异于是把自己逼上了绝路。

金庸先生在他写的《袁崇焕评传》中这样描述袁崇焕：“他大火熊熊般的一生，我行我素的性格，挥洒自如的作风，的确是人如其名。这样的性格，和他所生长的那个不幸的时代构成了强烈的矛盾冲突。”袁崇焕这样的性格，必然与他所忠心的崇祯皇帝的性格构成强烈的矛盾冲突，这恐怕是袁崇焕冤死的更深层次的原因。

崇祯皇帝是位年轻有为的皇帝，但是他的性格刚愎自用，急躁多疑。崇祯一朝中，被杀的大臣颇多。频繁地更换大臣和滥杀大臣，是崇祯朝的特点之一。崇祯一朝17年，内阁大学士轮换了50人，变换速度之快，令人咋舌。大将贺人龙是农民军领袖李自成的同乡，并在一次战役中表现不力，所以遭到崇祯皇帝的猜忌，崇祯十五年（1642），崇祯皇帝密令杀死在镇压农民起义中颇为悍勇的贺人龙。贺人龙被杀后，农民起义军酌酒相庆：“贺疯子死，取关中如拾芥矣！”由此可见，思宗的多疑、擅杀，无异于自毁长城。

“五年平辽”的落空、擅杀毛文龙、党争的后遗症、皇太极的反间计、狂放的性格和崇祯皇帝的多疑，在如此多的因素面前，袁崇焕不死，还有别的选择吗？

相关链接：

袁崇焕诗作

入狱

北阙勤王日，南冠就絷时。果然尊狱吏，悔不早舆尸。

执法人难恕，招犹我自知。但留清白在，粉骨亦何辞。

狱中对月

天上月分明，看来感旧情。当年驰万马，半夜出长城。

锋镝曾求死，囹圄敢望生。心中无限事，宵柝击来惊。

这两首诗，都是袁崇焕入狱后所作，诗中表达了自己无辜被冤的苦闷和保卫国家江山社稷万死不辞的决心和勇气。

袁崇焕纪念园

袁崇焕死后，他的一个佘姓部下冒死盗其头颅，葬于北京崇文门东花市斜街，并世代守墓，直到清乾隆年间袁崇焕冤案得以平反昭雪，真相才敢大白于天下。

清乾隆四十九年（1784 年），乾隆皇帝下诏为袁崇焕平反。《清高宗实录》载："袁崇焕督师蓟辽，虽与我朝为难，但尚能忠于所事，彼时主暗政昏，不能罄其忱悃，以致身罹重辟，深可悯恻。"

袁崇焕得到平反后，袁墓即得到修缮。道光年间，重修袁崇焕墓时，当时的大书法家、湖南巡抚吴荣光题写了墓碑：有明袁大将军墓。

袁崇焕墓

民国初年，由康有为出面，各界在袁崇焕墓旁建立袁崇焕祠。原墓堂廊柱曾悬有康有为手书"自坏长城慨今古，永留毅魄壮山河"对联。祠有正房五间，前廊两端及室内墙壁上嵌有李济深撰《重修明督师袁崇焕祠墓碑》等石刻，屋檐下是叶恭绰敬题"明代先烈袁督师墓堂"匾额。墙上镶嵌保存完好的袁崇焕手书"听雨"石刻。祠堂后为袁崇焕墓，葬着袁崇焕的头颅，墓前立有清道光十一年（1831 年）吴荣光题写的"明袁大将军之墓"石碑及石供桌，坟侧小丘为佘义士之墓。

明朝的最后时刻

袁崇焕死后，大明朝风雨飘摇。终于，在崇祯十七年（1644 年），明王朝面临了灭顶之灾。

这一年，明军在与农民起义军和清军的两线战斗中，屡战屡败，已完全丧失战斗力。三月十七日，农民起义军围攻京城。

十八日晚，崇祯皇帝朱由检与贴身太监王承恩登上煤山（也称万寿山，今北京市景山），远望着城外和彰义门一带的连天烽火，只是哀声长叹，徘徊无语。

回宫后，朱由检写下诏书，命成国公朱纯臣统领诸军和辅助太子朱慈良。又命周皇后、袁贵妃和3个儿子入宫，简单叮嘱了儿子们几句，命太监将他们分别送往外戚家避藏。他又哭着对周皇后说："你是国母，理应殉国。"周皇后也哭着说："妾跟从你十八年，陛下没有听过妾一句话，以致有今日。现在陛下命妾死，妾怎么敢不死？"说完对朱由检拜了几拜，解带自缢而亡。

朱由检转身对袁贵妃说："你也随皇后去吧！"袁贵妃哭着拜别，也自缢。朱由检又召来15岁的长公主，流着泪说："你为什么要降生到帝王家来啊！"说完左袖遮脸，右手拔出刀来砍中了她的左臂，接着又砍断她的右肩，她昏倒在地。接着他又杀了幼女昭仁公主及几个嫔妃。

接下来就轮到他自己了。但他越绝望，求生的本能则越强烈。于是，他换上了便服，准备出城。他混在太监中出东华门，至朝阳门，假言王太监奉命出城，但守门的人请天亮时验明再出。太监夺门又不成，便忙派人到负责城守的戚国公朱纯臣家，朱家人说朱赴宴未归。朱由检又赶到安定门，但门闸太沉重，无法打开。求生的路被彻底截断了。

十九日，天刚破晓，太监王相尧打开宣威门投降，大顺军将领刘宗敏的军队浩浩荡荡开入城中。守卫正阳门的兵部尚书张缙彦、朝阳门的朱纯臣也先后开门投降，北京内城被攻陷。朱由检得知这个消息，亲自在前殿鸣钟召集百官，可是却没有召来一个人。

于是，朱由检与太监王承恩登上了煤山寿皇亭，这里曾是他检阅内操之处，可如今成了他要去面见列祖列宗的地方。山穷水尽的朱由检卸下皇袍，在衣襟上愤然留下了这样的话："朕凉德藐躬，上干天咎，致逆贼直逼京师，皆诸臣误朕。朕死，无面目见祖宗，自去冠冕，以发覆面。任贼分裂，无伤百姓一人。"然后，与王承恩相对而缢。两天后，人们才发现了这个僵死的国君。四月初，由李自成的大顺政权派人将朱由检与周皇后草草葬入昌平县田贵妃的墓穴之中。

第五章 权臣奸相 弄权于股掌之中

第一节 一失足成千古恨

——江充诬陷太子案

征和二年（公元前 91 年），绣衣使者江充诬陷太子刘据用巫蛊之术对付自己的父皇汉武帝刘彻，太子被逼自杀。

太子刘据

人物小档案：

NO1. 江充（？—公元前 91 年），本名齐，字次倩，西汉赵国邯郸（今河北邯郸）人。

NO2. 刘据（公元前 128—公元前 91 年），汉武帝的嫡长子，母为皇后卫子夫，7 岁被立为太子，又称卫太子。

NO3. 刘彻（公元前 156—公元前 87 年），汉景帝刘启的第十子，其母是皇后王氏。7 岁时被册立为皇太子，16 岁登基，是汉朝的第七位皇帝，在位 54 年（公元前 141—公元前 87 年），是一位雄才大略的帝王，庙号世宗，谥号孝武皇帝。

江充是西汉赵国邯郸人，原名江齐。因其妹善弹琴歌舞，嫁与赵太子刘丹，才得以成为赵王家的座上宾。后来，他挑拨赵国太子刘丹和赵王之间的关系，被刘丹知道了，二人交情遂恶。刘丹下令收捕他，竟然让他逃脱了，刘丹便将其父兄抓来杀死了。

江齐仓皇逃入长安，更名江充，向朝廷告发赵太子刘丹与他的胞姐及父王嫔妃有奸乱，并交往郡国豪猾，狼狈为奸，恣意为害之事。汉武帝刘彻览奏大怒，下令包围赵王宫，收捕赵太子刘丹，关入大狱，判其死罪。

赵王刘彭祖是汉武帝的异母兄，他为了救儿子一命，上书称："江充是个在逃小吏，以奸诈欺罔，激怒圣上，志在报复私怨，虽烹之醢之，计犹不悔。臣愿挑选赵国勇士，从军征伐匈奴，极尽死力，以赎太子丹罪。"于是，武帝念及兄弟之情，答应了哥哥的求情，赦免了刘丹的死罪，但废去了他的赵国太子地位。

江充就这样在武帝面前出现了，可能从他出现之时起，就预示着这个人物将会给身边的人带来无尽的麻烦。

江充第一次入宫参见武帝这天，他别出心裁地把自己打扮了一番，加之江充身材魁梧，相貌堂堂，武帝一见就很喜欢，还对左右说："燕赵之地果然多奇士。"又问以时政，江充也对答如流，武帝很满意，认为他是个人才。

汉武帝刘彻

江充觉得机不可失，便主动请求出使匈奴。武帝问他该怎么应付匈奴，江充从容答道："事情不可完全预料，只要因变制宜即可。"武帝即命其为使者，出使匈奴，果然办事不错，遂正式拜官直指绣衣使者。

直指绣衣使者，亦作绣衣直指御史，是西汉侍御史的一种。其所以叫“绣衣使者”，即指“衣以绣者，尊宠之也”。这是皇帝派出的专使，出使时持节仗，衣绣衣，可以调动郡国军队、独行赏罚甚至可以诛杀地方官员。这是汉武帝为惩治地方奸猾、办理大案而设置的监察官，一般情况下并不常置。江充由一个亡命徒，一下获得如此尊宠，掌握诸多特权，顿时不可一世，执法甚严，一时间倒也名震京师。

武帝交与江充的具体任务，是督察贵戚近臣们有无奢侈逾制的行为。江充主要把精力放在查在驰道上犯禁的事。驰道，是专供皇帝驰行的一条宽阔的林荫大道，据载，“道广五十步，三丈而树。厚筑其外，隐以金椎，树以青松”。但是国家律令规定，臣民不得骑乘车马行驶道中，如经皇帝特许，也只能行驶驰道两旁。尽管法律如此苛刻，但是由于这条大道非常好走，又不容易被抓到，一些贵戚往往要“犯禁”。

江充知道武帝是个极好虚荣的人，非常重视自己的尊严，他便向武帝奏请，今后若有在驰道上犯禁的，便要将车马没收，把人送往征伐匈奴的军队，武帝首肯。就这样，江充便在驰道上布下了天罗地网，大肆捕捉驾车驶入驰道的车马，一时截获甚巨。就连汉武帝的姑母、陈皇后的母亲馆陶长公主，也因犯禁驶入驰道，遭到江充的呵斥，把车马行具统统没收。许多贵戚子弟也违犯了江充的这条律令，他们都惶恐不安地向武帝求饶，愿意献金赎罪。武帝欣然答应了，一下获得数千万钱的银钱。汉武帝连连称赞江充忠直，奉法不阿，而且很能办事。此后江充更加不可一世。

一次，江充在甘泉驰道上发现皇太子刘据的使者驶入道中，江充即遣吏扣下车马盘查。太子知道后赶紧派人向江充赔不是，说：“太子并非是爱车马，而是不想让皇上知道这件事，落得管束左右不严的名声，唯请江君宽宥！”江充却毫不理会，均奏于武帝。武帝对他的耿耿忠心大加赞赏，说：“人臣当如是矣。”江充由此“大见信用，威震京师”。不久，江充升任秩为二千石的水衡都尉。这是一个职掌上林离宫禁苑农田、水池、禽兽的肥缺。武帝的这个安排，也是因为此时江充已引起众怒，想让他避避风头，同时是想让他多捞一些油水。江充也认为这是一个大捞一把的机会。一时间，这个一向“忠直”的宠臣，竟把自己宗族里的人及知亲好友都安排在手下。时间一长，这帮人上下其手，事情传出去，“奉法不阿”的江充也因犯法被罢了官。

征和二年（公元前91年），丞相公孙贺的儿子公孙敬声犯法下狱，公孙贺便自请逐捕京师大侠朱安世，为儿子赎罪，果然如愿以偿。但朱安世并非无能之辈，他在狱中告发公孙敬声与武帝的女儿阳石公主私通，并以巫蛊诅咒武帝。武帝闻知大怒，遂将公孙贺父子下狱问了死罪，就连皇后卫子夫所生的诸邑公主和阳石公主也一并诛杀了。

当时，武帝病重，有不久于世之象，而武帝死后，必然是太子刘据即位。江充很清楚，一旦刘据登上帝位，他就不会有什么好结果，他不能坐以待毙，而公孙贺父子的案子，让他灵机一动，想到利用巫蛊之术去制造阴谋。

经过一番策划，江充去甘泉宫探视病中的武帝，并进谗言说：“皇上雄才大略，应该寿比南山，但疾病不愈，完全是巫蛊作祟，只有彻底铲除蛊患，皇上的病方能好转。”汉武帝一听巫蛊，就十分恐惧。他求生心切，竟然听信了这位宠臣的胡言乱语，并任命他为司隶校尉，总治巫蛊。

于是，江充整日率领一帮爪牙到处掘地求偶人，还利用一些胡人巫师捕蛊，终于抓住一个夜里来祭祀的人，将其收捕入狱，严刑拷打，强迫他承认自己对武帝施用巫蛊，并让他再诬陷他人为巫蛊。这样，一连十、十连百地牵连下去。很多人都被逮捕下狱，判了大逆不道的罪名，前后被杀了数万人。

甘泉宫：甘泉宫也称为云阳宫，位于淳化甘泉山，其故基原是黄帝的明庭甘泉之地。早在秦始皇时期，曾建甘泉宫前殿通于骊山，汉代更加扩建。汉武帝时扩建，周围十九里有许多宫殿台阁。离长安三百里，可以遥望长安城。汉武帝常于五月开始在此避暑，八月回都。甘泉宫是汉武帝仅次于长安未央宫的重要活动场所，它不只是作为统治阶级的避暑胜地，许多重大政治活动也安排在这里进行。

然而，江充的最终目的并不在此。他进而又向武帝说，宫中有蛊气，请求入宫验治。此时，武帝已经被江充搞得疑神疑鬼，怀疑人人皆在用巫蛊之术诅咒他，便当即同意了。

江充遂率人先从后宫失宠的嫔妃住处搜起，依次查到皇后、太子宫中。在太子宫中，江充使用诡计，声称掘出了“桐木人”。

太子刘据为武帝和皇后卫子夫所生，七岁那年即被立为皇太子，深得武帝喜爱。武帝专门派遣德高望重的太傅辅导他学习。太子加冠后，武帝更是为太子修建“博望苑”，让太子在那里跟宾客往来，培养自己的势力。

刘据长大成人后，性格“仁恕温谨”，但武帝“嫌其材能少”，认为跟自己不相似，并且，随着卫皇后年老宠衰，汉武帝已经移情别恋，对卫皇后和太子的关爱减少。

元封五年（公元前106年），大司马大将军长平侯卫青病逝后，皇后卫子夫和太子刘据就失去了最有力的后援。卫子夫皇后的名位虽在，但想见武帝一面已经十分困难。疏远便生隙、生疑，而且太子与武帝在许多问题上看法不一致：武帝“用法严，多任深刻吏；太子宽厚，多所平反”；武帝坚持以武力征伐四夷，太子则主张用怀柔之策缓和彼此关系等等。太子宽厚，虽然得到民心支持，但是也令一些主张严刑峻法的官员不满。父子二人长久不得沟通，众多小人乘虚而入，竞相诬陷太子。

一次，太子进宫谒见皇后，很长时间才从宫中出来。江充的同党苏文抓住机会向汉武帝报告说：“太子调戏皇后宫中的宫女。”皇后卫子夫得知此事，恨得咬牙切齿，让太子禀明皇上杀死苏文等人。太子说：“第勿为过，何畏文等！上聪明，不信邪佞，不足忧也！”（只要我不做错事，又何必怕苏文等人！皇上圣明，不会相信邪恶谗言，用不着忧虑。）

有一次，汉武帝感到身体有点不舒服，派常融去召太子，常融回来后对汉武帝言道：“太子面带喜色。”汉武帝黯然。及至太子晋见，汉武帝观其神色，见他脸上有泪痕，却强装有说有笑。武帝再暗中查问，才得知事情真相，是常融想诬陷太子，于是将常融处死。

皇后自己也小心防备，远避嫌疑，所以尽管已有很长时间不再得宠，却仍能使汉武帝以礼相待。每次出外巡游，武帝经常将留下的事交付给太子，宫中事务交付给皇后。俩人如果有所裁决，待汉武帝回来后就将其中最重要的向他报告，汉武帝也没有不同意的，有时甚至不过问。

然而天有不测风云，在江充与苏文等人的“不懈努力”下，外加武帝晚年愈发残酷多疑，最终在征和二年（公元前 91 年）父子相残的悲剧发生了。

当太子听说江充在自己宫中掘出“桐木人”时，大为惶惧，感到难以向父皇自明，情急之下，他带领卫兵收捕了江充一伙人，并亲手斩了江充。他还恨恨地骂道：“赵虏！乱了赵国国王父子还不够，还要乱我父子！”并在上林苑中把那些胡巫也活活烧死。

完事之后，太子自知闯下大祸，便矫诏发动兵马自卫。汉武帝在甘泉宫闻报，立即命丞相刘屈氂调兵平乱，双方在长安城中混战五日，太子兵败逃亡，后来被军队围捕在长安东边的湖县泉鸠里，悬梁自尽了。太子一门皆被杀戮，只留下一个襁褓中的皇孙（即日后的汉宣帝）被廷尉监丙吉隐藏下来。太子死后，卫皇后绝望自杀。这场大乱，史称“巫蛊之祸”，不仅白白死了好几万人，就连汉武帝自己也弄得骨肉相残。

征和三年（公元前 90 年），武帝对巫蛊之事有所察觉，渐渐觉悟，知道是江充从中施诈术，却难以推翻自己之前的作为，看守高帝庙的小郎官田千秋正好在此时上书为太子鸣冤：“子弄父兵，罪当笞；天子之子过误杀人，当何罢哉！臣尝梦见一白头翁教臣言。”武帝借机下台阶，将太子被逼起兵之事定性为“子弄父兵”，同时召见田千秋，并颇有深意地说道：“父子之间，人所难言也，公独明其不然。此高庙神灵使公教我，公当遂为吾辅佐。”并因此在一年间将田千秋连升数级，一跃而成丞相。

随后，武帝愤而族灭江充及刘屈氂家族，曾在泉鸠里对太子兵刃相加的人，也遭满门抄斩。

武帝痛惜太子无辜，于是在爱子丧生的湖县（今河南三门峡灵宝县豫灵镇底董村南）修建思子宫以及归来望思之台，以寄托自己的哀思。此举令天下唏嘘不已。

太子一案极大地刺激了晚年的汉武帝，促使他颁布轮台诏，对自己过去几十年间的作为进行自我反思，并禁止苛暴。

卫太子死后，武帝迟迟不立太子，时为武帝长子的燕王刘旦请求宿卫长安，意在谋太子之位。武帝很生气，惩罚燕王，削了他三个县的封地。后元二年（公元前 87 年）二月乙丑，武帝病笃，终于决定立小儿子刘弗陵为皇太子，三天后，武帝驾崩。

十七年后刘弗陵去世，无子。群臣拥立武帝第五子昌邑哀王刘髆的儿子刘贺登基，可是这个刘贺荒淫无道，当了27天皇帝，就被权臣霍光废掉。

卫太子有三子一女，全部因巫蛊之乱而遇害，只留下皇孙刘询。权臣霍光废刘贺后，扶助刘询登上帝位，是为宣帝，即位后，刘询颁布诏书，谥自己的祖父刘据曰“戾”，取蒙冤受屈之意，所以刘据又称“戾太子”。

相关链接：

话说巫蛊

巫蛊是一种较古老的神秘、恐怖巫术，起源于远古，用以加害仇敌，包括诅咒、射偶人（偶人厌胜）和毒蛊等。

诅咒在原始社会已很盛行，古人认为以言语诅咒能使仇敌受到灾祸。

射偶人，就是以桐木制作小偶人，上面写上被诅咒者的名字、生辰八字等，然后施以魔法和诅咒，将其埋放到被诅咒者的住处或近旁。行此术者相信，经过这样的魔法，被诅咒者的灵魂就可以被控制或摄取。

毒蛊，是一种以毒虫作祟害人的巫术。蛊，从字形上看，就是将许多由人工培养出来的毒虫放在一个容器里。这种毒虫培养的方法是：把很多种毒虫放在一个容器里，不喂它们东西，让它们彼此互吃，到最后剩下来的那一只就是毒性最强的。再用一种特殊的方式喂养，长成成虫，便是蛊了。然后把它埋入土中若干天，挖出晒干后研为粉末，供奉在瘟神像前，久而成形，放饮食中可毒害人。其实，毒蛊之术就是用这些毒虫的毒素去害人，因为古代缺乏医学知识，所以人们才将这一现象和巫术联系到一起。

汉代和唐代的法律都明令禁止过巫蛊之术。汉代法律规定，如果某个人家里饲养的蛊虫已经成形并且致人死亡，那这个人要被处以极刑，家人流放三千里。唐代也做过类似的规定，饲养蛊未成形者流放，成形者杀头。

在汉武帝朝，还有一桩巫蛊事件产生了重要影响。

汉景帝时，他的皇后薄氏没有子女。由于没有嫡子，景帝最初遵照“立长”的传统立自己的庶长子刘荣为太子。景帝的姐姐、长公主刘嫖希望自己的女儿陈阿娇能成为汉朝皇后，就想把女儿许给太子刘荣。不料被刘荣生母栗姬一口拒绝。原来，刘嫖常引荐一些美女给景帝，惹得栗姬妒火中烧，见刘嫖来求婚，就毫不客气地拒绝了，以解心头之恨。公主羞愤震怒，遂起废太子之心。

当时，胶东王刘彘的生母王娡只是景帝后宫里一个地位普通的“美人”。然而王美人聪敏世故，人缘很好，和长公主亦交往不错。

一次，长公主抱着小刘彘问：“彘儿长大了要讨媳妇吗？”小刘彘说：“要啊。”长公主于是指着左右侍女百余人，问刘彻想要哪个，小刘彘都说不要。最后长公主指着自己的女儿陈阿娇问：“那阿娇好不好呢？”小刘彘就笑着回答说：“好啊！如果能娶阿娇做妻子，我就造一个金屋子给她住。”长公主听了非常高兴，于是数次请求景帝，要把自己的宝贝女儿嫁给刘彘，刘彘答应下了这门亲事。“金屋藏娇”这个成语就是这么来的。

为了让女儿成为一国之母，也为了报复栗姬，长公主在弟弟面前经常说栗姬的坏话，谎称栗姬指使侍者在后宫女子背后吐口水，用这种方式施行“媚道”。在当时，“祝唾其背”一直是一种简单易行的诅咒方式，是巫蛊之术的一种，人们是相信其有效的。

景帝听说后很震怒，厌恶栗姬，废掉太子刘荣，贬为临江王，贬栗姬入冷宫。不久，在长公主的努力下，景帝册封王娡为后，立刘彘为太子，并给刘彘改名为刘彻。

公元前141年，汉景帝去世，16岁的刘彻继位，立太子妃陈氏为皇后。

陈阿娇出身显贵，自幼荣宠至极，性格骄纵率真，且有恩于武帝，不肯逢迎屈就，夫妻裂痕渐生。兼之岁月流逝，她却一直没有生育，十余年而无子。于是，武帝开始喜新厌旧，厌弃于她。

刘彻即位后的第三年，即建元二年（公元前139年），三月初三上巳节，刘彻到姐姐平阳公主家做客，公主献上歌女卫子夫，武帝十分喜爱，把卫子夫带进了宫。卫子夫受到宠幸，后来生了三女一男，男孩儿即太子刘据。

陈皇后自恃皇帝当初得以立为太子，自家有功，于是骄横无礼，听说出身低微的卫子夫“大幸”时，数次寻死觅活，刘彻对她越发恼怒。见自己被日渐冷落，陈阿娇的心中不胜恼怒，为了重新获得武帝的宠爱，竟然冒天下之大不韪，找来一个叫楚服的女巫，暗地里进行“巫蛊”活动。陈阿娇将卫子夫的名字写在木头人上，再将这木头人埋于地下，令女巫诅咒，以为这样做会给卫子夫带来灾难。楚服还打扮成男子模样，与陈阿娇同床共枕，宛如夫妻一样亲密无间。元光五年（公元前130年），陈皇后的“巫蛊”活动败露，汉武帝勃然大怒，命令大臣张汤审理此案。

按照汉代法律，对“巫蛊”要进行重罚，张汤受命后深入调查了事情的原委，丝毫没有留情，依法判处楚服死刑，接着又追查参与者及知情者，最后受株连被杀者达三百多人。陈阿娇也被判为“大逆不道”，被废掉后位，幽禁在长门宫。

长公主在女儿被罢居长门宫后，花费千金请来司马相如写就《长门赋》，这就是所谓的“千金买赋”。《长门赋》是西汉文学作品中的经典之一，情深意切，十分感人。但武帝仅对《长门赋》表示了称赞，却始终未再见陈氏。

第二节 三百朝臣跪宦官

——奉天门匿名书事件

大太监刘瑾

明武宗三年（1508年）六月二十五日，大太监刘瑾为了查出是谁写了弹劾他的匿名信，让满朝文武三百多人齐跪奉天门。

人物小档案：

NO1. 刘瑾（1451—1510年），陕西兴平人。本姓谈，明武宗时太监，从武宗元年到五年，操纵朝政，是明代最著名的权宦之一。

NO2. 朱厚照（1491—1521年），明朝第十位皇帝，明孝宗长子，母亲张皇后，在位十七年（1505—1521年），庙号武宗。

弘治十八年（1505年），明孝宗朱祐樘驾崩，他的儿子朱厚照继位，年仅15岁，是为明武宗。父皇给他留下了三位顾命大臣——大学士刘健、李东阳、谢迁，可是15岁的小皇帝最信任的人，却是自小服侍他长大的八位太监，号称“八虎”：刘瑾、马永成、高凤、罗祥、魏彬、丘聚、谷大用、张永，其中刘瑾最有胆识，也最有口才，是“八虎”之首。

刘瑾本姓谈，六岁时被太监刘顺收养，改名姓刘，后净身入宫当了太监，连他的父亲也改名刘荣。刘瑾初进宫时，只是乾清宫中一个普通的厮役。孝宗在位时，他犯了宫内的规矩，差点就被处死，侥幸得到赦免。后来，转到东宫侍候太子朱厚照。

刘瑾是个聪明人，他对伺候太子这个难得的机会很知道珍惜，因为他知道太子将来登基即位后，他这个日夜服侍的太监就是功臣了，权势与富贵唾手可得。于是，他处处小心，时时留意，千方百计地讨好太子。

武宗即位后，让刘瑾掌管钟鼓司，就是负责皇帝出朝时的钟、鼓及内乐、传奇等杂戏，他更是常常带着武宗玩飞鹰、猎犬、歌舞、摔跤等游戏，还偷偷地带皇帝易服出外游玩，侍奉得少年天子心花怒放，整天声色犬马，不理朝政。

朝廷中正直的大臣们对刘瑾的行为忍无可忍，终于，武宗元年（1506年）十月，宫廷内外爆发了一场激烈的斗争。以三位顾命大臣刘健、李东阳、谢迁为首，群臣纷纷上疏，谏止皇帝无止境的游乐，揭露和指责刘瑾等的行为，让皇上铲除“八虎”。但小皇帝无论如何就是不听，直到钦天监官员说星象有变化，预示着太监要篡权夺位，小皇帝才略有所动。大臣们趁机连番上疏，请武宗勤政讲学，整肃纲纪，诛杀“八虎”。武宗在感情上割舍不下，又碍于已经激起了托孤老臣及满朝文武公愤，不得已，只好派司礼太监王岳等到内阁，与阁臣商议把刘瑾等送到南京监视居住，免除死罪。但三去三返，以大学士刘健为首的群臣坚决要求判处“八虎”死刑，并立即执行。素来与“八虎”不和的太监王岳等人也请求小皇帝接受群臣的意见。

一天晚上，群臣又在一起计议上谏诛灭“八虎”，就等着在次日早朝时当面力劝皇帝。可就在这样一个关键时刻，这个计划却因变节的吏部尚书焦芳飞马向刘瑾告密而泄露了。

刘瑾接报后大惊，决定先发制人，他连夜率领“八虎”晋见小皇帝，领着“八虎”围在武宗面前痛哭求饶，并伺机挑拨，说太监王岳为了勾结阁臣限制皇上的行动，才先要把他们几个人去掉。还说，如果司礼监掌握在得力的人的手里，这班文官怎么敢这样大胆放肆。武宗听了果然大怒，命令连夜抓捕了太监王岳等，发配到南京，充入专门由犯罪的太监组成的净军。任命刘瑾掌管司礼监，马永成掌管东厂，谷大用掌管西厂。

第二天早朝，以刘健为首的“倒阉派”踌躇满志地入朝，预备当朝将刘瑾一党绳之以法，没想到形势却如此变化，一个个惊得目瞪口呆。三位大学士心灰意冷，告老还乡。小皇帝当场准奏刘健、谢迁，但把李东阳留了下来。

这一场大事变之后，刘瑾开始秋后算账，实行残酷的政治清洗。他首先派特务半路追上王岳等人，将他们杀死。然后将追随三位大学士的朝臣统统免官，直接参与“倒阉”的朝臣轻则流放，重则下狱。还大肆充实锦衣卫特务组织，窥伺朝臣的言行举止，致使朝臣道路以目。他还发明了一种套在犯人脖颈上的大枷，动辄对朝臣施枷刑，被这种重达75公斤的枷活活枷死的官吏不计其数。刘瑾还命令满朝文武跪在金水桥南，召开宣判大会，一一宣唱多达数十人的“奸党”姓名，而这些所谓的“奸党”其实全是忠直为国之士。

政治清洗之后，为了进一步巩固权力，刘瑾继续腐蚀小皇帝，在北京西苑专门为小皇帝建了一座“豹房”，广蓄乐伎，供小皇帝日夜宣淫。

刘瑾自得到司礼监掌印太监的职位后，每天专门等武宗玩得正起劲的时候，把许多奏章送给武宗批阅。武宗很不耐烦，终于说：“我养你是干什么？这些小事都叫我亲自处理？”刘瑾心中窃喜，打这以后，事无大小，刘瑾都不再上奏，而是自己行起了皇帝的职权，左右朝政。

刘瑾有强烈的权力欲，他不断扩张权势，提拔曾在“倒阉”斗争中给自己通风报信的焦芳为内阁首辅，焦芳也情愿称刘瑾为“千岁”，自司礼监掌印太监：司礼监是明代宫廷里24个宦官衙门中最重要的一个，它总管宫中宦官事务，提督东厂等特务机构，替皇帝掌管内外一切章奏和文件，代传皇帝谕旨等，由于此职事关机要，历来都由皇帝心腹宦官担任。皇帝对奏章最后的裁决意见，要由司礼监秉笔太监用红笔批写在奏章上，称为“批红”。司礼监掌印太监要再次审核一次，如果认为可以，就盖上公章。如果认为不好，有权打回去重新批红。所以司礼监掌印太监实际上就成了皇帝的代言人。

称“门下”，他的内阁也完全遵从刘瑾的旨意办事。每次武宗上朝时，刘瑾站在他的右方。群臣拜完皇帝，还得向东北对刘瑾作揖，所以当时人们都称武宗为“坐的皇帝”，称刘瑾为“立的皇帝”。当时给皇帝上奏折，先要用红色帖子送给刘瑾，称为“红本”，然后再上报通政司，称为“白本”。公侯勋贵、皇亲国戚私下见到刘瑾，都向他叩头作揖，百官见他纷纷下跪。刘瑾知道负责劝谏的言官们对他是一种很大的威胁，对他们除了借故进行罢免、廷杖以及诬陷定罪外，在平时还命他们在早晨寅时（三点到五点）入朝，一直到下午的酉时（五点到七点）才让回家。言官们一天在朝时间达十四五个小时，刘瑾的目的就是让他们没精力弹劾自己。当时有些正直的大臣为了对付刘瑾，不得不采取“非暴力不合作”的方式，称病不出，可是刘瑾通告：凡生病缺勤三年者，免官为民。逼迫这些人出来为他效力。

刘瑾最著名的残害百官、排除异己事件，就是奉天门匿名书事件。

明武宗三年（1508年）六月二十五日，武宗皇帝在奉天门早朝听政。早朝罢，群臣叩头拜起，将要退朝的时候，忽然在御道上发现一封匿名书。御史将这封揭露刘瑾不法罪行的匿名书上呈给武宗皇帝阅览。武宗退去后，刘瑾当场大发淫威，决意报复。

他宣布文武百官不许退朝，都要跪在奉天门前。刘瑾站在奉天门台基上辱骂百官，威逼群臣举报写这封匿名信的人。当时正是暑热伏天，烈日当空，热气袭人，没有阴凉，也没水喝。官员们长时间跪在金水桥南砖地上，口干舌燥，汗流浃背，饥肠辘辘，痛苦难言。一个叫李荣的太监不忍心，拿出一些冰镇西瓜给罚跪的百官解暑，刘瑾顿时大怒，立马就褫夺了李荣的官职，令他回家闲居。另一位太监黄伟，忍无可忍，愤怒地对罚跪的百官们说：“这封匿名举报信所写，全是为国为民的事，到底是谁写的就站出来，就是死了也是一条好汉子，干吗连累别人！”

刘瑾听出来黄伟的话里有话，大发雷霆，当即把黄伟发配到南京充净军。

百官由下朝跪到午后，昏倒了十多人。主事何钱、顺天推官周臣、进士陆伸当场中暑死亡。刘瑾无动于衷，命内监将昏死者拽出去。百官在将近一天的罚跪后，并没有供出写匿名书的人来。刘瑾盛怒之下，命锦衣卫将跪伏在奉天门的五品以下的官员全部关进了监狱，造成了武宗朝规模最大的冤狱。

几百位朝廷官员被逮入狱，震动了整个京城，激起官民愤怒。大学士李东阳直言诤谏，设法营救。这时候，刘瑾也听到了一点风声，原来这封匿名书是宫里的一位太监写的，与百官无涉，这才释放了关押的官员。

武宗五年（1510 年），明朝宗室安化王朱寘鐇历数刘瑾的罪状，起兵造反，名义是“清君侧”。武宗皇帝派大臣杨一清为总督，“八虎”之一的张永为监军，讨伐安化王。平定了安化王后，在班师回朝的途中，杨一清趁机游说张永回朝后联手除掉祸国殃民的刘瑾。刘谨虽为宦官出身，但他专权期间却禁止太监干政，限制宦官权力。他的亲信都是外臣，如内阁学士焦芳、刘宇，尚书毕亨、朱恩等，从不肯分一点儿权力给其余“七虎”，因此，其余“七虎”衔怨已久。张永和杨一清一拍即合，定下了诛杀刘瑾的大计。

杨一清和张永班师回朝，武宗摆酒设宴，犒劳凯旋的将士，刘瑾也在一旁作陪。夜深的时候，刘瑾先行告退。刘瑾刚走，张永立马跪奏刘瑾的十七大罪状，指出刘瑾有谋反之意。小皇帝喝醉了，大怒道：“刘瑾负我！”命张永连夜率兵抓捕了刘瑾。

第二天，小皇帝将张永的奏章遍示内阁，诏令将刘瑾发配到凤阳监视居住。小皇帝心里其实并不太相信刘瑾的十七大罪状，于是亲自跟着人去抄刘瑾的家。不料一抄果然抄出了一方伪造的皇帝玉玺、五百宫牌以及衣甲、弓弩、玉带等违禁物，而且还发现刘瑾平常使用的扇子里装有机关，藏有两把锋利的匕首，可以发射置人于死地，武宗看后大为震惊，不寒而栗，相信了刘瑾谋反之说，下令按律将刘瑾凌迟处死。

依照惯例，一般的死刑犯要等到秋天霜降之后，冬至来临之前才被处死。因刘瑾所犯属于谋反的第一重罪，所以立即行刑。按照规定，要剐 3357 刀，凌迟三日而死。据说行刑的第一天，行刑手在刘瑾身上剐了 1300 多刀后，他还没有死，当天晚上抬回监狱还能喝粥。京城百姓都对刘瑾恨之入骨，纷纷用一文钱买下刘瑾已被割成细条的肉，就着烧酒放在嘴里狠狠地嚼，以解心头之恨。

刘瑾恶贯满盈的一生终于结束了，这一年，刘瑾刚好 60 岁。刘瑾被处死后，其家族 15 人及同伙吏部尚书、锦衣卫指挥等也被处斩。被刘瑾起用的大学士焦芳等 60 多人，均被逐出朝廷。从而消灭了刘瑾专权乱政之祸。

相关链接：

两袖清风的李东阳

李东阳是湖南茶陵人，幼年就显现出非凡的才华。4 岁时就会写直径一尺的大字，被京城中人视为神童。顺天府官员把李东阳推荐给代宗朱祁钰，李东阳当着代宗的面，写下“龙、凤、龟、麟”等大字，景帝非常高兴，赐给李东阳珍奇水果和金银元宝。之后，又两次召见，并准予李东阳进顺天府学读书。

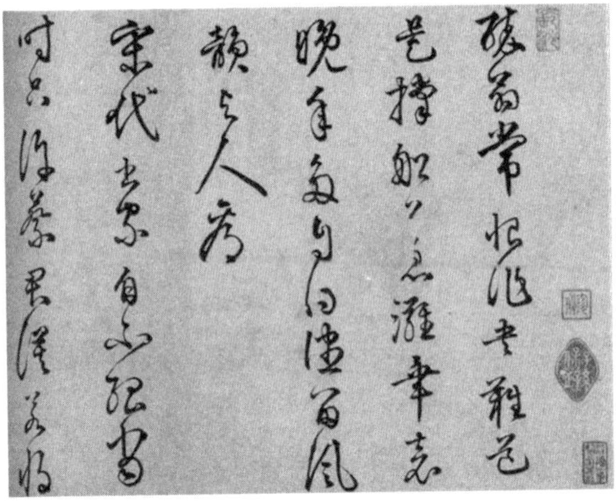

李东阳的书法

明英宗天顺八年（1464 年），李东阳中进士，时年 18 岁，从此开始了他的仕途生涯。他做过侍讲学士、东宫太子的老师，官一直做到礼部尚书、文渊阁大学士。他在朝 50 年，入阁 15 年，历景泰、天顺、成化、弘治、武宗五朝。可就是这位堂堂当年宰相，老来也并未积下什么产业，还要仰赖文字酬金来补贴家用。

李东阳是明朝著名的书法家。罢政回家后，家里经常宾客盈门，许多人慕名来请他写字、求他的文章。一天，夫人拿着纸墨进来，让他写字。李东阳表示身体疲倦不想写，夫人道："今日设客，可使案无鱼菜耶？"就是说今天请客，能让餐桌上没有蔬菜和鱼肉吗？东阳无奈，只能提笔写字。

还有一次，李东阳过生日，他的两个门生鲁铎和赵永想为老师祝寿，两人一翻柜子，里面什么也没有。怎么办呢？两人想起厨房里有乡亲带来的干鱼，就想带干鱼去看老师。但到厨房一看，"食过半矣"，只剩下半条干鱼了，于是就提着它去给老师祝寿。李东阳见后大喜，留下二人，让夫人烹鱼上酒，吃饭饮酒，极欢乃去。东阳廉洁风操，由上可见一斑。

武宗即位

明武宗朱厚照

武宗朱厚照是孝宗和皇后张氏的嫡长子，像他这样既为嫡子又是长子的情况在封建礼法社会中是天然的皇位继承人。朱厚照的出生不论对于国家社稷还是孝宗、张皇后都意义非凡。孝宗和张皇后的感情非常好，一直没有选嫔妃，终其一生只有一个妻子，这是自古以来没有过的事。封建社会中，有无皇子关系到皇权的顺利承继和国家的安定，而不是简单意义上的传宗接代。张皇后婚后 4 年没有生育，当时朝臣上书请求选置嫔妃，孝宗并不理会。后来长子朱厚照出生，帝后及满朝文武不胜喜悦。几年后，张皇后又生了一个儿子，取名朱厚炜，只是不久就夭折了。这样，孝宗就只有朱厚照这么一个皇子，因此非常宠爱。

史书记载，朱厚照孩提时"粹质比冰玉，神采焕发"，性情仁和宽厚，颇有帝王风范。8 岁时，朱厚照正式出阁读书，接受严格的教育。朱厚照年少时以聪明见称，前一天讲官所授之书，次日他便能掩卷背诵。数月之间，他就将宫廷内繁琐的礼节了然于胸。孝宗几次前来问视学业，他率领官僚趋走迎送，娴于礼节。孝宗和大臣们都相信，眼前的这位皇太子将来会成为一代贤明之君。

武宗的生日也很特别。他的生年月日时为弘治四年九月廿四日申时，用干支表示是这样的：辛亥年丁酉月戊戌日庚申时。如果按照时、日、月、年的顺序读就与地支中的“申、酉、戌、亥”的顺序巧合，在命理上称为“贯如连珠”，主大富大贵，据说明太祖朱元璋的生辰与此有相似之处。而且当年张皇后梦白龙入腹而生朱厚照，按照传统的说法，白者乃主西方，为兵象。武宗生而好动，自幼贪玩骑射。孝宗一心想把他培养成为像太祖朱元璋一样文武兼备的旷世圣君，所以对武宗骑射游戏颇为纵容，这也养成了武宗日后尚武的习气。孝宗也注意到了这一点，恐武宗玩物丧志，在病逝前一天，特意把大学士刘健、谢迁、李东阳召至乾清宫暖阁，委以托孤的重任：“东宫聪明，但年尚幼，好逸乐，先生辈常劝之读书，辅为贤主。”

弘治十八年（1505 年）五月，明孝宗去世，15 岁的武宗即位，从此开始了他的帝王生涯。

登上皇帝的宝座后，武宗依然我行我素，极好逸乐，纵情于声色犬马。刘瑾之后，又宠信钱宁、江彬等人，荒废朝政，以行为荒唐越轨著称，辜负了孝宗皇帝对他的殷切期盼。

刘瑾的偶像——王振

王振是明初蔚州（今河北蔚县）人，略通经书，后来又做了教书先生，屡试不中。他发现，中举人、考进士这条荣身之路对他而言太难了，于是他自阉入宫，寻求另一条荣身之路。

史称王振“狡黠”、善于伺察人意。王振入宫后，宣宗皇帝很喜欢他，便任命他为东宫局郎，服侍皇太子（即后来的英宗皇帝）。他和英宗一相遇，便如鱼得水一般，谁也离不开谁了。

宣宗在宣德十年（1435 年）病死，英宗即位，改元正统。这时，英宗年仅 9 岁，不能亲自处理国家大事，太皇太后张氏垂帘听政，内阁大臣“三杨”（杨士奇、杨荣、杨溥）辅佐得力。英宗即位后，自然要重用自己喜爱的人，王振便出任宦官中权力最大的司礼太监。他常常利用皇帝深居简出，和外廷官接触少的弱点，欺上瞒下，假传谕旨或歪曲篡改谕旨，以售其奸。英宗把这样一个重要官职交给王振，为他日后擅权开辟了道路。

王振知道“三杨”都是前朝元老，忠心秉政，威望很高，自己难与他们匹敌，只能采取两面派手法，等待时机，再行窃权。为此，他对张太后和三杨百般殷勤，毕恭毕敬，极尽谄媚之能事，以讨得他（她）们的好感。并在暗地里广交朋友，大量培植私党，为以后专权培养基础。就这样，他取得了一些大臣的赞誉，也进一步得到了英宗的宠信。

王振表面上讨好“三杨”，事事顺从，装成不干预政事的样子，但内心仍然按捺不住攫取权利的欲火，一有机会，就想法抓权，干一些干预朝政的勾当。

正统七年，张太后病逝，“三杨”也老的老，死的死。王振擅权的一切条件都成熟了。他要做的第一件事，就是把明太祖朱元璋挂在宫门上的那块禁止宦官干预政事的铁牌摘下来。

王振利用手中权力结党营私，大力提拔那些溜须拍马、谄媚逢迎之徒，一些官僚见到王振权势日重，纷纷前来巴结贿赂。有位工部郎中，名叫王佑，最会阿谀逢迎。一天，王振问王佑说：“王侍郎，你为什么没有胡子？”王佑无耻地回答说：“老爷你没有胡子，儿子我怎么敢有。”一句话说得王振心里甜滋滋的，立即提拔王佑为工部侍郎。而如果有谁反对他专权和对他不恭不敬，便会立即受到处罚和贬黜。一次，御史李铎碰到王振没有跪拜，就被关进监狱，后被贬官流放到辽东铁岭卫服役。类似这样的事例不胜枚举。

王振还遍受贿赂，大肆贪污。后来王振败绩，籍没其家产时，仅金银就有 60 余库，玉盘 100 多个，珊瑚树高六七尺者 20 余株，其他珍玩则不计其数，足见其贪污受贿的程度。

王振控制朝政以后，不仅对内党同伐异，大耍淫威，对外也投机取巧，破坏边防，终于招致了瓦剌贵族的进犯。

瓦剌是蒙古族的一部。元朝灭亡以后，一部分蒙古族退回蒙古草原和东北等地。逐步分裂为鞑靼、瓦剌和兀良哈三部分，分别臣服于明朝，每年都要向明朝献马朝贡。正统初年，瓦剌统一了蒙古三部以后，对明朝不断骚扰，成为明朝北方的严重边患。

正统十四年（1449年），瓦剌以明朝减少赏赐为借口，兵分四路，大举攻明。

瓦剌军来势凶猛，迅速向南推进。明朝守卫西北的将士几次交战失利，急忙向京师请兵救援。根本不懂军事的王振，对瓦剌的军事进攻没有足够的认识，以为让英宗亲征，就能把瓦剌兵吓跑。所以，他为了侥幸取胜，冒滥边功，便在明朝没有充分准备的情况下怂恿英宗亲征，让英宗效仿宋真宗亲征的榜样，以便青史留下美名。英宗平日里对王振言听计从，这次也认为亲征是他大显身手的好机会，便不顾群臣的谏阻，非要亲征不可。

王振和英宗在两天之内凑足了50万大军，仓促出发。由于组织不当，准备不足，未到大同，还未到达前线，军中已经乏粮，导致军心不稳，还险中瓦剌大军的埋伏，只能撤军。

最初，王振想从紫荆关（今河北易县西北）退兵，以便途经他的家乡蔚州，让英宗驾幸他的府第，向家乡父老显示自己的威风。于是，王振下令取道紫荆关回京。走了40里以后，王振忽然想起，大队人马经过蔚州，一定会损坏他家乡的田园庄稼，于是，又改变主意，传令改道东行，向宣府（今河北宣化）方向行进。这时，瓦剌已知明军不战而逃，正整军来追，形势十分紧张。大臣们都主张不要改道，王振不听。结果，明军在土木堡被瓦剌军队包围，50万军队被击溃，从征的100多名文臣武将几乎全部战死沙场，英宗被俘。这就是历史上著名的“土木堡之变”。

英宗被俘后，英宗的护卫将军樊忠万分愤怒，抡起铁锤对准王振的脑袋狠狠地砸了下去。王振这个祸国殃民的恶宦，终于落得个罪有应得的可耻下场。

后来，英宗被瓦剌放回，重新当上皇帝后，竟然认为王振是为国殉死，在北京城禄米仓胡同的智化寺为王振立了一个彩色泥像，还树了一块碑为他立了传。

第三节　和珅跌倒嘉庆饱

——富可敌国的和珅贪污案

嘉庆四年正月十八日（1799年2月22日），富可敌国的和珅在狱中自尽身亡。

和珅

人物小档案：

NO1. 和珅（1750—1799年），原名善保，字致斋，钮祜禄氏，满洲正红旗二甲喇人。乾隆朝重臣，曾兼任多职，任首席大学士、领班军机大臣，兼管吏部、户部、刑部、理藩院、户部三库，还兼任翰林院掌院学士、《四库全书》总裁官、领侍卫内大臣、步军统领等等要职，封一等忠襄公。

NO2. 爱新觉罗·弘历（1711—1799年），清朝第六位皇帝。雍正帝第四子，年号乾隆。25岁登基，在位60年，退位后当了三年太上皇，实际掌握最高权力长达63年4个月，是中国历史上执政时间最长、年寿最高的皇帝。

NO3. 爱新觉罗·颙琰（1760—1820年），原名永琰，清朝第七位皇帝，乾隆帝第十五子，年号嘉庆，在位16年（1795—1820年），庙号仁宗。

乾隆十五年（1750年）五月二十八日，和珅出生在福建副都统常保家中。3岁时母亲去世，9岁时父亲去世，日子过得很艰难。但是他天资聪颖，勤奋好学，考上了官学。和珅仪表俊雅，精通学问，因而得到老师的器重。

和珅18岁时，迎娶了直隶总督冯英廉的孙女，从此开始心向仕途。

乾隆三十四年（1769年），20岁的和珅继承了祖上传下来的三等轻车都尉的爵位职务。三年后，和坤被任命为三等侍卫，相当于正五品，负责在皇帝出巡的时候，随驾护卫，随时听从皇帝的吩咐。

这个差事给了和珅经常接近乾隆帝的机会，是和珅人生的一个重要转折点。年轻的和珅英俊潇洒，又颇有才学，在侍从中很快引起了乾隆帝的注意和重视，他从此时来运转，飞黄腾达。

乾隆四十年（1775年）闰十月，26岁的和珅被提升为乾清门侍卫，十一月再升为御前侍卫，并授正蓝旗副都统。四十一年正月，授户部左侍郎；三月，授军机大臣；四月，授总管内务府大臣。短短的半年，和珅从一名普通的侍卫，进入清王朝权力最高层，成为乾隆帝的亲信宠臣。从此以后，和珅年年加官晋爵，而且官位多是肥缺、要职。

众所周知，乾隆帝是中国历史上的一代明君，他自己各个方面的能力也都很强，那么，和珅到底是凭借什么得到乾隆帝如此宠信的呢？

据说，和珅长相清秀，眉眼间特别像乾隆帝宠爱但却去世的一个妃子，而且和珅中的珅字就是乾隆帝三阿哥的名字。乾隆帝的三阿哥永珅英年早逝，乾隆帝一直对他有一种愧疚之情，这两种感情夹杂在一起，促使乾隆帝重用和珅。这些仅是传说，其真实性已经无从考证，但可以肯定的是，和珅不仅长相极为俊美，更是少有的文武全才，在关键时刻总能发挥作用，故而深得乾隆帝的喜爱。

乾隆四十五年（1780年），和珅奉命查办大学士兼云贵总督李侍尧贪污案。李侍尧贪污案是个大案，但和珅从接受这个任务，到最后恰当地处置李侍尧，前后只用了两个多月的时间，确实表现出了不凡的才华和办事能力。在办完案回京的途中，他就被提升为户部尚书。和珅还精通满、汉、蒙古、西藏四种语言和文字，乾隆年间班禅与清朝之间的交流兼翻译工作都是由他完成的。

在文学上，和珅也多才多艺。乾隆帝一生喜爱作诗和书法，和珅为了迎合乾隆帝，下功夫学诗，并造诣很深。他对乾隆帝所作诗词的风格、用典、喜用的词句都了解得一清二楚，被乾隆帝视为知己。现在在北京故宫重华宫和崇敬殿中的御制诗匾，据考证就是由和珅代笔的，从中可以看出和珅的书法造诣之深。最体现他的文华的是他身为《四库全书》总裁官，而才学深厚的纪晓岚也只是当时和珅手底下的众多编纂官之一。

《四库全书》：中国历史上规模最大的一套丛书，由乾隆皇帝亲自组织编撰，从1772年开始，经十年编成。丛书分经、史、子、集四部，故名"四库"。该书共收录古籍3503种、79337卷，装订成36000余册，保存了丰富的文献资料，它基本上囊括了古代所有图书，故称"全书"。

和珅擅长溜须拍马，乾隆帝在老年日益昏聩，越来越听不进忠言，又好大喜功，自诩"十全老人"，认为自己的功劳能够及得上祖父康熙、父亲雍正，和珅就努力地迎合乾隆帝。和珅还抓住乾隆帝爱戴母亲这一点，竭尽一切去讨好皇太后。特别是在皇太后归天的时候，和珅不是像其他大臣一样说几句无关痛痒的话，而是时刻陪在乾隆帝身边，痛哭流涕，赢得了乾隆帝的好感。

和珅善于敛财和理财。他管理过崇文门关税、内务府库银（皇上自己的钱库）、国库。他刚刚上任的时候，国库、内务府库银很空虚。和珅运用自己的能力，在短短几年里，就让空虚的国库变得饱满。

这样一位能干的心腹大臣，乾隆帝是一日都离不开的。乾隆帝还给和珅6岁的儿子赐名丰绅殷德，不久又将自己最宠爱的小女儿和孝公主许配给他。这门亲事，既给和珅带来经济上的利益，又使和珅在政治上得到了不可估量的好处。从此，和珅与乾隆帝之间的关系不但是君臣主仆，还是儿女亲家。

和珅利用乾隆帝对他的信任，擅政20余年，升迁47次，权倾朝野，百官争相谄附。他公然勒索纳贿，家资巨富；又排斥异己，致使吏治败坏，小人当道，朝廷上下乌烟瘴气。

大量的财富使和珅过着帝王般奢华的生活，他的府内甚至仿乾隆帝的宁寿宫，建起楠木房，称为锡晋斋。和珅还梦想着死后也能像皇帝一样风光气派，他在河北蓟州修建了巨大的坟墓，规格超过亲王，民间称之为"和陵"。

嘉庆四年正月初三日（1799年2月7日），当时已经是太上皇的乾隆帝在养心殿病逝，终年89岁。乾隆帝一去世，和珅的好运就到头了。

继位的嘉庆帝在乾隆死后的短短15天里，就干净利落地处置了这个被父皇恩宠了30年的重臣。

乾隆帝崩逝当天，嘉庆帝任命和珅与睿亲王等一起总理国丧大事。初四日，嘉庆帝发出上谕，以镇压白莲教不力为名，解除了和珅死党福长安的军机处大臣职务。命和珅与福长安昼夜守灵，不得擅离，切断了他们与外界的联系，这实际上削夺了和珅的军政大权。

和珅的府邸

初五日，给事中王念孙等官员上疏，弹劾和珅弄权舞弊，罪恶滔天。初八日，嘉庆帝宣布将和珅革职，逮捕入狱，在朝野掀起轩然大波。同时，嘉庆帝进行了一系列的人事调整。并命令从即日起，所有上奏的文件，都要直接向皇上奏报。大臣们见和珅已倒，纷纷上书指责和珅目无君上、蠹国病民、贪黩放荡，理应严惩。

嘉庆皇帝

初九日，嘉庆帝下令，将和珅的职务革除，下刑部大狱。命仪亲王永璇、成亲王永瑆等负责查抄和珅家产，并会同审讯，全面清查和珅大案。十一日，嘉庆帝宣布和珅20大罪状，主要有欺骗皇帝、扣压军报、任用亲信、违反祖制、贪污敛财等等。十八日，廷议凌迟。不过，和珅的儿媳和孝公主为公公求情，大臣刘墉等人也上奏，称和珅虽然罪大恶极，但是毕竟曾任过前朝的领班军机大臣，为了朝廷体面，应改赐和珅狱中自尽，获得嘉庆帝恩准。

和珅被诛后，其党羽皆惶恐不安。嘉庆帝并没有穷追其余党，而是在除掉和珅后，马上收兵。宣谕："凡为和珅荐举及奔走其门者，悉不深究。"此谕一下，人心始安，政局稳定。

嘉庆帝对和珅的惩治，动作迅速，干净利索，宽严适当，而且没有株连扩大化，十分成功。这是嘉庆帝一生处理的重大政治事件中最为精彩的一笔。

那么，嘉庆帝为什么要扳倒和珅呢？

有人认为是为了缓解官民之间的矛盾。嘉庆元年（1796 年），发生白莲教民变。嘉庆三年，清军抓住四川农民军首领王三槐，王三槐的口供说"官逼民反"。嘉庆意识到，正是因为地方官吏皆如和珅似的贪暴，所以才屡屡激起民变。所以，嘉庆帝杀和珅，以警贪官之心，以泄百姓之愤。

也有人认为是和珅"权高震主"。嘉庆帝曾说："朕若不除和珅，天下人只知有和珅而不知有朕。"当和珅的权力威胁到君权的时候，嘉庆帝必然要采取行动。

但是不能否认的是，和珅的死给嘉庆帝带来了巨大的经济利益，正所谓"和珅跌倒，嘉庆吃饱"。

官员们对和珅的贪污和巨富一向是有所耳闻的，但是在查抄和珅府邸时，他的亿万家财仍然让人觉得触目惊心。和珅抄家清单如下：

房屋 3000 间；

田地 8000 顷；

银铺 42 处；

当铺 75 处；

赤金 60000 两；

纯金，大金元宝 100 个，1000 两一个，10 万两；

小银元宝 56600 个，100 两一个，566 万两；

银锭 900 万个；

洋钱 58000 元；

制钱 150 万文；

铜钱150万文；

吉林人参600余斤；

玉如意1200余柄；

珍珠手串230串；

桂圆大小的珍珠10粒；

大红宝石10块；

大蓝宝石40块；

银碗40桌；

珊瑚树11支，每支都一米以上高；

纱缎绸罗，绫罗绸缎，做衣服的料子，一共有14300匹；

毛呢哔叽20000板；

狐皮550张；

貂皮850张；

其他的各种粗细皮56000张；

铜器和锡器361000件；

名贵瓷器10万件；

镂金八宝炕床24座；

西洋钟460座；

四季好衣服7000件（貂皮男衣713件，貂皮女衣650余件，杂皮男衣860件，杂皮女衣437件，锦夹单纱女衣3118件，锦夹单纱男衣3808件，貂帽54顶，貂蟒袍37件，貂褂短罩48件，貂靴124双）；

家人606名，妇女600名，奴才373名；

当铺75座，估银3000万；

银号42座，估银40万；

古玩店13座，估银30万；

玉器库2间，估银7000万；

绸缎库4间，估银80万；

瓷器库2间，估银1万；

梨木紫檀家具组合6件。

这个家产清单让人瞠目结舌，其总家产折合白银达到了 8 亿两，而当时清政府财政年总收入才约 7000 万两。和珅富可敌国，扳倒和珅，可以缓解嘉庆帝即位以来面临的财政压力。

和珅的家产过于庞大，甚至足以还清清朝末期所有重大对外战争的赔款：清末鸦片战争、第二次鸦片战争、甲午战争、八国联军侵华战争总计赔款总值银6.61亿万两。而和珅的家财比这天文数字的赔款还要多，以和珅一人之力足以还清，可见和珅之巨富多么可怕。

相关链接：

和珅的绝命诗

乾隆帝驾崩后，和珅锒铛入狱，身陷囹圄，尝到了凄凉、冷清、饥饿、刑罚、痛苦等苦辣滋味。特别是嘉庆四年（1799 年）正月十五日，正值元宵佳节，和珅自然而然想到往年家中欢欢喜喜，自己在众人侍奉下悠然自得、尽情享乐的情景，提笔作了题名为《上元夜狱中对月两首》的诗：

（其一）

夜色明如许，嗟令困不伸。
百年原是梦，廿载枉劳神。
室暗难挨晚，墙高不见春。
星辰环冷月，缧绁泣孤臣。
对景伤前事，怀才误此身。
余生料无几，空负九重仁。

（其二）

今夕是何夕，元宵又一春。
可怜此月夜，分外照愁人。
思与更俱永，恩随节共断。
圣明幽隐烛，缧绁有孤臣。

从上述两首诗中可以得知，和珅已经预感到自己的余生时间不会太长了，末日即将来临，伤感前事，发出几声悲鸣。他至死执迷不悟，觉得自己满身是才，“怀才误此身”，表现出一种“落花流水春去也”的无可奈何心情。

正月十八日，和珅知道死期已至。他对自己惨淡经营一生，家业富比皇室，到头来落得个如此悲惨下场，不禁万分慨叹，又提笔写下了一首《绝命诗》：

五十年前梦幻真，今朝撒手撇红尘。

他时唯口安澜日，记取香魂是后身。

赋诗完毕，和珅自尽，结束了自己的一生，终年50岁。但他留下的这首绝命诗，却耗尽了无数史家特别是附会者的心血。人们把此诗集中在和珅的前身和后身上，说和珅的前身是乾隆帝宠爱的妃子马佳氏，而后身便是世所不齿的慈禧太后。大意是和珅为了报仇，而化为女身来惑乱清朝，而要说惑乱清朝最巨的莫过于慈禧太后了。所以，众口相传，和珅是投胎变成慈禧太后了。自和珅死后，对其绝命诗的各种解释附会无不朝此方向发展，最终都是为了把和珅变成慈禧。这些说法虽属痴人说梦，但却反映出人们对和珅以及后来的慈禧太后的憎恶。

事实上，和珅这首绝命诗可能是在诉冤屈。整个意思是五十年的人生如梦幻一般，现在就要撒手红尘。等到他年说话太平的时候，记取自己香魂的只能是死后了。“唯口”是说话的意思。“安澜”是太平的意思。“他时唯口安澜日”，就是说等到人们可以说真话，能真正评价我时，死后一定会记住我的一缕香魂。

和珅的“前世”

据说，乾隆皇帝还是皇子的时候，有一次进宫，经过父皇雍正的一个正对镜梳妆的妃子的身边时，被那个妃子的美貌打动，不禁想和她开个玩笑，于是就从后面用双手捂住了那个妃子的眼睛，妃子不知就里，遂用梳子往后击打，正好打到了乾隆的额头上。

第二天，乾隆的母后看见乾隆额头上有伤痕，逼问出这一情形，大怒，认为是这个妃子调戏太子，马上将她赐死。年轻的乾隆非常害怕，想为此妃辩白，但又不敢这样做。犹豫再三，束手无策。后来他跑到书房，以小指染上朱色，返回妃子的住所，见到她已经上吊，但还没有气绝，便在妃子颈上点了朱色，说："我害了你！如果魂魄有灵，20年后再相见吧。"

20年过去了，当乾隆帝第一次见到和珅的时候，他发觉和珅似曾相识，一再思之，想起来和珅的容貌跟那个死去的妃子相似，便密召和珅觐见。

乾隆帝问起和珅的年纪，和珅的回答令他大为震惊——和珅出生的那一年，正巧是那个妃子死去的那一年。又验其项颈，果见其颈上有一红色胎记，当年的指痕似乎犹在，于是乾隆帝便默认和珅就是那冤死的妃子之后身所化，于是倍加疼惜，把和珅留在了身边，朝夕相伴。

为偿还年轻时的"孽债"，乾隆帝对和珅关爱有加，处处袒护，即使是在明知和珅是一代巨贪的情况下，也并不怪罪。致使和珅平步青云，步步高升，以至权倾朝野，作威作福长达20余年而不倒。直到后来乾隆帝死后，嘉庆帝才将他扳倒，他死时居然也是白绫赐死，与那妃子一般无二，构成惊人的历史巧合。

和珅的姓氏

和珅的父亲叫常保，看起来父子两人并不同姓，其实，和珅姓"钮祜禄氏"，原名善保，上学以后才由先生改名叫和珅。也就是说，他的全名应该是叫"钮祜禄·善保"；后来改名字叫和珅，故其全名应该是叫"钮祜禄·和珅"。

"钮祜禄氏"，这是一个满洲人的姓氏，一个很不平凡的姓氏。

清朝的时候，满洲人单姓的很少，他们的姓氏来源，主要有以下三种方式：

第一是因部落名称、地域名称而得的姓：最为典型的如慈禧太后的姓氏"叶赫纳喇氏"："叶赫纳喇氏"又被后人简称为"纳喇氏"、"那拉氏"。这其中，"叶赫"是部落名称；"纳喇"是当地的一条河流的名称，也就是地域名称。除此之外，还有居住在马佳地方的"马佳氏"、居住在佟佳地方的"佟佳氏"、居住在宁古塔地区的"宁古塔氏"、居住在乌苏里江边的“乌苏里氏”等等。

第二是直接来源于其他少数民族的姓：如“博尔济吉特氏”等。“博尔济吉特氏”源出于蒙古的黄金家族“孛儿只斤氏”。“孛儿只斤氏”原是蒙古民族英雄铁木真（成吉思汗）的姓氏，也就是说姓“博尔济吉特氏”的人原本应该是铁木真（成吉思汗）的直系后裔。“孛儿只斤”的原意为“蓝眼睛的人”，也就是说姓“博尔济吉特氏”这个姓氏的人们原本应该有一些欧洲人的血统。1912年清朝政权灭亡后，原来满族和蒙古族的“博尔济吉特氏”已经改姓鲍、包、宝等姓。也就是说，今天满族和蒙古族中姓鲍、包、宝的人，他们都很有可能是成吉思汗的嫡系后裔。

第三是以所崇拜的图腾作为姓氏的：最为典型的如和珅的姓“钮祜禄氏”。“钮祜禄氏”是满洲人最古老的姓氏之一，早在女真时期就已经存在，早期“钮祜禄氏”主要分布在松花江流域、牡丹江流域、长白山区。“钮祜禄”，满语原来的意思是“狼”。“狼”是满族的先世女真族崇拜的最为重要的图腾之一，女真人出于对“狼”的崇拜，而以其为姓氏。

在漫长的历史发展过程中，“钮祜禄”这个姓氏的称谓曾几度变化：辽代称“敌烈氏”，金代称“女奚列氏”，元代称“亦气烈氏”，明代开始称为“钮祜禄氏”。

“钮祜禄氏”是典型的“一氏冠两姓”的满洲姓氏。有一些这个姓氏的满洲人在清朝灭亡后按照“钮祜禄氏”的汉语第一个音节的音译改姓“钮”了，还有更多的这个姓氏的满洲人则是按照“钮祜禄氏”一词的汉语意译“狼”的谐音而改姓为“郎”。也就是说，今天“钮”姓或“郎”姓的满族人，其先祖都很有可能是“钮祜禄氏”。

第四节　法网恢恢疏不漏

——“太平天国金印”被盗案

清同治四年（1865 年）八月十七日，清廷缴获的太平天国天王洪秀全金印在清宫内廷的军机处不翼而飞。

清同治四年（1865 年）八月十七日，一个重大案件震动京师乃至全国：密藏在清皇宫内廷军机处内的原太平天国天王洪秀全的金印不翼而飞！

此时，虽然太平天国首都天京沦陷已经一年，但太平军余部仍在长江、黄河两岸与捻军数十万军队进行着抵抗，全国军事形势依然严峻。在这个时候，洪秀全金玺在清宫内廷竟然被窃，政治影响实在太坏了。事件发生后，慈禧太后极为震怒，责令军机处领班大臣、恭亲王奕䜣限期破案。

原来，太平天国农民起义军在咸丰三年（1853 年）攻占南京后，以此为首都，改名天京，建立了中央政权。天王洪秀全作为太平天国的最高领导人，曾镌刻了多种印玺，作为其最高权力的象征，以作行政发令、调兵遣将之用。洪秀全的印玺中，最重要的有二方——金玺、玉玺与木玺。

其中，金玺最为贵重。它由一百多两黄金铸成，八寸见方，印面中刻“太平天国大道君王全”十一个宋体字，右边为“奉天诛妖”四字，左边为“斩邪留正”四字，上有“金玺”两字分列左右两侧，四周则雕刻有各种图案花纹，精致辉煌。印面的上边饰双凤朝阳的图案，左右边饰行龙图案，下边饰海水江牙的图案，此玺体现了太平天国的政治宗教理想与最高权力，有重大的政治含意，原收藏于天京天王府内。

同治三年（1864 年）六月，天京失陷，在一场激烈的巷战中，清军从携印突围的太平军将士手中缴获了洪秀全的金玺和玉玺。两江总督曾国藩把这两方玺印作为最重要的战利品派专人送至北京，上报两宫太后和同治皇帝。两宫太后高兴异常，在庆贺一番后，下令将这两方玺印放置在皇宫紫禁城中最机密的权力中心军机处中。

军机处是清雍正皇帝下令设立的中央最高权力核心机构，只对皇帝个人负责，具有极大的权威性与机密性，已历时100多年。这个机构地处紫禁城中心，警卫最严，关防特紧，哪怕是王公显贵、部院大臣，只要不在军机处任职，也不可能踏进一步。可是，金玺存放在这里整整一年以后，竟在一夜之间一下不见了！这怎能不引起清廷上下的震动与恐慌呢？

恭亲王奕䜣在接受两宫太后的旨意后，不敢怠慢，连日亲自办案。在军机处服役的杂工与厨役等人是首批被怀疑的人，对他们威胁恫吓，严刑拷打，却没有一个人招认。眼看两个多月过去了，却迟迟不能破案，奕䜣焦急异常。他忽然想到：偷金玺的人必然要销赃，何不到街市上、特别是到金银首饰铺去查查呢？他立即派出内务府番役处的大批人马，走出紫禁城查访。果然，不久就查出，在东四牌楼的万盛长首饰铺曾经熔化过一方金印。奕䜣立即派人将该店老板、伙计全部拘传到案，严加审问，很快，真相大白于天下。

你道这个大盗是谁，他竟然是军机处的刑部郎中兼军机章京（相当于军机处秘书）、满人萨隆阿！

清代挑选军机处章京是极其谨慎严格的。首先要由他所在的衙门保举，还要经过军机大臣亲自考试合格。这之后才由军机大臣引见，由皇帝圈定之后才能正式录用。章京一般都以内阁中书，六部、理藩院郎中、员外郎、主事，笔帖式等确有文才的德操好的人员充任。萨隆阿是满人，又是刑部郎中，从官职上看，他在众多章京中是资历品位较高的。如果不是铁证如山，谁会想到盗走金印的人，竟然会是他呢？

奕䜣立即派人将萨隆阿捉拿到案，这位道貌岸然的官员一开始还一个劲儿地为自己开脱，坚决不承认是他盗走了金印。直到奕䜣召来首饰铺的伙计当堂对质，他才不得不招供。

原来，萨隆阿在军机处任职时，因浪吃浪喝，入不敷出，经济困窘，债台高筑。于是，看到存放在军机处已近一年的洪秀全金玺，想到平时并无人过问，便见财起意。

但是，他清楚地知道，这金印不仅在军机处立了档，而且皇帝、太后都知道它的存在，一旦发现丢失，必然震动朝廷，断不能善罢甘休，不了了之的。但是，根据以往经验，他知道过去宫中盗窃案发生后，总是以最下层的宫女、太监作为怀疑对象，断不至怀疑到章京大人身上。而且，金印的收藏地点是在汉章京值房内，也就是军机处内的汉屋。按军机处内部的分工，汉屋负责军机处的对外联系，因而从两江总督曾国藩处交来的这个金印，照例在汉屋内收管。而身为满章京的萨隆阿，他的办公地点是在满屋，这汉屋内发生的事件，于他是毫无责任的。更何况，章京在宫内值堂是两班轮换的，事情发现得早，可以推向上一班；发现得晚，那正好在下一班任上，他都能推诿。至于金印一经熔化，即已销毁赃物，俗话说“捉贼拿赃”，这一下岂不赃证全无了吗？

萨隆阿反复斟酌之后，决定下手。同治四年（1865 年）八月十七日这一天清晨，萨隆阿来到军机章京值房。此时，早班的汉章京已经上堂办事，房内的柜子已经打开，萨隆阿乘人不备，将存放于柜子里的金印偷到手，夹带在身。而紫禁城的守卫对军机处官员一向非常敬畏，萨隆阿很轻易地就把金印偷出宫外，带回到他东单牌楼东观音寺胡同的家中。7 天以后的八月二十四日，他又把金印拿到东四牌楼万盛长首饰铺，找到熟识的店伙计王太、王全，伪称这金印是他在外省做道员的叔叔带回北京的，并以 40 吊钱的代价，由首饰铺将金印熔化成金条 10 根，每根约重 11 两。这件清朝廷最重视的战利品、珍贵的太平天国历史文物，就这样消失于人间！

事后，萨隆阿把 2 根金条拿到钱铺换成银钱，还了债，多余的钱也很快被他吃喝挥霍掉了，还有 8 根金条密藏于家中炉坑里。

案情大白后，奕䜣派人在萨隆阿家中起获出了 8 根金条，上奏太后与皇上。萨隆阿当即由军机处奏明开除章京职务，革去刑部郎中，交刑部严加审讯后，被判处死刑。

那时清代的惯例，若是拟定死刑，经皇帝批准后就在第二年的秋后斩决。但是像这样一个震惊全国、影响严重的案件，按照常理应该判处萨隆阿斩立决，当时就有一位叫张观钧的御史向皇帝上了一个奏折，要求立即斩决萨隆阿，而不必等到明年。他说：如果不这样做，就不足以快“国人皆曰可杀”之心。

没有想到的是，上谕批示却说：萨隆阿以职官而犯盗固然是有罪的，但法律对天下人都是公平的，岂可任意加等，立即斩决?

这个上谕实在是让人感到费解，但是细加琢磨，也不难明白其中的原委。关键就在于这案件非同一般，要知道，当时正是处在朝廷大肆宣扬平定太平天国的伟大胜利，标榜所谓“同治中兴”的时候。正在此时，萨隆阿却把最珍贵的战利品给毁得无影无踪了；再加之军机处的特殊地理位置和性能，萨隆阿又是高资历的军机处章京等等因素，所以这个盗窃案件已经远远超越了一般的盗窃或经济问题，而上升为朝廷重大的政治丑闻了。正因如此，清廷对这一轰动京师和全国的案件就一味加以掩盖，不去张扬。如果立即把萨隆阿处死，那就未免过于显眼了。

按说，破获了这样一个大案，侦破此案的番役头目们应该得到朝廷的大力表彰和嘉奖，可是他们只得到了一点有名无实的奖励。据内务府档案记载：“六品番役头目保祥、德荫均赏给五品虚衔”，“七品番役头目恒喜、英奎、吉泰均赏给六品虚衔”。此案赏罚皆不突出，也表现出了清廷是在一味掩饰此事。

无论如何，那方无比珍贵的太平天国天王洪秀全的金玺，永远从人间消失了。

相关链接：

清朝的军机处

军机处，清代官署名，亦称“军机房”、“总理处”，是清朝中后期的中枢权力机关。

雍正七年（1729年），因用兵西北，但内阁在太和门外，恐漏泄机密，始于隆宗门内设置军机房，选内阁中谨密者入值缮写，以为处理紧急军务之用，辅佐皇帝处理政务。十年（1732年），改称“办理军机处”，简称“军机处”。

军机处本为办理军机事务而设，但因它便于发挥君主专制独裁，所以一旦出现之后，便被皇帝抓往不放，不但常设不废，而且其职权愈来愈扩大。

军机处

军机处的职官有军机大臣，俗称“大军机”，有军机章京，俗称“小军机”。军机大臣由皇帝从满、汉大学士、尚书、侍郎等官员内特选，有些也由军机章京升任。军机大臣之任命，其名目为“军机处行走”，或“军机大臣上行走”。所谓“行走者”，即入值办事之意。军机大臣没有定额，军机处初设时为三人，以后增加到四五人至八九人，最多至十一人。

军机章京亦为兼差，选用者必须为进士、举人、拔贡出身，年纪轻，办事练达，撰拟迅速，书写端正。军机处选补章京，由各衙门开具履历保送，军机大臣亲加考试，合格者即带领引见皇帝，录用与否由皇帝决定。其奖叙升转由军机大臣酌情保奏。

军机章京负责军机处的日常工作，如处理文书、记注档册、撰拟文稿等。值宿之章京，如夜间遇有紧要事件，也有单独被皇帝召见承旨撰写上谕的时候，章京还可参与军机大臣承办案件的审理工作等。

军机处成立后，议政王大臣会议于乾隆五十六年（1791年）废止了，内阁也变成只是办理例行事务的机构，一切机密大政均归于军机处办理。军机处总揽军、政大权，真正成为执政的最高国家机关。军机大臣无日不被召见，承命办事，出没于宫廷之间。但军机处完全置于皇帝的直接掌握之下，等于皇帝的私人秘书处。军机处在权力上是执政的最高国家机关，而在形式上始终处于临时机构的地位，并不是国家正式机关。军机处办公的地方不称衙署，仅称“值房”。军机大臣、军机章京都是以原官兼职，皇帝可以随时令其离开军机处，回本衙门。军机大臣既无品级，也无俸禄。军机大臣之任命，并无制度上的规定可供遵循，完全出于皇帝的自由意志。军机大臣的职务也没有制度上的规定，一切都是皇帝临时交办的，所以军机大臣只是承旨办事而已，这些都说明军机处是皇帝集权的最好的工具。

军机处在清代初设阶段，由于没有保密制度，时有部院官员窥探军机处的消息，造成清廷军国要事的泄密，这使清代军机处不得不对保密规制进行强行规定。据史料记载：军机处自清朝嘉庆以后其保密规制开始严格，军机章京办事处不许闲人窥视，王以下及文武大臣不准至军机处与军机大臣谈论。至于通谕王公大臣之事，在乾清门阶下传述，不许在军机处传述。与此同时，军机处所收到的各类奏折和皇帝朱批的谕旨，都有一整套严格的保密管理规定，每日奏折，于寅卯二时发下，由军机章京分送各军机大臣互阅。凡皇帝在奏折上批有“另有旨”、“即有旨”的奏折，由军机处章京贮于专门的保密黄匣中，交军机大臣捧入请旨，然后由军机大臣根据皇帝的旨意，命军机章京起草谕旨，经皇帝朱笔改定后，交各部院速议速办。为防止文件在传递过程中的失密，由军机处将文件密封后交兵部捷报处递往。

清军机处还实行了严格的归档保密规定，凡所奉谕旨，每日为一束，每半月为一包，按季清档，收入柜中，谓之“封柜”。清军机处还设有专门的档案房，有专职的保密人员管理这些档案，由此，军机处的保密工作做得非常之好，同时，也为后代留下了许多难得的珍贵史料。

天王洪秀全的木玺和玉玺

在洪秀全的印玺中，最重要的有三方——金玺、玉玺与木玺。

木玺较为简易，由坚硬的木质制成，有3寸6分见方，四面龙文，中刻“旨准”二字。印面图案是太平天国喜爱的龙凤朝阳的内容，在刻法上具有刚健遒劲的风格与民间版画的质朴韵味。印文采用宋体楷书，通俗易认，庄重大方。这是天王洪秀全日常签奏章及批准印行书籍时钤用的，以“昭信实而壮观瞻”。现存太平天国正式颁行的《太平礼制》、《天条书》、《太平诏书》等10余种官书的首页上，

洪秀全的玉玺

都加盖有这方印玺的“旨准”。

金玺与玉玺均十分珍贵，制作精美，洪秀全轻易不用，只有在太平天国重要的诏旨上才加盖这两方印玺中的一方。

玉玺为清白玉质，印纽两侧，均精雕着丹凤朝阳的图案，玉玺四周则刻有双龙双凤，显示出太平天国在玉雕与装饰美术上的较高艺术水平。玉玺印面上刻有44个字，其文曰：“太平玉玺。天父上帝。恩和辑睦。天王洪日。天兄基督。救世幼主。主天舆笃。八位万岁。真正贵福。永定乾坤。永锡天禄。”其大意是：天父上帝是最为尊贵的神，太平天国臣都是上帝的子女，如同兄弟姐妹，要“恩和辑睦”相处。天王洪秀全好比太阳。洪秀全的兄长是耶稣基督。洪秀全的长子是“救世幼主”。上帝派洪秀全乘车轿从天上来到中国治理天下。“八位万岁”是指：爷（上帝）、哥（耶稣）、朕（天王洪秀全）、幼（天王长子洪天贵福）、光（天王洪秀全第三子光王）、明（天王洪秀全第四子明王）、东（东王杨秀清）、西（西王萧朝贵）。“永定乾坤，永锡（与赐通）天禄。”是说太平天国江山万年，政权稳固。这44个字的内容不仅说明了太平天国政权的最高领袖组成情况，而且表现了他们的宗教思想与政治思想。

湘军攻占南京那天，洪秀全的金玺和玉玺落入清军手中，作为最为贵重的战利品，上交朝廷，金玺如上文所说，一年后被军机处章京萨隆阿窃走销毁，而玉玺虽历经后来的战火与劫难，却完好地保存下来，现珍藏于北京中国革命博物馆。

至于洪秀全的那方木玺，多年来一直下落不明。直到1975年，南京瞻园路173号的住户在翻修旧屋时，于屋顶天窗的天花板旁，发现了一方被灰尘封没的木玺。经专家鉴定，此木玺就是失落100年的洪秀全“旨准”木玺。据考查推断，发现木玺的南京瞻园路173号原是太平天国后期的“刷书衙”（出版印刷机构）所在地。应该是在太平军突围前，将天王的木玺密藏于“刷书衙”房屋的屋顶天花板上，后竟躲过清军的搜查，一直未被人发现。如今，此玺珍藏于南京太平天国历史博物馆中。

第五节　无根男身首异处

——安德海客死他乡

前排左为安德海

同治八年八月初七日（1869年9月12日），山东巡抚丁宝桢在济南将大内总管、慈禧太后最宠信的大太监安德海就地正法。

人物小档案：

NO1. 安德海（1844—1869年），又名安得海，直隶南皮（河北省南皮县）人。宦官，清朝慈禧太后的宠臣。

NO2. 丁宝桢（1820—1886年），字稚璜，贵州平远（今织金县）牛场镇人，晚清名臣。

清代的直隶省南皮县盛产太监，安德海就是南皮县人，他从小羡慕那些因当太监而成暴发户的人，于是净身入宫当了太监。

安德海长相俊美，聪明伶俐，为人狡诈。他最大的能耐就是善于察言观色，阿谀奉承，还不露一丝痕迹。而且他知书能文，史书称他：能够讲读《论语》、《孟子》诸经。以忠心获得咸丰皇帝的喜爱，以柔媚赢得慈禧太后的欢心。

不过，他真正得盛宠于慈禧太后，还得从“辛酉政变”说起。咸丰十年(1860年)，英法联军入侵北京，咸丰皇帝携后妃逃往承德避暑山庄，留恭亲王奕䜣在北京主持议和。第二年，咸丰皇帝病死，他与慈禧的独生子、年仅6岁的载淳即位，即同治皇帝。咸丰帝遗旨命肃顺等8位大臣为顾命大臣，处理朝政，但慈禧太后不甘于大权旁落，她联手慈安太后及恭亲王奕䜣，出其不意地发动“辛酉政变”，粉碎了8位大臣的势力。两宫太后开始垂帘听政，封奕䜣为议政王。这在中国历史上是一件大事，自此慈禧太后开始了她近半个世纪对中国的统治生涯。

而在这个事件中，安德海充当的是慈禧太后“秘密信使”的角色，他冒着生命危险承担起两宫太后与恭亲王奕䜣之间的秘密联络，在安德海全力协助下，慈禧太后政变成功。从此，安德海成为慈禧太后的心腹，慈禧太后不仅生活起居由他照料，闲暇时也离不开他陪伴，对他的话“无不纳之”，20岁就升他为大内总管。

同治七年（1868年）冬天，安德海在京城最大的酒楼——天福堂大酒楼大摆酒宴，正式迎娶徽班旦角、年方19岁、艺名九岁红的美人马赛花为妻。慈禧太后为了表示宠爱，特地赏赐了白银1000两，绸缎100匹。太监娶妻的新闻，在北京的大街小巷也迅速传播开来。

如此看来，安德海的一生应该是飞黄腾达、大富大贵。可是，随后他的一生就像流星一样瞬间划过晚清历史的天空，26岁的好年纪便身首异处，命归黄泉了，这究竟是怎么回事呢？

当上大内总管之后，安德海恃宠而骄，除了主子慈禧太后，他不把任何人放在眼里，甚至对恭亲王奕䜣和同治小皇帝，都不无轻慢忤逆之态。

恭亲王奕䜣本是咸丰帝的胞弟，政变后又当上了议政王，掌握了军机处和总理衙门的大权，是一个有真正实权的人物，也是安德海专横跋扈的最大障碍。于是，安德海经常在慈禧太后面前说恭亲王的坏话，而慈禧也正想解除奕䜣手中的权力。到了同治四年（1865年）三月，在安德海的密谋下，慈禧借用一个御史弹劾奕䜣的机会，突然翻脸，以“虽无实据，事出有因”的罪名，革去奕䜣的议政王等一切差使，不准其干预一切公事。一个月后，又以奕䜣“深自引咎，颇知愧悔”为由，下令让奕䜣“仍在军机大臣上行走，无庸复议政名目”。慈禧虽然恢复了奕䜣军机大臣等职，但却不再恢复政变成功后特加给他的“议政王”职衔，借机敲打了奕䜣，让奕䜣明白，他不过只是掌握在自己的股掌之中罢了。这件事后，奕䜣对助纣为虐的安德海岂能不恨之入骨？

安德海得逞之后，又玩弄种种伎俩，开始培植党羽，交往朝臣。朝中佞员看到安德海的势焰，多奔走其门，使之气焰熏天。但大多数正直的官员对他的种种行为感到不满，愤恨之至。就连还是个小孩子的同治皇帝，也对安德海厌恶之极。因为即使在小皇帝面前，他也常常摆出一副骄横之态，时不时地教训小皇帝，甚至动不动就到慈禧太后面前打小报告，说三道四，弄得小皇帝老是受到母后的斥责。同治帝自小就是一个不大听人管教、爱我行我素的孩子。据说，他曾问身边的人："我当了皇上，能说杀谁就杀谁吗？"贴身太监问要杀谁，他便在手上写了"小安子"三个字。小皇帝还以孩童的方式泄愤，一次，他把做好的泥人一刀砍去了脑袋。身旁的太监对皇帝负有责任，对其行为都要注意。这次见他砍去了泥人的脑袋，便问："皇上这是何意呀？"同治帝毫不掩饰地说："杀小安子！"

安德海以为慈禧太后可以永远保着他，所以，他才敢如此忘乎所以，目中无人。其实，那些被他得罪的人都在暗中隐忍并等待着时机。

终于，机会来了。同治八年（1869 年），久在宫闱的安德海想出宫游玩，并借机敛财，便借口筹备同治帝大婚典礼，请求慈禧太后派他到江南置办龙袍、预备宫中婚礼所用之物，获得慈禧太后的默许后，他便号称钦差，却并未携带任何公文，就带领大批人马上路了。

事实上，清朝太监是不可以出京的。鉴于明朝太监专权导致祸国殃民的历史教训，清朝对内廷太监的管理一直非常严格，坚决防止太监干预朝政。开国之初，顺治帝就于顺治十年（1653 年）颁布上谕，对太监管理做出了以下规定：一、非经差遣，不许擅出皇城；二、职司之外，不许干涉一事；三、不许招引外人；四、不许交接外官；五、不许使弟侄亲戚暗相交接；六、不许假弟侄名色置买田产，从而把持官府，扰害民人。两年后，顺治帝又命工部将严禁太监干政的上谕铸成铁牌立于宫内交泰殿门前，以示警戒。

这道上谕后来成为清朝皇室的祖宗家法，但凡有太监触犯，就会被处以极刑。安德海只是仗着慈禧太后的宠爱，在未知会任何官方衙门的情况下，便违反祖制、擅出宫禁，最终为自己招来了杀身之祸。

一路上，安德海不但不隐蔽行事，而且唯恐天下人不知。他在船上张挂起龙凤旗帜，带着保镖、随员和歌女舞姬，沿着运河南下，一路招摇过市。他还骚扰官民，让地方官来拜见他。安德海的船出直隶，入山东，很快到了德州。消息惊动了德州知州赵新，他奇怪有“钦差”过境为何没有接到朝廷谕旨通知，觉得此事非同小可，赶紧奔赴济南，向山东巡抚丁宝桢请示。

山东巡抚丁宝桢素以刚正著称，对安德海的骄横不法早有耳闻，痛恨之极。这时丁宝桢赶紧布置，让地方上对继续前行的安德海一伙严密跟踪监视，准备随时听命缉拿，同时急忙上奏请示机宜。奏折中痛陈安德海种种“震骇地方”的不法行径，并申诉了自己职守地方，“不得不截拿审办，以昭慎重”的充分理由：一、清朝二百余年不准宦官与外人交接，“亦未有差派太监赴各省之事况”；二、龙袍系御用之衣，自有织造谨制，不用太监远涉靡费，且皇太后、皇上崇尚节俭，断不须太监出外采办，即使实有其事，亦必有明降谕旨并部文传知；三、太监往返照例应有传牌勘合，绝不能听其任意游兴，漫无稽考；四、龙凤旗帜系御用禁物，若果系内廷供使的太监，自知礼法，何敢违制妄用；五、出差携带女优，尤属不成体制。

奏章送抵京城，此时正巧慈禧太后称病休息，奕䜣联同慈安太后和同治皇帝，瞒过慈禧太后，传令丁宝桢，要他迅速将安德海拿下，就地正法。

八月二日，安德海在泰安县被知县何毓福抓获，随即被押往济南，由丁宝桢亲自审讯。安德海见到丁宝桢大呼：“我奉皇太后命，谁敢犯者，统自速死耳！”丁宝桢严厉诘问，为什么没有谕旨和传牌，也没有其他证照，并且携带妇女，妄用禁物，一路招摇，祸害地方？原本有恃无恐的安德海，哪里想过这些事情？这才慌张起来，“俯首无词，自称该死”。丁宝桢下令搜船，结果从安德海乘坐的两条船上搜出黄金1150两，元宝17个，极大明珠5颗，珍珠鼻烟壶一个，碧霞犀数十块，骏马30余匹，还有许多其他珍宝、珍玩，又搜获安德海干预地方公事和僭越违制的一些罪证物品。

八月初七日，丁宝桢在济南将安德海和随行的20多人就地正法，随后将处死安德海的奏章送到京师。面对心腹太监死于非命这个无可挽回的结果，慈禧太后心里自然会悲痛愤怒，但又不好发作，因为安德海确实是违制犯法，论罪当诛。思前想后，她干脆一不做，二不休，下令安德海暴尸三天。八天之后，朝廷又连发两道谕旨，再次强调安德海是私自出京，违制被杀，罪有应得，并令太监们以此为戒，益加儆惧。

丁宝桢将个人生死安危置之度外，智斩权阉安德海。这个敢在太岁头上动土的举动，震惊了朝野，地方大员们闻之都拍手称快。时任湖广总督的李鸿章知道了这一消息后，极为高兴地赶忙让僚属们传阅文件，并说："稚璜（丁宝桢的字）成名矣！"当时在直隶总督任上的曾国藩则激动地对门下说："我害眼病已数月，听到这事积翳为之一开。稚璜，豪杰啊！"一时间，"丁青天"之誉传遍中国。

总观安德海，他小人得志，便忘乎所以，恣肆妄为，最终招祸，落得身首异处的可悲下场，实在是罪有应得，死有余辜！

相关链接：

丁宝桢其人

丁宝桢

丁宝桢是贵州人，咸丰三年（1853年），33岁的他考中进士，改翰林院庶吉士，后任翰林院编修，自此步入仕途。他为官做事重大义，知变通，重实效，约束部属甚为严厉，以勇于任事、吏治严整闻名于世。

丁宝桢生活在中国历史发生大变局的时代，面对外面"船坚炮利"的现实，丁宝桢致力于"求富自强"的洋务运动。他以开放的眼光看待世界形势，痛斥"墨守纲常"的人。认为中国要自强，必须学习西方，"精求武备"，"仿照外洋枪炮之巧如法制造"，这样才能"弃我之短，夺彼之长"。

1875年，丁宝桢以"靖海安边"为名，上奏清政府批准，在济南北郊新城择地300亩，建山东机器局，引进国外机器设备，制造火药、马梯尼洋枪，成为"师夷长技以制夷"的典范。次年丁宝桢升任四川总督，又借鉴山东机器局的经验，创办了四川近代第一座机器制造工厂——

四川机器局。山东、四川机器局的创办，成为两省近代工业的开端。

同时，他在文化建设上也颇有作为。1869年，丁宝桢在山东创办尚志书院，俗称尚志堂。就学者除学习儒学外，还学习天文、地理、算术。该堂曾刊刻的书籍称尚志堂版，在国内享有盛誉。至今，在趵突泉公园，尚志堂建筑仍存。同期，丁宝桢还创办了近代山东最早的官书局——山东书局。

丁宝桢还是一位水利专家，先后治理黄河和四川都江堰，至今在都江堰仍然树立着丁宝桢的雕像。

清光绪二年（1876年）九月，57岁的丁宝桢受到慈禧皇太后和光绪皇帝的接见，被授头品顶戴、太子少保，挂兵部尚书、都察院右都御史衔，升任四川总督。当时四川吏治腐败、财政赤字巨大，慈禧特为丁宝桢写了一幅字“国之宝桢”，足见朝廷对丁宝桢寄予了厚望。

清光绪十二年（1886年），67岁的丁宝桢死于四川总督任所。由于俸金多数用于济困助教，这位封疆大吏病危时因借债只好上奏朝廷：“所借之银，今生难以奉还，有待来生含环以报。”光绪帝为之动容。噩耗传到他曾经担任巡抚的山东省，山东父老悲恸叹惋，请求朝廷将丁宝桢的灵柩盘回山东。灵柩运至济南，当时士绅百姓争相“郊野祭吊”。此时，距他离开山东已十年，但人们依然对他如此情之深，爱之笃，可见其在山东人民心中的良吏形象。

慈禧太后书：国之宝桢

清末大太监——李莲英

李莲英原名叫李进喜，莲英是后来慈禧赐的名，他是清朝慈禧时期继安德海之后最有权势的太监，甚至被人们呼为“九千岁”。

李莲英出生于顺天府大城县（今河北大城县），他9岁入宫，先后在奏事处和景仁宫当差，直到同治三年（1864年）16岁时，才调到长春宫慈禧跟前。当时大太监安德海正得慈禧宠爱，两人虽同时进宫，地位却差得很远。后来安德海因过分张狂，终于以“违背祖制，擅离京师”

的罪名，在同治八年（1869 年）被山东巡抚丁宝桢砍头。

和安德海不同，李莲英是个十分聪明乖巧的人，他知道应该如何摆正主子和奴才之间的关系。李莲英不仅学会了揣摩主子的脾气和爱好，千方百计地讨主子欢喜，还能时时处处谨慎小心。墓志铭中说他“事上以敬，事下以宽，如是有年，未尝稍懈”。也就是说他对主子恭敬，对下属宽厚，多少年来不敢松懈。也正是因为如此，李莲英成为安德海之后慈禧太后最宠信的太监。

同治十三年（1874 年），26 岁的李莲英任储秀宫掌案首领大太监。这个职务一般需进宫服役 30 年才有资格担任，而李莲英此时进宫刚满 17 年。光绪五年（1879 年），李莲英出任储秀宫四品花翎总管。随着慈禧日益大权独揽，李莲英的声望地位也变得显赫起来。李莲英 31 岁时，就已经可以和敬事房大总管（清宫太监总头目）平起平坐了。光绪二十年（1894 年），46 岁的李莲英被赏戴二品顶戴花翎。虽说这只是一种荣誉的象征，但这是太监中从未有过的荣誉。雍正皇帝曾规定太监品级以四品为限，慈禧却为李莲英破了祖上传下来的规矩。

李莲英（右）、崔玉贵（左）为慈禧太后侍辇

慈禧与李莲英几十年形成的感情非同一般。慈禧在政治上是一个女强人、独裁者，但她也是一个感情脆弱、害怕孤独的女人，能化解慈禧的烦恼并最会服侍她的只有李莲英。李莲英实际上成为慈禧生活中一刻也不能离开的伴儿。

光绪三十四年(1908年)十月二十二，李莲英陪伴了一生的"老佛爷"慈禧死于北京西苑的仪鸾殿。李莲英办理完慈禧的丧事，认为自己这一辈子侍候皇家还是尽职尽责的，可以退休了。于是，他在宣统元年(1909年)二月初二，离开生活了51年的皇宫。当时内宫主政的隆裕太后，为感谢他在宫中服役多年，准其"原品休致"，就是带原薪每月60两白银退休。之后，他就淡出了人们的视线。

> 仪鸾殿：清光绪十一年（1885年），慈禧太后开始在北京西苑兴建她的寝宫，作为其归政后的颐养之所。光绪十四年（1888年）修迄，取名仪鸾殿。

宣统三年(1911年)，时年64岁的李莲英去世了。这时，绵延了200多年的清王朝也已是风雨飘摇。李莲英死时，清朝宫廷特批白银1000两，在北京恩济庄的太监墓地为他修造了一座豪华坟墓。

小德张和宣统退位

小德张

1912年2月12日（清宣统三年旧历十二月二十五日），是中国历史上极具特殊意义的日子，就在这一天，清宫隆裕太后主持御前会议，以5岁稚童宣统皇帝的名义颁发了退位诏书，授命袁世凯全权组织"临时共和政府"。于是，统治中国260多年的清王朝彻底垮台；在中国实行了两千多年的封建君主专政制度就此结束。这尽管是爆发辛亥革命的必然结果，但是，这出政治时事剧的幕后导演者究竟做了哪些不为外人道的设计呢？

1911年11月，袁世凯出任清廷内阁总理大臣和统兵领差，掌握了政、军、财大权。此后，以孙中山为领袖的革命党函告袁世凯，如他能迫使清帝退位，宣布实行共和，孙中山愿将大总统的职位让他担任。袁世凯暗地里接受了这个条件，但当时以隆裕太后为首的清廷死活不肯退位。深谙清廷内幕的袁世凯忽然想到隆裕太后的心腹——内务府总管太监小德张。

袁世凯派心腹袁乃宽去找小德张密谈，以白银 300 万两作酬金，要他说服隆裕太后退位。小德张不敢明目张胆地接受，他诚惶诚恐地回绝了。过了几天，小德张给母亲董氏庆贺诞辰，达官显贵纷纷带着厚礼前去祝寿，袁世凯借机派儿子袁克桓给小德张送去一盒糕点。袁克桓悄声对小德张说："家父之心，尽在此中。"小德张收下后打开一看，糕点盒里夹着一张 300 万两白银的支票。

过了几天，为退位难题召见完御前大臣的隆裕太后回到钟粹宫，显得很苦恼，小德张趁机凑上前去试探着劝说，说大清皇帝辞位之后，等于仍存不废，岁银 4 万两，可暂居宫禁，原有私产特别保护。袁世凯是忠于皇上的，只是事到如今他也没有了办法，但这些条件他是可以担保的。隆裕太后听罢，大声恸哭起来。20 天后，隆裕太后召开御前会议，颁发了宣统皇帝退位诏书。

历史就是这么离奇

——中外宫廷奇案录

外·国·篇

WAIGUO·PIAN

我愿意突然而死

——“无冕之王”一言成谶

恺撒大帝

公元前44年的3月15日，即恺撒说出“我愿意突然而死”的第二天，在元老院遇刺身亡。

人物小档案：

盖乌斯·尤利乌斯·恺撒（公元前100—公元前44年），罗马共和国末期杰出的军事统帅、政治家。

恺撒是罗马帝国的奠基者，虽然他一生没有称帝，但是却是罗马帝国的无冕之皇，历史上有“恺撒大帝”之称。

恺撒于公元前100年7月13日出生于罗马，他的父系和母系都有纯粹的贵族血统。在他父亲的直系亲属中，曾有多人担任过执政官、大法官等职务。其父在公元前100年前后担任过财政官、大法官等职务，还曾出任过小亚细亚的总督。其母奥莱莉娅也是来自权势很大的奥莱利·科塔家族，恺撒的外祖父卢西就曾担任过罗马共和国的执政官。这样显赫的身世，注定了恺撒将来至少会获得类似行政官的职务。

恺撒幼年获得了很好的庇护和教育。恺撒的母亲相信自己的儿子不是凡夫俗子，非常重视对他的教育。恺撒也不辜负母亲的期望，博览群书，学业日益长进。恺撒酷爱文学，还喜欢体育运动，精通骑马、剑术等。

长大后，恺撒体魄强健、孔武有力、武艺出众、相貌堂堂。他不负众望，表现出非凡的执政能力，历任财务官、大祭司、大法官、执政官、监察官等职。公元前60年与庞培、克拉苏秘密结成前三巨头同盟，随后出任高卢总督，花了八年时间征服了高卢全境（现在的法国），还袭击了日耳曼和不列颠，极大地扩展了罗马共和国的疆域。公元前49年，他打败政敌庞培，集大权于一身，实行独裁统治。

公元前44年，恺撒被推举为终身独裁官。元老院、公民大会和各种职官形式上虽然保存，但实际上一切听命于恺撒。恺撒成为了罗马共和国至高无上的主宰者。

恺撒还为自己创造了一个神圣的家谱：根据神话传说，罗马城的缔造者罗穆卢斯的祖先是特洛伊英雄安喀塞斯与女神阿佛洛狄德（罗马人的维纳斯）生下的特洛伊王子埃涅阿斯。恺撒将埃涅阿斯之子阿斯卡尼作为自己氏族的祖先，并由此断言自己是维纳斯的后裔。

当时，有一部分罗马人对恺撒崇拜不已，想拥戴他当皇帝。但是，从公元前510年，罗马人驱逐了前国王暴君塔克文以后，就结束了罗马王政时代，建立了罗马共和国，国家由元老院、执政官和部族会议三权分立：掌握国家实权的元老院由贵族组成；执政官由百人队会议从贵族中选举产生，行使最高行政权力；部族大会由平民和贵族构成。

从此，罗马就没有过帝王。大多数罗马人仇视帝王，反对恢复帝王的职位。恺撒虽然内心十分想当皇帝，但是他对这个事实非常清楚。在一次节日盛会上，执政官安东尼突然把一顶皇冠戴在恺撒头上，可是只有少数人鼓掌，大多数人都在叹息。恺撒取下王冠扔在了地上。安东尼连忙拾起皇冠又给他戴上，他又扔掉了。人们看到恺撒一再拒绝戴上皇冠，就放下心来，纷纷向他欢呼致敬。

恺撒虽然没有当上皇帝，却已经拥有许多尊贵的称号：“终身保民官”、“祖国之父”等等。法律规定他坐在黄金象牙宝座上处理公务，他的画像同天神放在一起，他获得了无限期的独裁权力。

但是，随着恺撒独裁权力的集中，元老院的贵族们惴惴不安，他们认为恺撒终将称王，恢复王政时代。因此，他们秘密计划，决心除掉他。这些阴谋者当中，有一个叫做布鲁图斯的人。布鲁图斯以前是恺撒的主要政敌庞培的部下，后来被恺撒信任和重用，并收为养子，恺撒对他很有感情。

公元前44年，为了拯救卡莱会战中被俘虏的9000名罗马士兵，恺撒宣布将远征帕提亚。但是,当时的占卜师说,只有王者才能征服帕提亚,这个结论更加深元老院成员的不安，于是加紧了策划谋杀恺撒的步伐。

据说，恺撒的死在此前几个月里就已经显现出征兆。当时，恺撒派遣一批罗马人前往卡普亚去开拓殖民地，当时为了建造一个广场，他们拆除了一些比较古老的墓葬，并在一个据说是卡普亚的创建者卡普斯的墓葬中发现了一块青铜书版，书版上面用希腊文刻着一段铭文，铭文大体意思是说，一旦卡普斯的遗骸遭到暴露，尤利乌斯家族的一个子孙将死于自己的朋友之手，而且不久之后，整个罗马会受到史无前例的报复。而恺撒正是尤利乌斯家族的人,他死后甚至被敕封为“神圣的尤利乌斯”,这个预言显然是针对恺撒的。

另外有记载说，在恺撒临死前几天，有人向他报告：他在渡过卢比孔河时献给卢比孔河神的马群，怎么也不肯吃草，并且时常泪如泉涌，显然它们预见到了有什么不幸的事情即将发生，但是恺撒没有在意。

据说在恺撒被刺杀的前夜，人们曾经注意到有一个硕大的流星陨落在西北方向，在当时，巨星陨落被看做是大人物将遭到不测的警示，而西北方正是恺撒当时的府邸所在，于是当时流言四起，认为恺撒即将遭到不测。

尤其令人称奇的是，恺撒的一个朋友连出事日期都算准了。恺撒有一位叫斯普林那的朋友，是当时罗马境内著名的占卜师。有一天，当他们一同参加完一个祭神活动之后，斯普林那突然将恺撒拉到一边，悄悄地告诉他正身处大难之中，而且这场大难在 3 月 15 日之前不会过去，他尤其提醒恺撒在 3 月 15 日这天要加倍小心，谨防危险，但是恺撒对于斯普林那的这个预言很是不以为然，甚至讽刺斯普林那有些杞人忧天。

据说恺撒在被杀前的那个夜里，梦见自己在云端与当时的罗马天神朱庇特（朱庇特在罗马神话中的地位相当于希腊神话中的宙斯）携手飞翔。而他的妻子卡尔普尔尼娅则梦见他们家的屋顶坍塌了，丈夫被刺死在自己的怀里。

而最让人们震惊的是，就在恺撒被刺杀的前一天，恺撒和他的亲信——骑兵司令雷必达等人一起外出打猎时，不知什么缘故竟然谈起了应该选择什么样的死亡方式。当时，恺撒突然向大家提出这样一个问题："怎样一种死法才是最好的？"大家纷纷发表意见，在听取了大家的意见之后，恺撒说："我愿意突然而死。"当时大家都对于他的这种表现很是不解。谁料想，第二天他的预言就应验了！

3 月 15 日终于到了，元老们叫恺撒到元老院去读一份陈情书，可是他们的目的却不是宣读什么陈情书，而是要刺杀恺撒。由于出现了太多的不吉利现象，恺撒内心不无担心，一直犹豫着自己是否去参加。但是后来，恺撒终于在他的养子，也是这次刺杀活动的主谋布鲁图斯的劝说下前往元老院。

在路上，恺撒又遇见了预言师斯普林那，他开玩笑似的对斯普林那说道："3 月 15 日可是已经到了！"斯普林那却告诫恺撒大帝："没错，3 月 15 日的确来了，可是还没有过去。"但是恺撒并没有听从斯普林那的再一次劝告，继续前往元老院。

在恺撒快到元老院的时候，有人塞给他一封揭发元老们密谋刺杀他的告密书，但是不知什么原因，恺撒竟没有翻开这张告密书。这时，执政官马克·安东尼从一个解放者那里听到了元老们要刺杀恺撒的消息，他赶紧跑到元老院的阶梯上要阻挡恺撒。可是这些参与预谋的元老在剧院前先找到了恺撒，并把他领到了剧院的东门廊。

恺撒大步走进大厅，坐到黄金宝座上，笑着说："现在不就是 3 月 15 日吗？"这时候，元老们身藏短剑，像朋友一样围在他身边。在他开始读陈情书的时候，一个叫卡斯卡的人把恺撒的外套扯开，用刀刺向

恺撒遇刺图

他的脖子。恺撒反应很快，转过身抓住卡斯卡的手，说道："恶人卡斯卡，你在做什么？"被吓到的卡斯卡转向其他元老，喊道："兄弟们，帮我！"马上，包括布鲁图斯在内的所有围在恺撒身边的人都用短剑刺向恺撒。恺撒奋力进行反抗。这时，他中了一剑，他看见这一剑正是他最信任的养子布鲁图斯刺的，不由得惊呼："啊，还有你，我的孩子！"他放弃了抵抗，颓然倒下，用紫袍蒙面，听任他的仇敌乱刺乱砍。据悉，当时有 60 多人参与了这起谋杀。

谁会想到，伟大的恺撒就这样一语成谶，悄无声息地死在贵族们的手里！

恺撒被杀死以后，布鲁图斯说："我爱恺撒，但我更爱罗马！"可是罗马的平民爱戴恺撒，没有一个人对恺撒之死表示高兴。当凶手们手提着血淋淋的短剑走出元老院的时候，和他们所预料的欢呼场面相反，看到的只是表情冷漠、充满怀疑目光的人群。

恺撒被杀的消息传开后，罗马立刻陷入了一片混乱。马克·安东尼宣读了恺撒的遗嘱，遗嘱中表明，他没有称帝的野心，并希望在他死后把台伯河的花园留给人民公用，并赠予每个公民 300 塞斯特尔提乌斯（罗马共和国货币）。

恺撒死时 58 岁，死后被列入众神行列，被尊为"神圣的尤利乌斯"。阴谋刺杀他的人中间，几乎没有谁在他死后活过 3 年的。所有人都被判有罪，并以不同方式死于非命：一部分人死于海难，一部分人死于屋大维和其他恺撒部将发动的战争，还有些人用刺杀恺撒的同一把短剑自杀。

相关链接：

恺撒和庞培的战争

庞培是古罗马时与恺撒同时期的卓越军事统帅和政治家。他贵族出身，17 岁开始参加战争，曾参与镇压斯巴达克起义，吞并叙利亚和巴勒斯坦，战功煊赫，还当选过执政官。

公元前 60 年，罗马共和国最有权势的三个人——恺撒、庞培和克拉苏结为同盟，这个国家的任何一项措施都不得违反他们三人之一的意愿。为了巩固这一政治联盟，50 岁的庞培还娶了恺撒年仅 14 岁的独生女茱莉娅。三人结盟后，势力大增。

后来，恺撒统帅军队在各地作战，在 9 年时间里，恺撒夺取了整个高卢地区（约相当于今天的法国），并把这个以比利牛斯山、阿尔卑斯山、塞文山、莱茵河和罗纳河为界，周长超过 3000 英里的地区，统统变成了一个行省。

高卢战争获得的巨大声望，让在罗马的庞培等贵族感到不安。公元前 53 年，东征帕提亚的克拉苏战败身亡，三头政治失去一足。元老院认为相比于庞培，恺撒军事力量的激增会给予脆弱的共和政体以更大的威胁，就拉拢庞培，推举他为执政官。这时，嫁给庞培的恺撒女儿茱莉娅难产而死，宣告他们以姻亲维持的同盟不再存在，两人之间争夺独裁的内战势在必发。庞培利用职权，把锋芒指向恺撒，阻止恺撒延长高卢总督的任期，限于公元前 49 年 3 月任满解职，以瓦解恺撒的权力。他还发出最终通告，表示恺撒如果不立刻回罗马，将宣布恺撒为国敌。于是，庞培和恺撒公开决裂。

恺撒带军团返回罗马，行至国境线卢比孔河，因为罗马法律规定，任何指挥官皆不可带着军队渡过卢比孔河，否则就是背叛罗马。恺撒思索半天之后，讲出一句名言：“渡河之后，将是人世间的悲剧；不渡河，则是我自身的毁灭。”于是，他带着军团渡过卢比孔河。恺撒的举动让庞培以及元老院共和派议员震恐，他们没想到恺撒竟然如此大胆，元老院立即宣布全国处于紧急状态，宣布恺撒为国敌，庞培开始招募军团。恺撒以“保卫人民夙有权力”为名，迅速迫近罗马，此时，庞培的征兵工作尚未完成，因此他和大部分元老仓皇逃离意大利半岛，率军退守希腊。于是，恺撒未经流血进入罗马城后，要求剩余的元老院议员选举他为独裁官。

庞培放弃意大利后，企图在希腊组织反攻。他在那里集合了11个军团，7，000名骑兵以及由600艘战舰组成的舰队。公元前48年，恺撒率领10个军团，10，000名高卢骑兵出征庞培。同年8月9日，著名的“法萨卢战役”打响，这是庞培和恺撒之间进行的最大的也是最后的一次决战，结果，恺撒彻底击败了庞培，庞培被恺撒穷追不舍，只好向埃及求援。埃及国王托勒密十三世亲自到海岸欢迎庞培，但是国王和他的朝臣们早已决定不冒触怒恺撒的风险。为了讨好恺撒，当庞培踏上埃及陆地的时候，就遭到埃及人的突然袭击，遇害身亡。埃及人割下他的头颅，焚化了他的尸体，将其人头献给恺撒。从此，罗马开始了恺撒时代。

埃及艳后

埃及艳后克丽奥佩特拉七世是埃及托勒密王朝的最后一位女王。她才貌出众，聪颖机智，擅长手腕，心怀叵测，一生极富有戏剧性，在古埃及是一位焦点人物。在后人的记述里，这位埃及绝世佳人凭借其倾国倾城的姿色，不但暂时保全了一个王朝，而且使强大的罗马帝国的君王纷纷拜倒在她的石榴裙下，心甘情愿地为其效劳卖命。但丁、莎士比亚等都将这位传奇女人描述为“旷世的性感妖妇”。

埃及艳后

克丽奥佩特拉七世是埃及国王托勒密十二世和妻子克丽奥佩特拉五世的女儿，生于公元前69年，从小在骄奢淫逸的宫廷中长大。公元前51年，其父去世，留下遗嘱指定克丽奥佩特拉七世和她的异母弟弟托勒密十三世为继承人，共同执政。依照当时的法律，克丽奥佩特拉必须嫁给自己的弟弟，共同统治埃及，克丽奥佩特拉就这样登上了王位。

但是，他们两人因派系斗争和争夺权力而失和，克丽奥佩特拉七世于公元前48年被驱逐，她在埃及与叙利亚边界一带聚集军队，准备攻入埃及，夺回统治权。

此时，适逢恺撒追击庞培来到埃及，对埃及的王位之争进行调停。克丽奥佩特拉七世得此消息，希望利用恺撒助她夺回王位，就命自己的属下将自己装扮成一个商人，以毛毯裹身，由人抬到恺撒房门前。毛毯打开，克丽奥佩特拉七世突然出现在恺撒面前，她的勇气和惊人的美貌深深打动了恺撒，他不可自拔地坠入情网。

于是，恺撒宣布埃及王位应该由托勒密十三世与他的姐姐克丽奥佩特拉共享。此举惹恼了托勒密十三世，由此爆发了亚历山大战役。恺撒带领的第六军团艰苦抵抗埃及军，获得完胜，托勒密十三世阵亡，克丽奥佩特拉成功地登上埃及王位。遗憾的是，在会战期间，恺撒的士兵所发射的火箭命中亚历山大城的大图书馆，60多万本书毁于一旦。

克丽奥佩特拉七世依恃恺撒巩固了自己的地位，成了埃及实际的统治者。为了取悦于恺撒，克丽奥佩特拉七世百般逢迎，盛宴款待，陪伴他进行了一次为期两个月的尼罗河之旅，观赏沿途风光。后来，克丽奥佩特拉七世还为恺撒生下一子，取名恺撒里昂。

公元前45年，克丽奥佩特拉七世和托勒密十四世应邀前往罗马，备受殊荣，住在第伯树对岸的恺撒私人宅邸。恺撒实践誓言，在罗马建造了一座祭祀其尤利乌斯族系祖先的维纳斯神庙，还把克丽奥佩特拉七世的黄金塑像竖立在女神之旁。眼看克丽奥佩特拉七世就要成为罗马帝国的第一夫人，不料恺撒于公元前44年3月15日被刺身亡。克丽奥佩特拉七世的美梦顷刻化为泡影，只能黯然离开了罗马。

回国后，克丽奥佩特拉七世于公元前44年6月26日毒死了托勒密十四世，让她与恺撒的私生子恺撒里昂登上王位，和她共同执政。

恺撒死后，安东尼称雄于罗马。公元前41年，他到达埃及，召见埃及艳后克丽奥佩特拉七世。克丽奥佩特拉七世认为这又是一个绝好的机会，于是巧为安排利用。据说，克丽奥佩特拉七世乘坐一艘紫帆

> 托勒密十四世：托勒密十四世是托勒密十二世的儿子，埃及艳后的弟弟。在克丽奥佩特拉七世的丈夫和共治者托勒密十三世死亡后，作为当时埃及传统的一部分，女王克丽奥佩特拉七世嫁给了他，并与他共治埃及。而实际权力掌握在克利奥佩特拉七世手里，托勒密十四世只是名义上的统治者。在克丽奥佩特拉七世访问罗马时，托勒密十四世也被迫随行。

银桨的镀金大船，从埃及出发，先到西利西亚，再经后德诺斯河抵达塔尔索斯。这艘船上挂着用名贵的推罗染料染成的紫帆，船尾楼用金片包镶，在航行中与碧波辉映，闪发光彩。女王打扮成爱神阿佛洛狄忒的模样，安卧在串着金线、薄如蝉翼的纱帐之内。美丽的童子侍立两旁，各执香扇轻轻摇动。装扮成海中仙子的女仆，手持银桨，在鼓乐声中有节奏地划动。人们见此情景，疑是爱神阿佛洛狄忒乘着金龙驾临，纷纷奔走相告，观者如潮。安东尼被邀至船上赴宴，看到克丽奥佩特拉七世，其迷人的风姿，优雅的谈吐，顿时令他神魂颠倒，不知所措。他不但忘了此行的目的是为了责问克丽奥佩特拉七世为何要杀害托勒密十四世，还答应了她所提出的所有要求，甚至答应她可以杀害埃及王位的继承人和竞争者、当时避难在外的异母妹妹雅西斯。

此后，安东尼完全成了克丽奥佩特拉七世的俘虏，两人同居达 12 年之久，克丽奥佩特拉七世给安东尼生育了 3 个子女的同时，也成功地保住了她的王位和埃及王国。

后来，安东尼在与罗马的另一个大人物——屋大维争夺权力的过程中被打败，自刎身亡，克丽奥佩特拉七世也被俘。

屋大维生擒克丽奥佩特拉七世的目的，是要把她带回罗马，在举行凯旋仪式时示众。克丽奥佩特拉七世被俘后陷于绝望，万念俱灰。她希望自己有尊严地死去，但是她被屋大维严密地囚禁在狱室之中，没有自杀的工具。忠于她的侍女把一条小毒蛇装在无花果的篮子里送到她面前，她抓起小蛇放到自己的身上，让毒蛇咬伤了她的手臂，埃及艳后就这样结束了她神奇、浪漫的一生。屋大维满足了她生前提出的要求，把她和安东尼埋葬在一起。但她和恺撒所生的儿子恺撒里昂以及她和安东尼所生的长子亚历山大均被屋大维处死。

随着克丽奥佩特拉七世之死，统治埃及长达 300 年的托勒密王朝也告结束，埃及被并入罗马。

埃及艳后对罗马两个最强大统治者的吸引力，引发了许多重大历史事件，甚至从某种程度上改变了世界历史发展的进程。法国哲学家帕斯卡有感于这段历史，写道：“倘若克丽奥佩特拉的鼻子稍短一些，整个世界的面貌也许会是另外一个样子。”

多行不义必自毙

——“嗜血的尼禄”众叛亲离

古罗马帝国皇帝 尼禄

公元 68 年 6 月 9 日，作恶多端的古罗马帝国皇帝尼禄走投无路，自杀而亡。

人物小档案：

尼禄·克劳狄乌斯·德鲁苏斯·日耳曼尼库斯（37—68 年），古罗马帝国朱里亚·克劳狄王朝的最后一任皇帝，在位 15 年（54—68 年）。

尼禄在历代罗马帝国皇帝中知名度非常高，这不是因为他战功赫赫，也不是因为他执政英明，而是因为他在位期间的残忍和暴虐行为，他是古罗马时代最赫赫有名的暴君。

尼禄出生于古罗马的多密提乌斯家族，这是一个非常显赫的家族，早在罗马共和国时期就有很多成员担任过执政官、监察官等要职，在罗马帝国时期这个家族更是成为最炙手可热的权贵家族之一。而尼禄的母族家世也不一般，他的母亲名叫阿格里庇娜，是罗马帝国曾经名震一时的皇帝屋大维的嫡系后裔。

幼年的尼禄可谓命运多舛，3 岁时他的父亲就患水肿病死了，不久母亲阿格里庇娜又因家族得罪了当时的罗马皇帝而惨遭流放，所以尼禄由他的姑母抚养带大。到了皇帝克劳狄乌斯登基后，阿格里庇娜被赦免召回。

按照家谱，这个克劳狄乌斯皇帝是阿格里庇娜的“族叔父”。阿格里庇娜是个阴险多谋、美如天仙却毒如蛇蝎的女人，出于虚荣和野心，她嫁给了她的“族叔父”、罗马皇帝克劳狄乌斯。阿格里庇娜成为皇后之后，在她的全力劝说下，公元 51 年，克劳狄乌斯将尼禄收为养子，并将他与前妻麦萨林娜所生之女屋大维娅嫁给他，还拒绝了让他亲生之子布里塔尼克斯作为继承者的合法要求，而让尼禄作为自己皇位的继承者。公元 54 年，阿格里庇娜用一盘有毒的蘑菇把克劳狄乌斯毒死，17 岁的尼禄就这样登上了罗马皇帝的宝座。

阿格里庇娜在尼禄身上倾注了不少心血，延请了当时享誉罗马帝国的著名斯多亚学派哲学家塞内加为尼禄的私人老师。尼禄的学业也很长进，熟知哲学历史，演讲、吟诗、弹琴样样精通，可以说，如果不做皇帝，尼禄倒是完全可以做一个很好的艺术家。

少年尼禄是做梦也没有想到自己有一天会当上罗马皇帝的，当政伊始，对自己的亲生母亲阿格里庇娜感恩戴德，言听计从。但是，阿格里庇娜拥有相当强烈的权力欲望，尼禄在逐渐成年之后，对母亲的干政开始感到不满，不再对母亲言听计从，阿格里庇娜很是不满，威胁尼禄，如果他要是不听话，就扶助即将成年的幼弟布里坦尼克斯（先皇克劳狄乌斯的亲生儿子）登上皇位，来代替他。于是，在公元 55 年的一次宫廷宴会上，尼禄把毒品放进了布里坦尼克斯的酒中。席间，当年仅 14 岁的布里坦尼克斯因饮进毒酒痛苦地痉挛时，尼禄一边津津有味地继续吃饭，一边若无其事地解释说，这只不过是在发癫痫病，使在场的人都目瞪口呆，这是他的第一个杀人纪录。

但是，杀死布里坦尼克斯后，尼禄还是不能随心所欲地行使最高权力，因为他的母亲阿格里庇娜要分享他的权力，并常常以女王身份自居，这使尼禄十分恼恨。于是，他又把黑手伸向了把自己扶上皇位的母亲。公元 59 年，尼禄突然大献殷勤，邀请母亲到坎帕尼亚海边的拜亚别墅度假。尼禄特别订制了一艘华美的小船接送阿格里庇娜。他在船的木板上做了手脚，企图制造阿格里庇娜意外淹死的假象。在航行途中，这只船在大海上破裂成碎片，但阿格里庇娜善于游泳，被路过的渔船救起。不明就里的阿格里庇娜怕儿子担心，还派了她的奴隶向尼禄报平安。尼禄得知母亲竟然还没有死，便在和奴隶讲话时，偷偷在地上放了一把匕首，然后脸色一变，指控该名奴隶是奉阿格里庇娜之命来刺杀皇帝的，又以此为借口，派兵到阿格里庇娜的别馆杀死了她。至此，尼禄完全巩固了他的皇权。

在大权独揽之后，尼禄罪恶的本性很快彻底膨胀起来，他开始奢侈无度，挥霍浪费，用惊人的赌注打赌，外出野游时由 1000 辆华丽的马车列队护送。国库空虚时，他曾杀死北非和西班牙的几十个土地主，掠夺他们的财产。他还废除了早年制定的减税法以及对老人和穷人的补助法，霸占寺庙财产，贬值货币，并大肆打击与他对立的政治势力，很快激起了人民的反对。

公元 65 年，尼禄的老师塞内加受到一项阴谋牵连，尼禄不记老师多年来悉心教导之恩，逼迫一代哲学巨擘以切开血管的方式自杀。

公元 64 年 7 月 17 日，罗马城发生了一场巨大的火灾。发生这场大火的原因一直都是一个谜。然而大多数的人都相信，这是一场人为纵火。据当时调查，纵火者应该就是皇帝尼禄。因为他想要扩建宫殿，然而都城皇宫的周围住满了罗马平民，难以扩建宫殿，因此他乘着夜深人静的时刻唆使手下去纵火，以遂所愿。

这场大火是由大竞技场开始烧起的。大竞技场位于罗马城的西南部、台伯河的东岸，因为大竞技场内堆满了帐篷等易燃物品，因此火势一发不可收拾。再加上起火的这几天刮西南风，更是助长风势。凯旋门、布匿战争与高卢战争纪念牌坊、神殿和帝国政府官衙，以及其他高楼大厦，都在顷刻间化为乌有，商店及民房等也都化为灰烬。全城陷入一片火海之中，大火一连串烧了六天七夜，数千人丧生，罗马全城皆为焦土！

虽然当时住在安齐奥的尼禄星夜赶回救火，把公共建筑物和私人花园开放给无家可归的人栖身，并采取措施阻止投机活动，但是舆论仍然认为尼禄是纵火者，有些人甚至宣称看见他站在高塔上穿着戏装，面对下面一片火海，弹奏着里拉琴，演唱关于特洛伊陷落的民谣。火灾之后，尼禄就大兴土木，为自己建造了金碧辉煌的宫殿。人们就更加认定是他为了自己建造皇宫而放的火。

面对这种指责，尼禄选中了基督徒来承担责任，指控他们纵火。因为当时这些基督徒大都是穷人、奴隶和异乡人，迫害他们最容易。他下令逮捕基督徒，残酷地折磨他们，给他们披上兽皮，让恶狗活活咬死；将他们捆在十字架上，点燃后作为黑夜中的火炬，尼禄则站在一旁欣赏“火炬”熊熊燃烧的壮丽。

尼禄的家庭生活也是血腥残暴的。尼禄有过三次婚姻，第一次是年少时与克劳狄乌斯之女屋大维娅的婚姻，这个婚姻曾经帮助他在政治上立稳脚跟。但尼禄在成为皇帝之后，喜欢上了屋大维娅的侍女阿克代，打算与屋大维娅离婚，经过母亲阿格里庇娜与老师塞内加的劝阻才作罢，但夫妻关系已名存实亡。阿格里庇娜死后，尼禄便把屋大维娅流放至外岛生活。

公元 58 年，尼禄喜欢上宠臣奥托的妻子波培娅·萨宾娜。公元 62 年，尼禄以通奸的罪名强迫屋大维娅自杀，让波培娅成为了他的第二任妻子。但是，在公元 65 年，只因为有一次波培娅抱怨他回家太晚，尼禄就大发脾气，踢了怀有身孕的波培娅，造成了她的死亡。

尼禄第三次婚姻的对象，则是已为人妇的斯塔提娅·美撒里娜。为了得到美撒里娜，尼禄逼迫她的丈夫维斯提努斯自杀。

由于尼禄做了太多的亏心事，他的灵魂开始不安起来。这时，又发现了几起刺杀他的阴谋，他对周围的人开始产生怀疑，并认定有一个阴谋集团在反对他。在极度疯狂和恐惧中，他宣布全国进入戒严状态，将整个罗马笼罩在一片恐怖的气氛中。他大兴冤狱，只要他提出一个人的名字，就可以把他处死。许多元老院贵族、名人和军官都被他处死了。

> 元老院：是一个在罗马共和国与罗马帝国的政府中扮演着极其重要角色的团体。作为罗马的化身，元老院负责派遣及接待代表城市的使者，指派官员去管理公共土地（包括行省的省长），指挥军队以及分配公共资金。元老院也有任命城市执政官或在战争等紧急状态下提名独裁官的权力。在共和国的晚期，元老院通过决议捍卫共和，达到了避免独裁官任命的目的。

尼禄的恐怖统治激起了元老院的反对，人民大众也奋起反抗。尼禄的雕像被玷污，墙上出现咒骂他的涂写。最后，罗马军队起来造反，北非和西班牙的军队也跟着暴动，各路军队向罗马挺进，地方官员纷纷宣布背叛尼禄，军队和百姓围住王宫要和尼禄算账。

面对四面楚歌和众叛亲离的危局，尼禄要求宫廷卫队帮他逃走，却遭到拒绝。他写了一封信，请人民宽恕他，但他不敢走出宫廷，将信交给人民。最后，他在半夜带着几个仆人骑马落荒而逃，打算逃往东方。这时，元老院宣布尼禄为人民公敌，并判处他死刑。

公元 68 年 6 月 9 日，走投无路的尼禄身边只剩三四个仆人，他不愿可耻地被人活捉凌辱，最终将匕首刺入自己的喉咙，大叫一声，倒在血泊里，结束他 31 年罪恶的人生。

元老院得知尼禄死后，宣布对尼禄进行“记忆抹杀”，凡是与尼禄有关的塑像、碑文、建筑物上的铭刻，都必须加以销毁或抹除。弑母杀妻谋师害民的暴君——尼禄，他的名字被永远铭刻在人类文明史的耻辱柱上。

刻有尼禄头像的钱币

相关链接：

诡异的罗马预言

罗马预言，是世界上一种诡异的预言，尽管人们很难说出它有什么科学性，但是在历史上，它却一次又一次地被现实所验证，让人们错愕乃至惊骇。

据说尼禄出生的时候，他的父亲请来了几位当时罗马最有名的占星学家。当这些占星学家观察了尼禄出生时的异常星象，竟异口同声地对尼禄的母亲阿格里庇娜做出了一个恐怖的预言：这个男孩有朝一日将会当上罗马至高无上的统治者，但是，当他登上帝位后，将会残暴不仁，甚至会杀死自己的母亲。他们劝说阿格里庇娜在大祸还没有降临的时候抛弃这个孩子。但是阿格里庇娜沉默了一会儿，回答说："只要他能做皇帝，其他的都由他去吧。"十几年之后，占星学家所预言的事情竟然真的发生了。

而罗马预言最为诡异的一面还表现在了亚历山大大帝身上。

在公元前 4 世纪左右，西方突然出现了一位伟大的征服者——马其顿国王亚历山大大帝。这位年轻的国王率领其军队纵横世界，以秋风扫落叶之势横扫天下。短短的数十年间，亚历山大建立了一个空前庞大的帝国，地中海沿岸那些古代辉煌文明的发祥地，尽数被他收入囊中。然而，仅仅十年后，横亘在三大洲大地上的庞大帝国，却因亚历山大的猝死而轰然倒塌。

亚历山大大帝

许多历史资料表明，有人已经提前对亚历山大的命运作出了预言。

传说，亚历山大的母亲奥林匹娅斯在即将临盆之时便曾梦到雷霆着身，到处战火纷飞。几天之后她就产下了小亚历山大，她因此而终日惶恐不安，不得不向占卜师寻求解释。

当时在马其顿有一位名叫亚里斯坦德的著名预言家，深得亚历山大的父亲——国王菲力二世的信任，而亚里斯坦德最为人所知的一件业绩便是对亚历山大出生一事的正确预言。他告诉菲力二世夫妇：他们产下了一个雷神，也就是说以后他们的儿子将会是战神的一个化身，这名王子日后必将成为一名战无不胜的统帅，会给他们和这个国家带来无上的荣耀。

奥林匹娅斯生下亚历山大的同一夜，亚细亚附近的希腊城邦以弗所的一座太阳神神庙忽然无缘无故遭遇大火而焚毁，这显然是在预示着将会有一位伟人诞生。在开始天亮时，当地的预言家们开始惊恐地喊道："希腊的灾难和毁灭在前一夜出生了！"看来，亚历山大的出生，就连他将来的敌人也预感到了，显然他们并没有把亚历山大的出生看成是一种荣耀之事。

种种对于亚历山大的预言也随着其成长而一步步的成真。当他还是一个少年的时候，菲力二世就聘请了当时希腊最伟大的哲学家亚里士多德做他的家庭教师。在亚里士多德门下，亚历山大受到了良好的教育。

少年时期的亚历山大就体魄强健，外形俊美，才智非凡，具备勇敢、倔强而自负的个性。正如亚里斯坦德所预言，亚历山大从小就显示出了不同寻常的霸气和过人的机智。还在很小时，亚历山大就以其在军事上的表现而无愧于"战神"的预言，他十几岁的时候就率军击溃了希腊联军。当菲力二世在公元前 336 年遇刺身亡后，亚历山大继承父王未成的事业，准备大干一场，当时他只有 20 多岁。

公元前 334 年，亚历山大发动了对波斯帝国的进攻，彻底击垮了波斯帝国。随后亚历山大又南下埃及，并在埃及被尊为太阳神，随后亚历山大又四处扩张。

当亚历山大返回巴比伦时，马其顿已成为一个版图空前庞大的帝国，其地域横跨欧、亚、非三大洲，西起希腊、马其顿，东到印度河流域，南临尼罗河第一瀑布，东至药杀水河。为了便于统治，亚历山大从马其顿迁都，将巴比伦作为新帝国的首都。从某种程度上讲，亚历山大的确实现了亚里斯坦德的预言，他成为当世无双的战神。

更令人惊讶的是，不仅亚历山大的成功和辉煌被预言到，他的死亡竟也被人预言成功，古希腊有一位非常著名的智者被人构陷，当他走上断头台的时候，竟说道："啊，最美好的解脱啊！像荷库鲁斯那样，随着肉体的燃烧，灵魂挣脱了束缚并得以进入光明。只有经历过死亡的人才是一个真正的哲学家。"当亚历山大问他是否还有什么话可说的时候，他回答说："没有，我将会很快看到你。"言下之意，亚历山大的死期也不远了。当时的亚历山大年方32岁，事业蒸蒸日上，身体又强壮无比，因此对这番话根本就不屑一顾，谁也没有料想到，不久之后，亚历山大大帝果然神秘死去。

罗马预言为什么会这么准确，对于后人来说，这一直是一个谜题。也许，是因为占卜家对于当时的世界形势有着一个比较正确的分析和预测；也许，是因为占卜家对政治走向和政治阴谋的察觉，到底真相如何？我们已经不得而知了。

洞房昨夜停红烛

——阿提拉新婚之夜猝死

阿提拉

公元453年，匈王阿提拉在新婚之夜离奇死亡。

人物小档案：

阿提拉(406—453年)，古代匈人最伟大的领袖和皇帝，一生战功赫赫，历史上称之为“上帝之鞭”，曾多次率领大军入侵东罗马帝国及西罗马帝国，并对两国构成极大的威胁。

公元四、五世纪，一个罗马人从来不知的蛮族，以令人恐怖的方式出现在顿河河滨。“不知是从地球何处，就如高山上的暴风雪般来临，碰到他们，东西都将被洗劫一空。”这个人种被叫做“匈人”，直到

18世纪，才有人把他们跟长期盘踞在蒙古草原、曾对中华帝国造成巨大威胁的“匈奴人”联系到一起，认为他们是匈奴人战败后西迁的后裔。虽然对此至今仍有争议，但是有一点谁也无法否认，“匈人”和“匈奴人”一样，具有强悍的战斗力。

公元406年，匈人迎来了他们最伟大的领袖——阿提拉。阿提拉12岁那年，被作为人质送到西罗马帝国的宫廷。作为交换，西罗马帝国也把阿提拉日后的朋友兼对手埃提乌斯送到了匈人的王庭。在罗马宫廷里，阿提拉接受了良好的教育。其间，他下功夫了解罗马人的内政和外交政策。这些学习和积累，为他日后实现自己的雄心奠定了扎实的基础。

公元433年，27岁的阿提拉与他的兄弟布莱达一同从他们的叔父罗阿斯手中继承了帝国的王位。这对兄弟刚一继位，就让东罗马人尝到了苦头。他们迫使东罗马帝国签署合约，答应的进贡数额是他们叔父在位时的双倍。然而，双王共治的时代仅仅维持了不到4年，阿提拉就无情地杀害了自己的哥哥，独掌匈人帝国的王权，开启了“阿提拉时代”。

东罗马帝国：罗马帝国于395年被皇帝戴克里先分为两部分，位处西部的帝国叫西罗马帝国，而位处东部的帝国被称为东罗马帝国或拜占庭帝国。东罗马帝国以巴尔干半岛为中心，领属包括小亚细亚、叙利亚、巴勒斯坦、埃及以及美索不达米亚和南高加索的一部分。首都君士坦丁堡，是古希腊移民城市拜占庭旧址，故又称拜占庭帝国。

相较于自己的祖辈、父辈、兄长，阿提拉显然更有野心，也更有才华。他不仅用在罗马学到的先进制度治理自己的王国，还是一个求贤若渴的君王。在他的王座之下，有众多民族的大臣，包括日耳曼人、希腊人甚至罗马人。在他的统领下，帝国迅速强大起来。此时，整个欧洲已没有任何一件东西可以阻挡阿提拉的万丈雄心。

阿提拉开始四处征战，他率军横扫巴尔干半岛，最后攻至东罗马首都君士坦丁堡。东罗马狄奥多西二世投降，与阿提拉签订和平条约：东罗马同意赔偿6，000罗马镑（约1963千克黄金）作为惩罚，而每年纳贡增加三倍至2，100罗马镑（约687千克黄金）。这些条款虽然为拜占庭帝国带来更沉重的负担，但亦暂时满足了匈人的欲望，使他们撤回了内陆地区。

公元450年，阿提拉开始把注意力集中在西欧，向西罗马帝国表示愿意与之结盟，共同对付图卢兹的强大西哥特王国。但是后来，西罗马皇帝瓦伦丁尼安三世由于不答应姐姐霍诺莉娅和阿提拉的婚事，惹怒了阿提拉。阿提拉派遣使者到西罗马，要求得到进一步的解释，准备一旦无法获得满意的答复，便挥军攻打西罗马帝国。

同年，在东罗马帝国，执政长达42年的皇帝狄奥多西二世因坠马而丧生，继承其位的马尔西安宣布停止向匈人纳贡，因为在经过长年累月被匈人和其他蛮族蹂躏后，作为支撑帝国经济命脉的巴尔干半岛已经无物可取了。

与此同时，阿提拉统治下的法兰克人的国王死后，国王的两个儿子爆发了争夺王位的冲突，长子及次子分别向阿提拉与埃提乌斯求援。

在派遣到西罗马的使者得不到答复，以及收到法兰克人的求援后，阿提拉决定集结一支庞大军队攻向高卢。他从阿兰人、萨克森人、东哥德人、勃艮第人、赫鲁利人等服从匈人统治的民族中抽调军队，加上自己领导的匈人骑兵，组成一支混合军队，开始攻打西罗马帝国位于高卢的领地。

当阿提拉进一步西进后，西哥特王狄奥多里克与罗马人结盟，组成一支庞大的军队与匈人决战，双方爆发了著名的沙隆战役。惨烈的战役最后以罗马和西哥特联军胜利结束，但西哥特王狄奥多里克在此战中战死。阿提拉在此战之后，离开了高卢，并说："我还会回来。"随后，他又领兵攻打意大利本土，把意大利东北的军事重镇亚基利彻底摧毁，使之永久地从地图上消失。

有趣的是，匈人在给欧洲带来深重灾难的同时，也促成了欧洲历史发展的转折。他们通过战争，把丛林里的日耳曼人赶了出来，推上了历史舞台，并与后者一起如摧枯拉朽般地结束了罗马人的时代。匈人还给欧洲留下了另一件东西，阿提拉曾经攻掠意大利的阿奎利亚。当地的人们为了躲避战争，来到了亚德里亚海滨的一个充满沼泽的半岛。历经数百年的经营，他们在这里建立起了一座欧洲最美丽的、最发达的城邦，它就是后来著名的威尼斯水城。

后来，阿提拉接受了和平协定，率领匈人军队离开了意大利，越过多瑙河回到了自己的皇宫。同时他亦筹划着再次攻打君士坦丁堡，使东罗马皇帝马尔西安恢复中断了 3 年的纳贡。谁知，公元 453 年初，正值人生巅峰时期的阿提拉却突然逝世。

公元 453 年，早已妻妾成群的阿提拉又迎娶一个名叫伊笛可的日耳曼姑娘。他们的婚礼是在多瑙河彼岸的木结构的皇宫里按照蛮人的仪式和风俗进行的。又醉又困的阿提拉到半夜以后才离开筵席，回到新房中去，他的侍从直到第二天下午仍然没有看见他走出房门，这引起了他们的疑心。于是，他们在门口大声叫喊，企图吵醒阿提拉，然而屋子里一点声音也没有。当他们破门冲进皇帝的寝宫时，看到的是这样一幅景象——他们的君主仰身卧在床上，身体早已经冰冷了；新娘躲在床角里，吓得瑟瑟发抖。

据史书记载，阿提拉是因为新婚之夜饮酒过多、情绪激动，导致鼻血流入气管后窒息而死。但也有传说是新娘在新婚之夜杀死了熟睡中的丈夫，从而为自己惨遭蹂躏的民族报仇。

一代枭雄阿提拉就这样以近乎怪诞的方式离开了人世。听闻他的死讯后，他的战士们纷纷剪下自己的一撮头发，并用剑在自己的脸上刺下伤口。他们认为，“最伟大的战士是不应以女性的哀号和泪水，而应以战士的鲜血来哀悼的”。阿提拉死后，被放在一个由金、银、铁所制成的 3 层棺木中，连同宝藏和那些负责挖掘陵墓的俘虏们一起被埋葬。

在西欧人眼中，阿提拉被视为是残暴及掠夺的象征，是最可怕的敌人；而在北欧的萨迦人看来，他是最伟大的皇帝。他的一生只活了 47 年，却令当时最强盛的东、西罗马帝国臣服在自己的铁骑之下；他两次入侵巴尔干半岛，远征至高卢（今法国），誓言要吞下整个亚平宁半岛；他的帝国东起咸海，西至大西洋海岸，南起多瑙河，北至波罗的海，这个帝国的地域之大、种族之多，超过之前的任何一个帝国……西方人对他充满了畏惧，称他为“上帝之鞭”！

阿提拉死后不久，他那些野心勃勃的儿子们就开始为了帝国继承权互相攻伐，开始了无休止的仇杀和争斗，使匈人帝国四分五裂。后来，由格庇德国王艾达里克王领导下的反匈人联盟在尼达欧之战中击败了匈人，使匈人帝国完全瓦解，并从欧洲历史中淡出。

自匈人首次出现在顿河北岸起到匈人帝国覆灭，仅仅 80 余年。匈人帝国虽然像流星一闪而逝，但它曾经的光芒却使人类无法忘怀。作为匈人最杰出的领袖，阿提拉被演化成了不同的传奇。迄今，匈人勇士的青铜塑像仍屹立在匈牙利首都布达佩斯的英雄广场上，一代枭雄阿提拉似乎仍在俯视着这片他曾经驰骋过的欧亚大陆。

相关链接：

匈人和匈奴

有许多人认为，欧洲匈人即是中国历史上的匈奴（或其“西迁”的后代）。这一说法尽管非常流行，但却是一个始终没有确证的假设。

支持该说法的理由大致有三个方面：

一、东汉光武建武二十四年（公元前 48 年），有小部分匈奴人归附了汉朝，他们被称为南匈奴。留下的大部分匈奴人，也就是北匈奴，于公元 89 年败走西方。从中国的《后汉书》、《魏书》等史料中，可以依稀找到匈奴北遁后的蛛丝马迹。比如《后汉书·南匈奴传》：“单于震慑屏气，蒙毡遁走乌孙之地”；《魏书·西域传》：“悦般国在乌孙西北……北单于度金微山，西走康居……凉州人犹谓之单于王”等等。从中可以大概地了解到一条含糊的匈奴迁徙路线。关键是，匈人在欧洲出现的时间，恰恰是在匈奴人从中国消失之后。

二、根据史料记载，匈人王阿提拉身材粗壮矮小，腿短脖粗，脸平鼻扁，脸色黝黑，没有欧洲人的外形特征，却与亚洲东部黄种人的特征颇为相似，甚至与匈奴人的特征如出一辙。

三、从发音的角度来看，“匈人”与“匈奴”的发音相当接近，历史记载的一些匈人的词汇与匈奴人的词汇也十分相近。譬如匈奴称呼父亲为“阿爸”，匈人称呼父亲为“APA”；匈奴语称儿子为“歌给”，匈人称呼儿子为“GYEREK”；匈奴称呼自己的伯叔为“八给”，而匈人的称呼则为“BACSI”；对狗犬这个词，匈奴的读音是“狗楚”，匈人则是“KUTYA”。

于是，人们推测，称霸欧洲的“匈人”就是中国历史上的“匈奴”。

人们分析，匈奴人原来的活动区域在中国西北，大汉皇帝“犯强汉者虽远必诛”的强劲姿态让匈奴人胆战心惊，于是他们向欧亚大陆的深处逃逸。在200年的时间里，匈奴人似乎从史料记载上消失了。其实，这段时间他们是在草原中蛰伏，直到重新恢复元气后，在阿提拉时代，突然以前所未有的疯狂出现在欧洲人的视野内，飓风般的杀入了历史。

当然，目前的这些证据并不足以证明匈人就是匈奴，从匈奴在中国历史上消失到匈人在欧洲出现，之间有几个世纪的空白，再加上巨大的地理间隔，如果没有直接的历史记载或考古实物发现，光凭这些证据远远不足以使“匈人”就是“匈奴”成为“信史”。

公主的求婚

公元450年，就在阿提拉为入侵西罗马寻找借口时，一件极为特殊的事件发生了，这个事件给了阿提拉充足的口实向西罗马宣战，这究竟是一个什么事件呢?

西罗马皇帝瓦伦丁尼安三世有个姐姐叫霍诺莉娅，449年，霍诺莉娅与她的宫廷侍卫的私情被发现，那个宫廷侍卫被处死了，而霍诺莉娅则被送到东罗马首都君士坦丁堡囚禁起来。出于报复心理，霍诺莉娅派人给西哥特王狄奥多里克送了一封信，称若能解救她，她就以身相许。同时她也给阿提拉送了一枚戒指和一个口信，表达了同样的意思。狄奥多里克以此为由，一路连下七十余城，一直杀入东罗马，大肆洗劫了君士坦丁堡，东罗马贿以重金，狄奥多里克才退兵。狄奥多里克根本没有理会婚约之事，他非常惧怕阿提拉，不愿意与他争夺一个女人。西哥特人走了，君士坦丁堡的恐惧阴影却没有消除。瓦伦丁尼安三世以“提婚不合法”为由，断然拒绝了阿提拉迎娶霍诺莉娅公主的请求，并在摄政太后加拉·普拉西提阿的建议下把霍诺莉娅流放，但阿提拉却没有被说服。

为了彻底解决阿提拉的威胁，东罗马皇帝令人买通阿提拉身边的侍卫，伺机行刺阿提拉。但这个阴谋很快就被阿提拉识破了。

阿提拉派人给东罗马皇帝送去了重礼，并捎口信说：“你我都出身于贵族，但你的行为使你失去了继续保持这份头衔的资格，而我却以我的功绩保留了荣耀。我们因此可以分出高下了。”这个信息给君士坦丁堡带来了极度的恐慌，堂堂不可一世的东罗马皇帝此时变得软弱无能，不得已再次屈辱地向匈人交纳大量的黄金，以求苟安。

但阿提拉并未因此罢休，他要求把包括高卢在内的一半西罗马割让给他作为迎娶霍诺莉娅公主的嫁妆，被西罗马拒绝后，阿提拉便发动了对西罗马战争，直到西罗马答应了他的要求后，才罢战收兵。

真相不可捉摸

——“红脸胡佛”意外中箭身亡

英王威廉二世

人物小档案：

威廉二世（1056 — 1100 年），是英格兰皇帝威廉一世的次子，1087 年成为英格兰国王，在位 14 年（1087 — 1100 年）。

英格兰皇帝威廉一世共有四个儿子，威廉二世排行第三，尽管他接受了很好的教育，但是他也只可能成为一个伟大的贵族而不是国王，因为威廉一世已经确定让他的二儿子理查德继任皇位。可是后来，理查德的去世使他的命运出现了转机，由于他是剩下的三个儿子中父亲最钟爱的一个，他得以在父亲死后继承王位。

威廉二世身材短小粗壮，大腹便便，喜欢穿华丽的衣服。他最大的特点就是有一张红脸，所以他又被称为“红脸威廉”或“红脸胡佛”。

威廉二世在成为英格兰国王后，向苏格兰进攻，杀死了原来的国王，扶植自己的外甥继位，因此被称为英吉利胜利的国王。一个修道士曾为他歌功颂德：风和大海好像都服从他，无论他从英格兰到诺曼底，还是从诺曼底回到英格兰，每次风暴都停息下来，所以他渡海时总是风平浪静……

威廉二世是个具有战斗力的军人，也是一个冷酷无情、横征暴敛的统治者。在年代史的记载中，他“被所有的人民所痛恨”。他以凶悍和暴烈的性格给人们留下了极深刻的印象。威廉二世终身未娶也没有私生子，因此传说威廉二世是一个同性恋者。他最宠幸的是一个叫兰道夫·福莱蒙巴德的人，他于1099年被威廉二世任命为达勒姆主教。有人形容威廉二世的朝廷到处充斥着穿着奢靡衣服、花哨鞋子，柔腔柔调的青年男子，据说他们是威廉二世宠爱的人，而在威廉二世身后，那些长发男人被迫剪了头发。

“红脸胡佛”最让人记忆深刻的事情，应该就是他在新林打猎时的意外死亡。

那是1100年8月的一天，秋高气爽，正是打猎的好天气，威廉二世在新林骑马狩猎，他的弟弟亨利和一些随从同行。新林在英国南部，当时是皇家狩猎苑。一行人分为几个狩猎小组，威廉二世和他的亲信、神射手沃尔特一组。威廉二世等来到森林深处，他从箭鞘里取出6支由英国最好的工匠制作的箭，拿出2支赠给身边的沃尔特，说道：“最好的箭只送给最懂一箭夺命的神射手。”这是威廉二世生前的最后一句话。之后，他就策马与沃尔特投入到狩猎活动中，他们两人将其他人远远甩在后边。

然而，等到人们再次见到威廉二世时，他已经中箭坠马，死去多时。射中他胸口的正是他亲手交给沃尔特的2支箭中的一支！英国历史一直称这次事件是一次意外，是沃尔特的箭误射了国王。

人们还原当时的情景：威廉二世看见一只鹿跑过，立刻射了一箭，射中了，但是它没有死，还在往前跑。由于阳光直射，威廉二世眯缝着眼睛穷追不舍，一直追了好长一段路，和大队人马分散开了，身边只有沃尔特。

这时，一只雄鹿跃了出来，沃尔特立刻瞄准了它，一箭射去，鹿没有射到，却正中威廉二世的胸膛。威廉二世向前面倒下去，那支箭在威廉二世摔到地上的时候更深地插入他的胸膛，受了重伤的威廉二世说不出一句话，只是用手折断了射入他胸口的箭，这加速了他的死亡，当时便没了气息。沃尔特赶紧下马抱起他，却发现他已经不省人事，因为害怕被控弑君，沃尔特惊慌之中跃马向法国拼命逃去。

威廉二世的弟弟亨利一听说皇兄已死，想到的第一件事不是安排皇兄的丧事，而是赶紧回去争夺皇位。他策马飞奔，赶到邻近的收藏皇室财宝的曼彻斯特。其他的贵族也赶回自己在英格兰和诺曼底的封地，以确保自己领地的安全。亨利把财宝拿到手后，便马上赶回伦敦，加冕登基为亨利一世。此时，距威廉二世去世仅 3 天，众人从猎鹿的树林散去时，威廉二世的尸体被遗弃在荒野中，竟然没人有心情去理会。

第二天，威廉二世的尸体才被一群农民发现。一个叫普吉斯的烧炭工人将威廉二世的尸体用自己的大车拉到温彻斯特大教堂,并埋在那里。

威廉二世统治期间，作为一名军人，他获得了巨大的成功。但是他在事业的巅峰却突然去世。几个世纪以来，关于威廉二世死亡的传言一直没有停止，因为他的死亡很是蹊跷，疑点重重。历史学家们认为像沃尔特那样的神箭手，是不可能出这样的纰漏的。

有一种说法，说威廉二世是自杀身亡。大多数人相信传说中所出现的凶兆，这凶兆是威廉二世到新林行猎前夕所做的一个噩梦。他梦见自己躺在血泊中而被惊醒,惊醒时不断狂叫。根据威廉二世信仰的“宗教”，这个梦代表他已经老而无用，作为一个权力逐渐衰落的国王，必须在仪式中引颈就戮，于是他心甘情愿地依照异教徒的可怕教规，命令沃尔特向自己射箭。

但是，还是有不少人认为他是死于谋杀。威廉三兄弟的感情一直不睦。早在 1077 年，因为无聊，威廉和亨利想要作弄一下他们的哥哥罗伯特，他们在楼上的门廊上对准罗伯特泼污水。这一行为激怒了罗伯特。事情至此，兄弟间的争吵已不可避免，最后，他们的父亲——威廉一世国王被迫介入，在他的调解劝和下，才勉强恢复了兄弟间的关系。

威廉一世临死前，给3个儿子分了家，将法国老家诺曼底的封地留给大儿子罗伯特，给次子威廉的是英国，三子亨利没有土地，只获得5000镑。后来威廉于1087年9月26日加冕称帝。不到一年，他的叔叔肯特伯爵奥多为罗伯特鸣不平，率兵跟威廉二世开战。可是威廉二世很会用兵，击败了叛军，活捉了奥多，并将他流放。

威廉二世想到一旦铲除不掉大哥罗伯特，叛乱还会层出不穷。于是率兵打到诺曼底，开始掠夺罗伯特的地盘。罗伯特那时候正准备率兵参加第一次十字军东征，需要军饷，于是他向威廉二世妥协，在1096年以诺曼底为抵押，换取10，000马克（等于威廉二世整年税收的四分之一）。

> 十字军东征（1096–1291年）：是一系列在罗马天主教教皇的准许下，由西欧的封建领主和骑士对地中海东岸的国家发动的持续了近200年的宗教性战争。由于罗马天主教圣城耶路撒冷落入伊斯兰教徒手中，十字军东征大多数是针对伊斯兰教国家的，主要的目的是从伊斯兰教手中夺回耶路撒冷。东征期间，教会授予每一个战士十字架，组成的军队称为十字军。十字军东征一般被认为是天主教的暴行。尽管如此，十字军东征使西欧直接接触到了当时更为先进的拜占庭文明和伊斯兰文明。这种接触，为欧洲的文艺复兴开辟了道路。

但是，罗伯特还是在1100年夏季启程返国，并娶了一个十分富有的女人。威廉二世开始担心，哥哥会通过还债把诺曼底赎回，他开始计划强夺诺曼底。新林猎鹿驾崩事件就是在他做这种准备的时候发生的，这让人怀疑威廉二世的死与兄长罗伯特有关。

而威廉二世的弟弟亨利因为曾经参与了那次狩猎活动，并是威廉二世之死的直接受益人（在威廉二世死后不久他就登基），也有嫌疑。人们猜测，亨利很可能先下手为强，打算篡夺王位，其后只须对付一个哥哥而不必再与两位兄长争雄。而威廉二世驾崩时，罗伯特并不在身边，这样，亨利就能马上篡夺他原本无权过问的王位。而可以证明亨利要对猎鹿时发生“意外事故”负责的一个有力证据是：他从未试图抓沃尔特回来，并以弑君之罪论处，甚至没有没收沃尔特的土地以示惩罚。

可是沃尔特跟主谋勾结杀掉恩公和朋友，并不会得到什么好处。事实上，自“意外事故”发生直到自己去世，沃尔特都不承认他有弑君行为，他甚至说自己根本没有在威廉二世打猎的那片林子出现，更不要说弑君了。

值得一提的是，威廉二世殒命的那片森林也是他二哥理查德意外死亡的地方，因为理查德的死，他才继承了父王的基业。如今，他又步二哥的后尘，为别人的王位让路了。更加不可思议的是，后来大哥罗伯特的儿子、他的侄子亨利也在这片森林不明不白地死去。一些相信宿命论的英国人，都把这归咎为威廉二世的父皇、“征服者”威廉一世作恶太多，为了建造这个狩猎场，他夷平了当地的36座教堂，驱赶无数的当地百姓离开他们的家园，那些怨恨的魂魄在森林深处窥视等待，索他儿孙的性命。

如今，一块“胡佛石”被立在那个据说是威廉二世落马而死的地方，“胡佛石”上的碑铭为：“在这棵橡树下，一支沃尔特·泰尔爵士射向雄鹿的箭却射中了威廉二世的胸膛，正是因为此箭，国王暴毙。公元1100年8月2日，威廉胡佛被杀。按照以前记述的那样，被放在大车上，从这里运往温彻斯特，最后埋葬在这个城市的大教堂。”

“胡佛石”

相关链接：

“征服者”——威廉一世

威廉一世是“红脸胡佛”的父亲，他以“征服者”闻名于世，他一生其实只做了一件大事，这件事后来被称为“诺曼征服”，他的动机也许只是来源于自己的野心，但却对英国，乃至世界的历史进程产生了重要的影响。

威廉一世

1027年，威廉一世出生于法国诺曼底公国的法莱斯，8岁时继承父亲的公爵位。他为人严厉、残忍，而且精力旺盛。

有两个因素对威廉一世的性格及他对历史的影响起了不容忽视的作用。其一是他的私生子身份。他是他的父亲，绰号为“魔鬼”的罗伯特和被他拐来的农家姑娘阿莱特生下的儿子，但却是唯一的儿子。罗伯特费劲说服了诺曼底贵族，才确立了威廉一世的继承权。他的私生子身份使他经历了比其他人更多的嘲讽、歧视和挑战，他的三个监护人和老师先后被人杀害。这就铸就了日后威廉一世冷酷、多疑的性格。

诺曼底王朝标志

另一个因素则是诺曼底的传统。诺曼底公国是法国国王在无奈之下封给入侵的诺曼人的产物，于公元841年建立。公国实行集权统治，有一支相对固定的军事力量和相对固定的财政收入，还有着诺曼人固有的尚武和善于航海的传统。这些因素，帮助威廉一世完成了征服，并影响了他日后在英国建立的一系列制度。

1066年9月28日，威廉一世率领诺曼人的舰队在英格兰登陆。在随后的黑斯廷斯战役中，诺曼底军队击败盎格鲁—撒克逊军队，并杀死了英王哈罗德二世，随后占领了伦敦。随后，威廉一世在威斯敏斯特教堂加冕为英格兰国王，诺曼底王朝开始。其后，他又于1072年入侵苏格兰，1081年入侵威尔士。

“征服者”威廉一世的征服，对历史影响最大的是，使英国自罗马帝国时代以来再次被卷入了欧洲中心地区的复杂关系中（此前征服英国的，不过是文明程度比英国还落后的诺曼人），由于英王在法国拥有领地，英法两国王室成为一对剪不断理还乱的冤家，此后数百年中两国的交流和碰撞成了西欧政治生活的主题之一。这次征服改变了英格兰的历史进程，甚至连英语都发生了改变，大量新的词汇加入到英语中。威廉一世还将许多新事物带入了这个孤岛，如陪审制度，后来英国法律自成体系，就是以此发端的。

威廉一世将诺曼底传统的集权统治和军事立国带入了英国，是英国历史上一大转折。在此之前，英国一直是被入侵、被征服的对象，而从他开始，英国转守为攻，以后的战争主要只在别人的国土上进行，尽管此两项传统在英国以后的发展中逐渐淡化了。

威廉一世在晚年饱受肥胖困扰，暴饮暴食使他肥硕无比，乃至于移动困难，难以上马。以至于他的老对手法国国王菲利普一世嘲笑他是待产的孕妇。1087 年 7 月，长子罗伯特发动叛乱，威廉一世亲自率军反击，结果在行军途中，肥胖的国王因为颠簸落马受伤，不久他就死去了。

时值盛夏，当侍从们将威廉一世运到卡昂的圣斯特大教堂安葬时，尸体已经腐烂。最悲哀的事情是，为威廉一世定做的石棺太小了，难以容纳他硕大的身躯，侍从们只得用力将他按下去，结果威廉一世的肚子突然爆裂，腐烂的汁液四处飞溅，臭气四溢，让人为之掩鼻。就这样，“征服者”威廉一世结束了他传奇的一生。

死也要死个明白

——拿破仑死亡之谜

拿破仑·波拿巴

1821 年的 5 月 5 日，年仅 52 岁的拿破仑离奇死于英属圣赫勒拿岛。

人物小档案：

拿破仑·波拿巴（1769 — 1821 年），出生于法国科西嘉岛，法国军事家与政治家，担任法兰西第一共和国第一执政（1799 — 1804 年）、法兰西第一帝国皇帝（1804 — 1814 年），及百日王朝的皇帝（1815 年），是一位卓越的军事天才。

拿破仑是近代法国资产阶级卓越的军事家、野心勃勃的政治家。他曾经率一支强大的军队横扫欧洲大陆，一直打到埃及，兵锋所及，使各国封建势力闻风丧胆。他的动人故事，至今仍神话般地在法国人民中间广泛地传颂着。

拿破仑出生在地中海科西嘉岛上一个没落的贵族家庭，青年时期曾在布里埃纳和巴黎军事学校学习，深受卢梭、孟德斯鸠等资产阶级启蒙思想家的影响。法国大革命爆发后，他返回家乡参加革命活动。

雅各宾派当政时期，他被提升为炮兵上尉。1793 年在参加驱逐英军的土伦战役时立下战功，被破格晋升为将军，从而在兵营中崭露头角。督政府时期，他曾两次率军成功地镇压了妄图复辟的巴黎保工党人发动的武装暴乱。1796 年，督政府又命令他统率法军，翻越阿尔卑斯山，在那里打败了“反法同盟”的重要国家奥地利。从此，他誉满全国。

> 反法同盟：是 1793 年到 1815 年间欧洲各国封建势力为了对抗新兴的资产阶级法国而结成的同盟。“反法同盟”共有七次，第一和第二次反法同盟是为了对抗法兰西第一共和国，其后的五次同盟则是为了对抗拿破仑统治下的法兰西第一帝国。反法同盟和法国进行了长达 20 多年的战争。头五次都以失败告终。

1798 年 5 月，拿破仑为了法国资产阶级的利益，打击了英国在地中海以东的利益，又侵入埃及等地。在远征埃及、叙利亚的战争中，他为法国资产阶级掠夺了大量财富。他的卓越军事才能和令人炫目的显赫战功，为他把握历史的机遇、实现更大的政治野心创造了十分有利的条件。

这时，法国政局动荡不安。在国内，西部和南部发生了封建复辟势力的叛乱，人民的反抗运动日益高涨，督政府内部钩心斗角，争权夺利；在国外，俄、奥、英等六国的封建势力又组成了“反法同盟”，从三面向法国发动进攻，妄图将法国的资产阶级扼杀在摇篮里。在这种形势下，督政府的统治显得苍白无力，大资产阶级渴望着“铁腕人物和利剑”，来保障其政治上的特权和经济上的利益。

历史赐予英雄以成功立业的机遇，拿破仑正是一个善于捕捉机遇的政治野心家。为此，他毅然丢下了在埃及的 2 万法军，只率领了 500 名亲信随从，巧妙地绕过了英国海军的严密封锁，经历了 40 个昼夜的艰苦航行，突然出现在巴黎的街头。

拿破仑一世的皇家旗帜

资产阶级把拿破仑看成救星，给予了他超常规的热烈欢迎。凭着拿破仑在军队中的巨大魅力，他身边很快便聚集了一批高级将领和资产阶级政客，而喜不自禁的大财阀们很快便抛出了一笔笔巨款，以支持拿破仑的行动。这时，拿破仑已经成了事实上的国家元首。1799 年 11 月 10 日，拿破仑登上了第一执政的宝座。

拿破仑是一位卓越的军事家，又是一位野心勃勃的政治家。1804 年，当了 5 年第一执政的拿破仑，通过各种手段，让参议院加冕他为法兰西皇帝，建立了法兰西第一帝国。

从 1799 年执政到 1815 年止，拿破仑经历了 6 次针对“反法同盟”的战争，从整体上讲，都取得了胜利。其中有许多战役足以显示拿破仑卓越的军事才能，成为他军事上的杰作。“西方归拿破仑，东方归亚历山大”。这时法国实际上已统治了西欧大部分国家和地区，这是第一帝国的全盛时期。

但是，拿破仑依然贪心不足。1812 年，拿破仑发动了对俄国的远征。他率领 50 万大军，一举占领了莫斯科。这时，俄国人民纷纷武装起来，开展游击战争，给予法军以沉重的打击，当时又是严寒的冬季，拿破仑只得下令撤退。这次远征，法军多战死、冻死，50 万大军得以生还的仅有 3 万人。侵俄战争的惨败，使法国元气大伤，并敲响了第一帝国的丧钟。

1813 年，英俄等一些国家利用各国人民反法解放斗争蓬勃发展的良好时机，组成了第 6 次反法联军，与法国军队决战于莱比锡，结果法军大败，巴黎失守。在内外交困、军事失败的情况下，拿破仑被迫退位，被囚于地中海的厄尔巴岛。法国波旁王朝复辟。

年仅 45 岁的拿破仑并不甘心给自己的英雄史诗画上句号。在命运和机遇的又一次召唤下，他逃离了荒僻的厄尔巴岛，在儒昂港安全登陆。很快，他便凭着巨大的勇气和人们对他的偶像崇拜，汇集了一支强大的武装力量，在人们的欢呼声中，他不费一枪一弹，像凯旋的英雄一样走进了杜伊勒皇宫，重新当上了法国皇帝。然而，他的东山再起，只是昙花一现的历史插曲，做了近百天皇帝的拿破仑在第7次“反法同盟”百万大军的猛扑下，在滑铁卢战役中惨败，他第2次被迫退位，被放逐到南大西洋的圣赫勒拿岛上，1821年5月5日，这位显赫一时的法国皇帝便与世长辞，终年52岁。

初来圣赫勒拿岛时，拿破仑的身体本来是很健康的，虽然情绪忧愁，精力却很充沛，以后身体就越来越差，最后在“刀扎般的疼痛”之中去世了。拿破仑在遗书中否认他是死于疾病，认定是英国政府及其雇用的人谋害了自己，并要求在他死后，一定要解剖他的尸体，查出他致死的病因。

拿破仑是被囚禁在英国的属地圣赫勒拿岛的，英当局为了消除外界的疑问，洗清自己的嫌疑，便依照拿破仑的遗嘱，组织了8名医生对他进行尸检，这8名医生在呈交的尸检报告中都认为拿破仑死于胃癌。

在尸检中，医生发现拿破仑的胃严重溃烂，这是胃癌晚期的征兆。而且从遗传学的角度来看，癌症是拿破仑家族的遗传病，拿破仑的父亲同样死于胃癌。在相当长的一段时期内，这一结论性的病情报告在史学界享有绝对权威。英国松了一口气，他们不需要承担任何责任了。

然而，事情并没有因此而了结，法国人根本不相信他们的皇帝是病死的。各种揣测纷纷出笼，俄英谋杀论更是甚嚣尘上，拿破仑的死因一直是个谜。

拿破仑去世之时，一名侍卫出于虔诚的心情，悄悄地把拿破仑的一绺头发珍藏起来，权作纪念并传之后代。当然，这位侍卫做梦也没有想到，自己的这一举动却为150年后解开拿破仑的死谜提供了一个证据。

150年后，一位叫舒夫特的瑞典医生意外得到了这绺拿破仑的头发，通过化验，他测定其中砷的含量是正常人的13倍。由此他得出结论，拿破仑是因小剂量的砒霜在体内慢慢积累，从而慢性中毒而死亡的。另外，从拿破仑的医疗档案记录来看，拿破仑的病症也非常像中毒症状。而拿破仑时隔多年后被从圣赫勒拿岛移葬，竟然尸体不腐，面容如生，也是中毒而死的典型特征。

那么，究竟是谁毒死了拿破仑呢？既然拿破仑是被慢慢地、逐渐地毒死的，这个人必须与拿破仑形影不离，随时可以给他下毒。经过查阅资料，人们开始把目光集中在一个人身上，他就是拿破仑的贴身侍卫和管家——蒙托隆。

蒙托隆出身于旧贵族，从没有打过仗，拿破仑为此曾拒绝提拔他，并对他和他的夫人阿尔宾的婚事进行过干预，但未成功，因为拿破仑也看上了阿尔宾。于是，拿破仑便借故把蒙托隆开除。当拿破仑退位流放厄尔巴岛时，蒙托隆投靠了波旁王朝，通过他继父在朝廷竭力疏通，他几乎被任命为波旁王朝的将军。但是，未等他上任，就被指控盗窃军饷六万法郎，可是蒙托隆并未受到应有的惩罚。滑铁卢战役后，他又以宫廷侍卫官的身份，第二次出现在拿破仑的随行人员当中。

为什么这个贪图安逸的年轻贵族会突然投奔败北的拿破仑，甘愿尝受流放的艰苦生活呢？他对自己的夫人阿尔宾和拿破仑明来暗去毫不介意，甚至当同僚以此嘲笑他时，他也装聋作哑，置若罔闻。身为贵族的他，为何如此忍辱含垢？也许有一种解释，那就是蒙托隆是受指派来暗杀拿破仑的。指派他的，可能是复辟的波旁王朝，可能是英国，也可能是俄国，他们都还认为拿破仑是最危险的人，尽管他已经身陷囹圄。拿破仑还曾许诺给蒙托隆留下一大笔财产，蒙托隆越快杀了他，就越有可能尽快拿到财产，并离开与世隔绝的圣赫勒拿岛，体面地回到法国享清福。

而且，从蒙托隆所处的地位来看，他是管家，掌管贮藏拿破仑专用“御酒”的房间钥匙，完全有机会在酒中投入适量的砒霜。每投一次毒，就可以保证拿破仑中毒几个星期，甚至几个月，而且还可以保证药的均衡剂量，使之缓慢中毒而死亡。

如果是这样，那真是对拿破仑最大的讽刺：曾成功地数度从普军、俄军、英军、奥军、德军、意大利军队以及西班牙军的枪林弹雨、刀光剑影中死里逃生的法国皇帝，最后却死在了他精心挑选的最亲近的伙伴、一个法国人的手里。

当然，这些只是合乎逻辑的推测罢了，但如果真的是蒙托隆害死了拿破仑，那么他也算受到了应有的惩罚。拿破仑死后，蒙托隆回归法国，投靠波旁王朝。但不久这个摇摆不定的人又反叛了，摇身一变又当了拿破仑三世的将军。后来由于率军进击失利，全军覆没，他被俘，并被判刑二十年，饱尝了铁窗的滋味。最后，他死在比利时，死时身无分文。

当然，毕竟历史离我们很久远了，一切似乎都已经不确切了。也许哪天又有了新的证据，可能会告诉我们更真实的答案，以告慰拿破仑的在天之灵。

无论拿破仑最终是因何而死，都难掩他一生的伟大与传奇。

雨果评价他：他是重建废墟的宗师巨匠，是查理大帝、路易十一、亨利四世、黎塞留、路易十四、公安委员会的继承者，他当然有污点，有疏失，甚至有罪恶，就是说，他是一个人；但他在疏失中仍是庄严的，在污点中仍是卓越的，在罪恶中也还是有雄才大略的。

司汤达说：在这个世界上无一人可以与他相提并论，拿破仑是在向世界证明，经过多少世纪之后，恺撒和亚历山大终于后继有人！

拿破仑为法兰西共和国带来了荣耀，法兰西共和国人民始终爱戴这位法兰西战士。1840 年 12 月，他的遗体运抵巴黎后，90 万巴黎市民冒着严寒迎接他。而在多年后，拿破仑也赢得了对手的尊敬。1855 年，大不列颠及北爱尔兰联合王国维多利亚女王携王储（即后来的爱德华七世）来到巴黎荣军院，女王让王储“在伟大的拿破仑墓前下跪”。

相关链接：

拿破仑的爱情与婚姻

拿破仑的初恋情人名叫德茜蕾·克拉里，出生于商人家庭，哥哥跟拿破仑是好朋友。拿破仑 16 岁的时候见到了德茜蕾，并立刻爱上了她。在热恋的时候，拿破仑经常唱《马赛曲》给德茜蕾听，可以说《马赛曲》是他们的爱情之曲。拿破仑甚至以他跟德茜蕾为原型，写了一部小说《克利松和厄热尼》,但连拿破仑都自感文字功底奇差,而没有勇气拿去出版。

拿破仑的这段初恋最后无疾而终了，对其中的原因，有人说是由于女方的离去；也有人说是拿破仑为了前程抛弃了德茜蕾，选择了一个贵族寡妇约瑟芬，也就是拿破仑的第一任妻子。按照第二种说法，德茜蕾在被拿破仑抛弃后痛不欲生，跳河自尽。欲跳的一刻却被一位法国将军救下。这位法国将军就是德茜蕾后来的丈夫让·贝尔纳多德，也就是拿破仑政治上的死敌、后来的瑞典国王卡尔十四世。德茜蕾的丈夫一直对拿破仑不抱好感，在政治上甚至跟拿破仑敌对，尤其是拿破仑后来决定称帝后。贝尔纳多德也比较介怀自己的妻子跟拿破仑的过去，更让他难受又不得不接受的是，当德茜蕾生下第一个儿子的时候，拿破仑还兴高采烈地到家探望，并毫不客气的帮孩子改了名字。

后来,滑铁卢战败后逃回法国的拿破仑对所有的反对声都置之不理，一门心思打算重组实力再战。最后，还是德茜蕾亲自劝说拿破仑接受了失败。拿破仑还把一个自称是“滑铁卢的战刀”送到当时已是瑞典太子妃的德茜蕾的手上，表示他愿意投降。

约瑟芬皇后

约瑟芬是拿破仑的第一任妻子。她是法国的一个贵族寡妇，经常参加上流社会的各种社交活动。在偶尔的一次活动上，拿破仑见到了这位风情万种的寡妇，并拜倒在了她的脚下。拿破仑建立法兰西第一帝国后，便封约瑟芬为王后。

约瑟芬喜欢举办沙龙，结交异性，花钱如流水，而且还屡屡红杏出墙：一开始趁拿破仑驰骋在疆场上，与巴黎的某位伯爵勾搭在了一起；甚至在去意大利战场探望夫君的时候，也完全无视拿破仑的存在，跟他的副官打得一片火热。令人想不到的是，拿破仑这位在战场上无坚不摧的君主，对妻子约瑟芬却是一再的原谅和忍让，并始终如一地爱着她。后来尽管与她离了婚，原因却并不是她的水性杨花，而是她无法给他留下子嗣承继大统。而在离婚以后，约瑟芬还保持着“皇后”的称谓，并可每年从政府拿到三百万法郎的补贴，这完全可以让她衣食无忧，甚至可以继续“风花雪月”了。

后来，据说是在拿破仑滑铁卢战败投降，联军进驻法国时，在寒冬中，约瑟芬为了勾引俄皇亚历山大，穿着低胸晚装赴宴，从而感染风寒而死。

拿破仑还有一个情人叫玛丽·瓦莱夫斯卡，玛丽是一位波兰伯爵夫人，她是为了寄望拿破仑能够拯救波兰而来到拿破仑身边的。当时的情况是：波兰被当时还是叫普鲁士的德国和俄国瓜分，波兰人民处于水深火热之中。而拿破仑跟普鲁士和俄国是敌对的，玛丽就是为了借助拿破仑的力量驱逐在波兰国土上的俄普军队才许身拿破仑。可惜拿破仑却一直对波兰作用甚少，虽然他多番真心地答应玛丽要帮助波兰，但最后还是因为波兰太小，无法引起拿破仑的兴趣而没有落到实处。

在约瑟芬之后，为了子嗣起见，拿破仑迎娶奥国公主玛丽路易斯做了他的第二位皇后，这位皇后彼时年方二十，拿破仑整整比他大了一倍还不止，可作为一个战败国的公主，也只能屈服于命运的安排，答应“为了国家的利益，而牺牲自己的幸福”，最终嫁给了拿破仑。

玛丽路易斯和她的家人原本是抱着做“人质”的心态去法国的，可没想到到了法国之后，却受到包括拿破仑本人在内的法国政府的相当“礼遇”，这位已经可以做她父亲的夫君对她是关爱有加、体贴备至，以至于她在写给父母的信中，都情不自禁地显示了自己的幸福，而令父母喜出望外！当然，这位皇后没有令拿破仑失望，她在婚后不久就为他添了一个王子。看着躺在床上因产子而苍白无力的皇后，拿破仑感动得一塌糊涂，并表示“以后再也不让她经受这种痛苦”！只可惜，当日后拿破仑因战败被流放时，玛丽路易斯却飞快地离开了他，投入了他人的怀抱。

拿破仑一生相信爱情，渴望得到爱情，到最终却被爱情抛弃。拿破仑的一生，过得轰轰烈烈，却没有一个好的结果，让后人不由得感到遗憾！

拿破仑经典语录

* 在爱情的战场上，唯一获胜的秘诀是逃跑。

* 一个人应养成信赖自己的习惯，即使在最危急的时候，也要相信自己的勇敢与毅力。

* 业绩造就伟人。

* 统治世界的是想象力！

* 在思考一次战役时，我在内心与自己辩论，力求驳倒自己；在制

订战役方案时，我是最谨小慎微的人。我总是扩大危险和意外，即使我看来高兴，其实我始终极度紧张和激动。

＊我永远在工作着，我思考得很多。要说我对某事已准备就绪，足堪胜任，那只是因为在此以前，我已反复考虑过；即使是细枝末节，我也要千思万想。

＊只有梦想能够征服世界。

＊想得好是聪明，计划得好更聪明，做得好是最聪明又是最好。

＊不能分享胜利的军队是无法作战的。

＊总司令最重要的品质就是冷静的头脑。

＊人多不足以依赖，要生存只有靠自己。

＊伟大的统帅应该每日自问数次，如果面前或左右出现敌人该怎么办？他若不知所措，就是不称职的。

＊我成功，因为志在要成功，未尝踌躇。

＊中国是一只睡狮，一旦它醒来，整个世界都会为之颤抖。它在沉睡着，谢谢上帝，让它睡下去吧。

＊不以小事为轻，而后可以成大事。

＊达到重要目标有两个途径——势力与毅力，势力只是少数人所有，但坚韧不拔的毅力则多数人均可拥有。它沉默的力量随着时间发展而至无可抵抗。

＊不会从失败中寻求教训的人通向成功的道路是遥远的。

＊承受痛苦，比死亡更需要勇气。

＊一切不道德事情中最不道德的，就是去做不能胜任的事情。

＊在我的字典中，没有“不可能”这样的字眼。

＊从伟大崇高到荒谬可笑，其间只相差一步。

＊所谓军事指挥艺术，就是当自己的兵力数量实际上居于劣势时，反而能在战场上化劣势为优势。

＊我爱力量，但我之所以爱力量，犹如想借魔术奏出美妙音乐的小提琴家爱他的小提琴一样。换句话说，我是以艺术家的方式爱着的。

＊其实，人家批评与否跟我有什么关系？

＊我只有一个忠告给你——做你自己的主人。

* 勤奋是构成天才的要素之一。

* 活着本身就是受苦受难。不过勇者应不断力求自制，最终总会做到这一点。

* 女人是无常多变的，好运也是。

* 不想当将军的士兵不是好士兵。

* 大多数人内心生来具有善与恶、勇与怯的种子，这是人的天性；后天如何成长，则取决于教养与环境。

* 没有人能逃脱自己的命运。

* 挫折也有好的一面，它教给我们真理。

* 人不管处在什么样的情况下都可以幸福。

* 无所谓幸福，也就无所谓不幸。幸福者的生活是在一幅银色底片上显示黑色的星星；不幸者的生活则犹如黑底版上的银色星星。

* 为政不一定遵循多么完善的理论，只需就所掌握的条件与能力从事建设，有所建树。

* 我是自己最大的敌人。

* 我不愿为取金蛋杀掉我的老母鸡！——1814 年，俄、奥、普联军兵临巴黎城下，理工学校的学生要求参战。面临灭顶之灾的拿破仑却说出这样的话。后来，这句名言被刻在巴黎理工学校梯形大教室的天花板正中心，一直激励着该校师生奋发好学。

拿破仑墓

在波光粼粼的巴黎塞纳河南岸，有一座圆屋顶的高大古老建筑，这就是游客必到的荣军院。法国历史上最杰出的人物——拿破仑的灵柩就安葬在这里。

巴黎荣军院建于 1670 年，是为历次战争中残废军人修建的一座疗养院。荣军院正门是高大圆顶的圣路易教堂，里面庄严肃穆，凭吊拜祭者络绎不绝。拿破仑墓就设在教堂正下方地下室里。

拿破仑去世后，他的遗体葬在圣赫勒拿岛“天竺葵”山谷中，英国政府禁止在墓碑上用“拿破仑·波拿巴”的名字，只许用“N·波拿巴”。法国皇太后一气之下，决定在墓碑上不写任何名字。以后，法国政府多

巴黎荣军院

次与英国交涉，要求取回拿破仑的遗骸。1840 年 12 月 15 日，在隆重的仪式中，拿破仑的灵柩通过凯旋门，安葬在塞纳河畔的荣军院里。这是因为拿破仑曾留下遗嘱："我愿我的身体躺在塞纳河畔，躺在我如此热爱过的法国人民中间"。

拿破仑墓分上下两层。上层环边分成 6 间圆阁，分别安放拿破仑的两个兄弟（长兄约瑟夫、小弟热罗姆）、儿子小罗马王和手下 4 位元帅的骨灰瓮。下层是用大理石建造的圆形墓穴，深 8 米，拿破仑的棺椁就放在中央。四周墙壁上刻有 12 个胜利女神的浮雕像，每个雕像代表一场光辉的战役。拿破仑的雕像穿着加冕时的冠服。拿破仑灵柩是一具大型赤紫色斑岩石棺椁，底座是青灰色的云石。石棺椁内还有 6 层棺，从里至外，依次为白铁棺、桃花心木棺、两层铅棺、乌木棺、橡木棺。拿破仑的遗骸放在最里面。在棺椁周围大理石上刻着拿破仑的遗嘱。拿破仑的墓室经过 20 余年的施工才全部建成，所用石料是从俄国运来的，光采集、运输就耗时 1 年，后经切割、雕刻、打磨，历时 2 年才制成外椁。整个石结构的墓室设计得庄严肃穆，曲线与直线相交，色彩低沉凝聚。

他的死改变世界

——奥匈帝国王储遇刺案

弗朗茨·斐迪南

1914 年 6 月 28 日，奥匈帝国王储弗朗茨·斐迪南大公在视察萨拉热窝时，被塞尔维亚民族主义者普林齐普刺杀身亡。

人物小档案

NO1. 弗朗茨·斐迪南（1863—1914 年），奥匈帝国皇储。

NO2. 加夫里洛·普林齐普（1894—1918 年），波斯尼亚人，塞尔维亚民族主义者。

奥匈帝国皇帝弗朗茨·约瑟夫一世只有一个儿子，名叫鲁道夫。但是在鲁道夫30岁的时候，却因情感问题，与女友玛丽·维兹拉在维也纳郊外的梅林宫一同殉情自杀。鲁道夫死后，弗朗茨·约瑟夫一世只好立他的侄子——弗朗茨·斐迪南大公为皇储。

19世纪末至20世纪初，欧洲列强对巴尔干半岛的扩张激起塞尔维亚族的极力反抗，塞尔维亚民族解放运动日益高涨。被奥匈帝国占领的波斯尼亚和黑塞哥维那企图摆脱奥匈控制，同塞尔维亚合并，组成南斯拉夫，对此奥匈帝国极力阻止。1908年，奥匈帝国宣布正式吞并波斯尼亚和黑塞哥维那两地，激起塞尔维亚的极大愤怒。

斐迪南夫妇在遇刺前

斐迪南是个狂热的军国主义分子，他竭力主张吞并塞尔维亚。1914年6月28日，奥匈帝国在其吞并不久的波斯尼亚邻近塞尔维亚的边境地区，以塞尔维亚为假想敌，进行军事演习。6月28日，对塞尔维亚人来说，是一个非常的敏感的日子。因为在1389年的6月28日，塞尔维亚和波斯尼亚联军被土耳其军队打败，从此丧失了近500年的独立地位，演习选定在这一天是极具挑衅意味的。

这一天，斐迪南偕同王妃索菲亲临波斯尼亚检阅军演。演习结束后，他们按计划来到波斯尼亚和黑塞哥维那首府萨拉热窝作特别访问。

这一天是星期天，萨拉热窝阳光明媚，为了欢迎斐迪南夫妇的到来，到处是鲜花和旗帜，呈现出一派节日的景象。斐迪南大公心情不错，然而他却忘记了，这块土地是他6年前才吞并的，对他充满了仇恨，黑暗的枪口早就在等待着他。

之前，斐迪南大公将要检阅军演的消息大大激怒了塞尔维亚爱国者，塞尔维亚激进分子加夫里洛·普林齐普觉得是采取行动的时候了。他决定刺杀大公，并且邀请了另外两个人内德利克·查布里诺维奇和特里夫科·格拉贝日加入。当时他们三人都是不满 20 岁的学生，是“黑手会”（一个秘密的塞尔维亚民族主义组织）的成员。这三个人从“黑手会”得到了手枪和炸弹，接受了手枪和炸弹使用方法的训练。随后，他们又联系上了波斯尼亚当地的秘密民族主义团体“青年波斯尼亚”，并争取了这个组织的几个高中生成员加入刺杀行动。

可是，当刺杀时间临近的时候，塞尔维亚政府发觉了“黑手会”和“青年波斯尼亚”拟定了行刺斐迪南大公的计划。政府担心这一事件可能导致可怕的后果——一旦由此引发战争，塞尔维亚难以抵挡奥匈帝国的进攻。塞尔维亚政府试图阻拦“黑手会”的人出境，但与“黑手会”有联系的边防军使他们顺利地越境进入波斯尼亚。塞尔维亚政府又通过本国驻奥匈公使提醒奥匈政府注意，如果斐迪南前往波斯尼亚，将会有生命危险，不知是公使转达得过于隐晦对方没有听懂，还是奥匈政府过于狂妄自大，他们对这一警告竟然置若罔闻。

6 月 28 日清晨，“青年波斯尼亚”组织根据报纸上公布的斐迪南大公访问的行程，将刺客们安排在河边的一条叫做艾普尔码头的路上，斐迪南大公的车队当天将两次经过那里。密谋者们混进了等候的人群，伺机发难。

上午 10 时左右，斐迪南夫妇在城郊检阅军事演习之后，乘坐敞篷汽车傲然自得地进入萨拉热窝城。车队由 6 辆车组成：第一辆车上坐着萨拉热窝市长和警察局局长，弗朗茨·斐迪南和索菲的车紧随其后，索菲亚坐在右边。车队缓缓驶过人群拥挤的街道，而当天的保安工作很不到位，只有稀疏的宪兵和警察布置在道路的两旁警戒。

当车队经过市中心米利亚茨卡河上的楚穆尔亚桥，驶进阿佩尔码头时，埋伏在这里的两个暗杀者没能动手，因为一个警察走过来站在了他们面前。

这时，相距不远的另一个暗杀者查布里诺维奇突然从人群中冲出来，向斐迪南夫妇乘坐的轿车掷出一枚炸弹，但被车篷的后檐弹到地上，在第三辆车前爆炸，伤及数十名围观者以及后车上的官员，大公的车立即迅速驶离了现场。

加夫里洛·普林齐普

查布里诺维奇试图用一个氰化物的药丸结果了自己，却没有成功，他又跳进河里，并在那里被抓住了。除了普林齐普，其他密谋者都逃跑了，而普林齐普决定留下来等待第二次机会。

车队迅速驶进市政厅，斐迪南夫妇按原计划参加了市政厅举行的欢迎仪式，并发表演说。略作休息后，斐迪南决定去医院探望受伤的副手。也许是天意，在路上，领头的车拐错了一个弯，不得不慢下来在艾普尔码头调头，这样一来，第二辆车正好撞上了在街口拐角处守候的普林齐普，并在他面前停了下来。

刺杀的机会来了！普林齐普拔出手枪，在距离 1.5 米的地方开了两枪，分别击中了斐迪南大公的脖子和索菲的腹部，王储夫妇当场死亡。顿时，四下里一片混乱，普林齐普当场被捕。

由于当时普林齐普等人还不满 20 岁，不能判死刑。普林齐普、查布里诺维奇和格拉贝日被判处 20 年劳役。三人都死于 1918 年 4 月 28 日，表面上是死于肺结核，一种由严寒、饥饿和恶劣的医疗条件造成的疾病。实际上，这就是一种变相的慢性处决。一战后，奥匈帝国解体，他们的遗体以烈士的规格被送回了南斯拉夫。

斐迪南和索菲的遇刺引发了一系列无法控制的浩劫。“萨拉热窝事件”发生后，奥匈帝国决定以此为借口挑起战争，吞并塞尔维亚。德国坚决支持奥匈的行动，俄国则表示支持塞尔维亚。1914 年 7 月 23 日，奥匈向塞尔维亚发出最后通牒，限 48 小时答复。通牒内容极其苛刻，要求制止一切反奥活动，惩办进行反奥宣传的官民，由奥匈派员共同审判萨拉热窝事件的“凶手”等。7 月 25 日，塞尔维亚复文，除拒绝会审外，全部接受其余条件，但奥匈帝国仍不满意。当天，奥匈帝国即与塞尔维亚断交，并于 7 月 28 日对塞宣战。7 月 30 日，俄国宣布总动员。8 月 1 日，德国对俄宣战，8 月 3 日，又对法国宣战。8 月 4 日，英国借口德军破坏了比利时中立，对德宣战。8 月 6 日，奥匈向俄国宣战。欧洲主要帝国主义国家都卷入了战争。意大利出于自身利益，战争初期宣布中立，后来又转向协约国方面，对德奥宣战。日本为了夺取德国在亚洲的殖民地，于8月15日向德国发出通牒，8月23日向德国宣战。土耳其于11月参加到同盟国方面作战。第一次世界大战爆发了。

第一次世界大战是帝国主义两大集团之间为重新瓜分世界、争夺势力范围和霸权进行的首次世界规模的战争，第一次世界大战持续时间长达4年零3个月，卷入战争的国家达38个，约15亿人口，占当时世界人口总数的67%。大战造成了极大的损失和破坏。双方动员总兵力达7000万人，死亡约800—1000万人，伤至少2000万人，参战国物资总损失达4万亿美元，欧洲的工业生产水平至少倒退了8年。战争以德国为首的同盟国战败而告终。英、法虽然取得了战争的胜利，但实力受到削弱，而美、日地位开始上升。与此同时，大战期间，俄国十月社会主义革命胜利，世界上出现了第一个社会主义国家——苏联，世界格局由此发生了重大变化。

斐迪南大公也许做梦都不会想到，他的死会引发人类历史上第一次世界规模而又影响如此深远的战争。当然，第一次世界大战的爆发是帝国主义瓜分世界的必然，而斐迪南大公之死，不过是一个导火索罢了。

相关链接：

梅林宫的悲剧

1889年1月30日，奥匈帝国皇帝弗朗茨·约瑟夫一世的独生儿子鲁道夫住在梅林宫。早上7点半，他的贴身仆人准时将早餐送去，但是却怎么也不能叫开房门，并且发现门被从里面死死插住了。见此情景，贴身仆人慌忙去找当天也在梅林宫住的胡约伯爵。伯爵赶来后挥拳砸门，还是没有任何反应。当他们终于撞开大门后，在紧闭百叶窗的黑暗房间里看到一幅骇人的情景：皇太子半躺在床边，他的头骨已被子弹炸开，垂下的手边有一支手枪，白床单上一片血污，脚下是一摊鲜血……床上还躺着一个女人——玛丽·维兹拉，一个钟情于皇太子的少女。

年轻有为的皇太子为什么要自杀呢？有人从皇太子和他的情妇自杀于梅林宫这一事实断定，梅林宫的悲剧是一出爱情悲剧。

奥匈帝国皇储鲁道夫

皇太子鲁道夫在16岁的时候就和比利时公主斯德法妮订婚，然而他们婚后的生活并不幸福，并且斯德法妮在生了一个女儿之后就不能再生育了，这尤其让鲁道夫感到灰心丧气。所以多年以来，鲁道夫一直想要离婚，但是父亲不同意他做出这种有损皇家颜面的事情。

有一次鲁道夫甚至采取了一次胆大妄为的行动：在没有征得皇帝同意的情况下，他向罗马教皇提出了解除婚姻的要求。教皇没有给他直接的答复，而是把这件事告诉了约瑟夫皇帝。皇帝的震怒是可想而知的，他把鲁道夫叫来狠狠地训斥了一顿，警告他不要痴心妄想。幻想破灭后的皇太子则以到处寻欢作乐来消解他的精神痛苦，结交了许多漂亮的女孩儿和夫人，经常夜不归宿，和她们在一起厮混。

1887年末，在波兰人举行的一次舞会上，鲁道夫经人介绍认识了一位名叫玛丽·维兹拉的少女，玛丽·维兹拉对英俊潇洒、风流倜傥的皇太子一见钟情，疯狂地爱上了他。在几个月中间，玛丽写了大量燃烧着炽热爱情之火的情书给皇太子，最后鲁道夫似乎也被少女的痴情融化了，感到了一种别人不曾给予过他的热烈无比的爱情。两人之间的感情越来越浓烈，简直片刻也不能分开，还酿出了一起大伤皇室风雅的丑闻：1888年6月，皇太子夫妇应邀去英国参加维多利亚女皇登基五十周年庆典，玛丽在皇太子夫妇之前就赶到了英国，等待和鲁道夫会合，醋意大发的皇太子妃闻讯后拒绝陪皇太子前往。这件事情之后皇太子夫妇之间的关系闹得更僵了，鲁道夫有一次公然对斯德法妮说：“既然没有什么解决的办法，那么只好我先打死你，而后我再自杀了事。”这些威胁性的话语传到了皇帝的耳朵里，令皇帝头疼不已，最后只得决定对儿子摊牌，让鲁道夫为了皇室的稳定断绝与情人的关系。

1889年1月28日，皇太子原本约好了胡约伯爵和他的妹夫一起去梅林宫附近的森林中打猎。凌晨5点半，皇帝突然召见了皇太子，一个半小时以后，鲁道夫从父亲那儿出来，回到了自己的办公室，在那里他迅速写了几封信，分别是给斯德法妮、他的妹妹、他的母亲以及一些朋友。然后他回到自己的寝宫，告别妻子和女儿后独自动身去梅林宫了，过了一会儿，另一辆马车悄悄地把玛丽也送到了梅林宫。

在皇太子生命的最后一个晚上，他给自己的贴身仆人写了一张便条，让他去找一名牧师为他祈祷，要他把自己和玛丽葬在一起。悲剧发生后，人们从皇太子写给妻子的信中看到这样的话语："你终于在我的羁绊之中和我为你带来的痛苦之中解脱出来了，祝你万事如意。"人们还从玛丽写给她妹妹的遗书中也读到大致相同的意思："你只能为爱情而结婚。我未能这样做，然而我情愿到另一个世界去。"因此，很多人认为，皇帝突然召见鲁道夫时一定严厉地训斥了他一顿，并且逼他立即与情人绝交，痴情的鲁道夫无法和心爱的人分开，只得和情人双双选择了殉情的绝路。

但是也有一些人不同意这种为情自杀的观点，他们认为皇太子的死应从政治角度找原因。作为皇太子，鲁道夫从小受到了很好的教育，为他挑选的教师都是帝国中最出色的，但却未曾考虑他们持何种政治观点。人们甚至一度把小皇太子交给一位被皇帝长期流放的，参加过革命军的司祭教育。因此，在十七八岁血气方刚的年纪，鲁道夫就匿名写了一篇抨击奥地利贵族制度的文章，尖锐嘲讽"那些贵族们愚昧无知，根本不适合担任任何官职"。他本人也蔑视一切皇家法规，说"那些皇室法规只不过是愚蠢、虚荣和维护陈俗礼仪的遮羞布"。更有甚者，他和匈牙利独立者联盟的领导人埃梅耶纳·卡罗里伯爵过从甚密，而匈牙利人是寄希望于这位皇位继承人的。就在他自杀前的一段时间，因为帝国要求通过一项新的军事法，在匈牙利正引起一次日益严重的政治骚动。布达佩斯的游行队伍旗帜招展，革命歌声此起彼伏，每一次集会都会引起暴力事件。

悲剧发生以后，人们了解到，鲁道夫在前往梅林宫的当天上午，还心情焦躁地等着一份电报。在收到电报并匆匆读完后，他咬着牙自言自语说："对，应该办了！"在梅林宫他又延搁了一天，他在等着匈牙利独立者联盟领导人的最后一封电报，这是一封决定命运的电报。由此人们有理由相信，鲁道夫是出于政治原因自杀的。有人甚至说鲁道夫曾答应只要匈牙利人起兵反对他的父亲并宣布奥匈分治，他就可以就任匈牙利国王。当然，要证实这一点还缺乏足够的材料，不过他在写给妹妹的信中说过"我是违心地辞别人世的"。这句话似乎间接地印证了鲁道夫是出于政治原因自杀的推测。

皇太子的死讯使整个皇宫里充满了沮丧和恐慌。独子的死让年近70岁的老皇帝备受打击，下午2点，老皇帝才稳住了神，召集全体皇室成员和大臣们，通报并紧急处理这一突发事件。最后皇室公布皇太子是因为"极度兴奋，于今日凌晨死于心肌梗死"。2月2日午夜，一辆灵车将皇太子的尸体悄悄运回了维也纳，5日，皇太子的灵柩被送往皇家墓地。

其实整个事件有一个关键的地方，那就是28日清晨皇帝紧急召见皇太子，如果知道他们父子之间在那一个半小时里到底谈了些什么，那就能够很清楚地知道鲁道夫自杀的真正原因，老皇帝是这个悲剧故事中唯一的知情者，当然，他不会说。梅林宫的悲剧也成为17世纪末至20世纪初欧洲六大历史之谜中的一个，直到如今也没有人能弄清事情的真相。

斐迪南和索菲

1889年，69岁的奥匈帝国皇帝弗朗茨·约瑟夫一世失去了他唯一的儿子。老皇帝要从子侄辈中挑选一个身体强健，意志坚定的人继承大统。而斐迪南因为身材颀长，猿臂蜂腰，性格刚毅且精于骑射，而幸运地成为哈布斯堡王朝的皇太子。

谁知好景不长，身体一向强健的斐迪南竟然得了肺结核，这在当时的欧洲是不治之症。于是他被赶下了太子的宝座，那些整天围着他的大臣也纷纷离他而去，但饱尝世态炎凉的斐迪南并未屈服，他用近乎残酷的手段来锻炼自己的身体，一年之后竟奇迹般康复了，重回太子宝座。

那时的斐迪南尚未婚娶，人们发现太子经常出入一位公爵的城堡，而公爵恰好有一个正当妙龄、待字闺中的女儿，大家都认为她将是未来的太子妃。可是，一日太子在公爵家中打网球后，离开时忘了带自己的怀表，公爵夫人打开怀表，一张玉照掉了出来，竟是她女儿的贴身丫鬟索菲·霍泰克，原来，她才是皇储经常光顾他们家的真正原因！这可怜的姑娘当晚就被赶出了公爵的家门。

此事曝光后，朝野哗然，二人贵贱悬殊，众大臣纷纷表示反对，老皇帝也劝侄子放弃索菲，但斐迪南不为所动。经过几个月的僵持，老皇帝让步了，但条件是太子得同意索菲和他们的子女将来不享有王室成员应有的一切称号和权利。太子也接受了这个屈辱的条件，此后在出席宫廷的重大仪式时，他们夫妻二人从未并肩出现过，索菲只能远远地望着自己的丈夫。尽管如此，太子仍表示："与索菲结婚是我一生做得最明智的一件事。"

就在斐迪南夫妇举案齐眉、相亲相爱之时，欧洲大陆上已是战云密布，危机四伏了。

一天，德皇威廉二世来斐迪南的科诺皮斯特城堡作客。威廉二世与斐迪南是莫逆之交，当年斐迪南为迎娶索菲闹得四面楚歌，众叛亲离，只有威廉二世公开对此表示支持，把索菲视为太子妃对待，这让斐迪南深为感动。但是这天，威廉二世希望斐迪南支持他发动对沙皇俄国的战争。但斐迪南却拒绝了，他说只要自己还活着就不会发动对俄国的战争。威廉二世龙颜震怒，拂袖而去，他临走时对斐迪南说："你可能看不到战争的爆发，但你死后欧洲一定会淹没在血海之中！"威廉二世自己也未必知道，这句气话如魔咒一般决定了斐迪南的命运。

1914年6月28日，枪声响起的时刻，一口鲜血从公爵口中喷了出来，索菲喊道："天哪！发生了什么事？"并用手帕为他擦拭鲜血，而与此同时，她自己却慢慢倒在了他的两膝之间。弗朗茨·斐迪南恳求道："索菲，为了我们的孩子，你要活着！"紧接着，他也死去了。这段备受皇族歧视的婚姻最后以悲剧告终。

由于斐迪南和索菲的婚姻属于贵贱通婚，他们的三个子女没有皇位继承权，他的皇储之位传给了他的侄子，即后来的卡尔一世。

皇帝约瑟夫一世对侄子之死无动于衷，早在斐迪南执意迎娶索菲的时候，他们的关系就已经冷漠了。王储夫妇的遗体被运回维也纳，没有举行国葬，也没有调查对王储夫妇保护不力的原因。老皇帝只是把这场悲剧看成是吞并塞尔维亚的一个绝妙的借口。

卡尔一世（1887—1922年）：是弗朗茨·约瑟夫一世皇帝之弟卡尔·路德维希大公之孙，于1916年11月21日弗朗茨·约瑟夫一世逝世后即位。1918年11月12日，德意志奥地利共和国成立，卡尔一世开始了他的流亡生涯。1921年卡尔两次试图在匈牙利保守派人士的帮助下复位，均遭到失败，被流放马德拉岛，过着极其贫困的生活。1922年，卡尔因肺炎逝世，终年34岁。

真凶还是替罪羊

——肯尼迪总统遇刺案

肯尼迪总统

1963年11月22日，美国第35任总统约翰·肯尼迪在德克萨斯州的达拉斯市遇刺身亡。

人物小档案：

NO1. 约翰·菲茨杰拉德·肯尼迪（1917－1963年），美国著名的肯尼迪家族成员，美国第35任总统，就职时间为1961年至1963年。

NO2. 李·哈维·奥斯瓦尔德（1939－1963年），美籍古巴人，被认为是肯尼迪遇刺案的主凶。

1963年，是肯尼迪就任美国总统的第三个年头。他在内政外交上的表现可圈可点，不仅成功处理了上任之初一直困扰美国政府的“古巴导弹危机”、“柏林危机”，缓和了紧张对峙的美苏关系，而且他对国民采取的温和扶助的政策深得民心，也因此赢得了越来越多美国人的爱戴和支持。

这一年，肯尼迪即将面临1964年的新一届总统大选，为了帮助所在的民主党开展竞选活动募集资金，并为谋求连任做准备工作，他计划了一次达拉斯之行，随行人员还有总统夫人杰奎琳、林登·B·约翰逊副总统及约翰·康纳利州长。

1963年11月22日，美国中部时间11：37，空军一号总统专机降落在德克萨斯州达拉斯市西北11公里处的拉菲尔德机场。按照计划，肯尼迪总统在康纳利州长等人的陪同下，乘车通过达拉斯中心街区，接受50万达拉斯市民的欢迎，前往达拉斯贸易博览会的现场发表演说。

中午12：00，总统车队缓慢驶入达拉斯市，市民对总统的到来表现出极高的热情。所到之处拥挤着欢迎的人群，沿途两旁的楼房也都打开了窗户，正在工作的人们也透过窗口观看这一盛况。

肯尼迪乘坐的是1961年产的林肯大陆豪华敞篷车，本来这辆轿车是安装有防弹罩的，但是，为了表示总统对达拉斯市民的信任，也让热情的达拉斯市民一睹总统夫妇的风采，这辆轿车却卸掉了防弹罩，虽然市民们如愿以偿地看到了他们心中爱戴的总统，却也将总统无情地暴露在了刺杀者的枪口前。

肯尼迪总统的坐车

车队的行进路线已经经过了周密检查，在车队前方开道的警车隶属于达拉斯市警察局，装备着和总统坐车保持联系的通讯设备，乘坐这辆车的是总统的特工。总统坐车位于这辆警车的后方，车上有三排座位，第一排坐着汽车司机威廉·克瑞尔和秘密特工罗伊·克莱曼；第二排坐的是州长约翰·康纳利和位于他左侧的州长夫人娜莉·康纳利；肯尼迪和夫人杰奎琳坐在后排座位上，肯尼迪位于右侧。

12：30左右，肯尼迪的车队在迪利广场入口处右转驶上了休斯顿大街，面向了德克萨斯州教科书仓库大楼，那是一间高大、古老的砖房。紧接着，车队又向左转弯，上了埃尔姆大街。由于埃尔姆大街两旁的树木矮小，而且前方有一个铁路立交桥，围观市民较少，所以整个车队就暴露在了教科书仓库大楼的右侧。

12：30，正当肯尼迪和妻子杰奎琳向市民频频挥手致意的瞬间，随着一声沉闷的枪响，一颗急速飞至的子弹深深嵌入了肯尼迪的喉咙，紧接着是致命的第二颗，这一次击中了肯尼迪的后脑，打飞了他的部分后头骨。顿时脑浆四溅，鲜血流满总统的全身。杰奎琳大声叫喊，半跪着倾身，绝望地试图用手阻止血从她丈夫身上流出，与此同时，康纳利州长也遭到枪击，身负重伤。

枪击发生后，总统坐车飞速驶离迪利广场，沿着斯戴蒙斯高速公路赶往6.4公里以外的帕克兰纪念医院，只经过几分钟就赶到了。但由于伤势过重，肯尼迪总统最终抢救无效死亡。

李·哈维·奥斯瓦尔德

达拉斯警方在刺杀事件发生80分钟后，在一个电影院里将杀害肯尼迪的凶手逮捕归案。凶手名为李·哈维·奥斯瓦尔德，是教科书仓库大楼的一名员工。警方还在教科书仓库大楼六层发现了一支6.5mm × 52mm的意大利产卡尔卡诺M91/38手动来复枪，外加一颗军火序列号为C2788的子弹。它与现场发现的子弹类型相同，且枪上粘有奥斯瓦尔德的部分指纹。

但仅仅两天之后的11月24日早晨，达拉斯市警察局准备把奥斯瓦尔德从警察总部转移到县监狱时，奥斯瓦尔德竟在有70名警务人员在场的警察总署门前，被一个叫杰克·鲁比的夜总会老板开枪打死，鲁比开枪后曾高喊："那人杀了我的总统！"当时美国人在电视直播中目睹了这一枪杀事件的经过。至于鲁比为什么会在遇刺事件发生两天后打死奥斯瓦尔德，至今成为一个悬案，而鲁比本人最后也因癌症死于狱中，临死前自称是被人在监狱内下毒才得了癌症。

一连串的意外让整个事件更显扑朔迷离，这其中似乎掩藏着太多不可告人的秘密。刺杀事件发生 7 天之后，调查谋杀事件的沃伦委员会成立。公众对委员会寄予厚望，期待早一天真相大白于天下。

终于，历时 10 个月，在寻访了 552 位证人和 25000 名其他人员后，沃伦委员会呈上了一份近 20 万字的调查报告，调查报告称："暗杀总统纯属奥斯瓦尔德的个人行为，没有发现任何证据证明有人帮助奥斯瓦尔德制定谋杀计划或组织其实现。"并指出：这是一个"孤立的事件"，奥斯瓦尔德开枪没有纯粹的政治动机，而且他本人是一名精神病患者。

到此为止，肯尼迪遇刺案仿佛已经真相大白，但是，这个结论普遍不为美国人民所接受。这起谋杀事件中的重重疑点引起了越来越多人的广泛猜测。一个后来成立的官方调查委员会——众议院遇刺案特派委员会，从 1976 年到 1979 年再次对总统遇刺案进行了详细的调查取证，并得出结论：奥斯瓦尔德刺杀肯尼迪绝不是个人行为，甚至奥斯瓦尔德的凶手身份都有待于进一步证实。

当年的"沃伦报告"认为，奥斯瓦尔德向肯尼迪开了三枪，其中两枪命中，一枪打偏。15 年后，众议院调查组却在遇刺案的现场录音中听见了四声枪响。其中三声来自奥斯瓦尔德所在的教科书大楼，而另有一声仿佛出自附近的一座小山。如果录音带还不能有效地证明这一点，那么一名达拉斯记者在枪击现场发现的第四枚子弹也许可以印证调查组的推测。而这第四枪很可能就是奥斯瓦尔德的同伙发出的。

此外，对凶犯奥斯瓦尔德的审讯也很反常，达拉斯谋杀案侦探长 J.W. 弗雷兹当时主管对奥斯瓦尔德的审讯工作，他一方面向沃伦委员会证实没有任何对于审讯过程的记录，另一方面又在几天后呈上了一份完备的证词。但这一证词与他真实手写的记录互相矛盾，他的审讯会议记录也在 1997 年被人推翻。

而当年奥斯瓦尔德在审讯过程中反复强调自己只是替罪羊，没有枪杀任何人。甚至对警方出示的他在寓所后院手持来复枪的照片矢口否认，声称那是伪造的，“我是被陷害的，有人把我的脸接在了别人的身体上”，而尽管那把来复枪上粘有奥斯瓦尔德的指纹，但在对其面部进行检查时，并未发现来复枪射击时发生的硝酸盐反应和弹药残留物。

后来，在一张被路人拍摄的1963年11月22日的照片中，人们惊讶地发现，一个外貌酷似奥斯瓦尔德的人在肯尼迪遇刺前几秒的时候，站在路边的人群中正在观看，这似乎可以说明奥斯瓦尔德在当时并没有在教科书大楼的6层。而这张照片真伪则至今难辨。

肯尼迪总统是美国历史上第四位遇刺身亡的总统，迄今为止，肯尼迪遇刺案仍然存在着很多疑点，并且产生了许多关于肯尼迪遇刺案是一种阴谋的说法，被怀疑的凶手包括黑手党、古巴人，甚至有肯尼迪的继任者约翰逊等。但是，随着肯尼迪总统遇刺的时间离现在越来越远，真相似乎也离人们越来越远。

相关链接：

伟大而悲情的肯尼迪家族

肯尼迪家族是从爱尔兰来美国的移民后裔。1848年，一个名叫帕特里克·肯尼迪的穷苦爱尔兰人乘船漂洋过海来到美国的波士顿。他的儿子帕特里克·约瑟夫很会做生意，其经营的酒馆生意日渐兴隆。约瑟夫随后开始涉足政治，竞选州议会议员成功后，他又娶了富有的酒店老板的女儿玛丽为妻，生下了儿子约瑟夫·肯

肯尼迪家族

尼迪。帕特里克·约瑟夫很有远见，为了让孩子接受最好的教育，他把儿子送进了哈佛大学。一从哈佛大学毕业，约瑟夫·肯尼迪就选择了银行业作为生财的方向。后来，约瑟夫·肯尼迪成为波士顿著名的哥伦比亚信托投资公司的董事长，这时，他开始涉足政治，官至罗斯福总统的顾问，一手操纵了罗斯福的总统竞选活动，曾任美国证券交易委员会主席、美国驻英国大使等职，是美国的爱尔兰人中地位最高、财产最多的人。

1957年美国《幸福》杂志列举了20名最有钱的美国人，约瑟夫·肯尼迪在此之列。文章估计他在这个时候的财富大约在2亿到4亿美元之间，超过了大名鼎鼎的洛克菲勒。

肯尼迪家族怀有一个长久的梦想：总统之梦，这个家族中一定要有人成为美国的总统。约瑟夫·肯尼迪有一次在教堂里祈祷时就暗暗发誓：我已登上了财富的最高峰，我要让儿子登上权力的最高峰。他们夫妇有9个孩子，在政治上有潜力的自然是4个男孩。这4个男孩是大儿子小约瑟夫·肯尼迪、二儿子约翰·肯尼迪、三儿子罗伯特·肯尼迪、四儿子爱德华·肯尼迪。

在父亲的心目中，四个儿子中最有资格成为总统的是大儿子小约瑟夫。但无情的战争打碎了他的如意算盘。二战期间，小约瑟夫参军成为飞行员，1944年奉命去炸毁纳粹德国的V—1飞弹发射架。在执行任务时，他驾驶的飞机因故障在英国上空爆炸，他和副驾驶被炸得粉身碎骨。这是以后多灾多难的肯尼迪家族所遇到的第一个灾难。

在长子遇难后，家中的希望更多地寄托在二儿子约翰·肯尼迪身上。按照约翰·肯尼迪后来的说法，“我的哥哥约瑟夫是一家中从政的当然人选。如果他活着，我会继续当作家。如果我死了，我弟弟会当参议员。如果他出事，我的另一个弟弟会为我们去竞选。”子承父业，弟承兄业，就像一幅前仆后继的从政序列图。约翰·肯尼迪政治上最大的成功是在1960年当选美国总统。他的父亲约瑟夫是实现总统梦的总策划、总导演，他拿出大量的金钱调动新闻界、出版界，狂轰滥炸般地宣传他的儿子。约翰·肯尼迪终于成为美国历史上最年轻的总统，肯尼迪家族也迎来了政治上的巅峰时刻。约翰·肯尼迪在组阁时，把弟弟罗伯特安排到内阁中担任司法部长一职。

半个世纪以来，仿佛受到一种神秘的诅咒，肯尼迪家族一直在死亡和成功中间起伏，始终被一连串的飞来横祸、非意外死亡以及各种丑闻所缠绕。肯尼迪总统遇刺后，担任司法部长的罗伯特·肯尼迪成了肯尼迪家族的当家人。1968 年罗伯特决定参加总统竞选，肯尼迪家族似乎有可能再产生一位总统。不幸的是在一次公众集会上，有个年轻人对他头部开枪，罗伯特死在医院中。凶手是个叫瑟汉的巴勒斯坦难民，他讨厌罗伯特强烈的亲犹倾向。

三个哥哥死于非命，爱德华·肯尼迪是唯一幸存者。但在 1969 年 7 月发生的一个意外事件断送了他的前程。一天晚上他开车带着漂亮的金发姑娘科佩克内小姐回旅馆，在过一座小桥时汽车冲入河中。爱德华逃生，姑娘却死在车中，而且爱德华报案还很不及时。这一事件损害了肯尼迪家族的名誉，也使得爱德华不得不放弃竞选总统。

在肯尼迪家族的下一代中，情况也相当不妙，有好几个人是疯狂吸毒的“瘾君子”，罗伯特·肯尼迪的儿子博比 1983 年还因吸毒被判刑。他的弟弟戴维更糟糕，第二年因吸毒送命。1997 年，罗伯特的另一个儿子迈克尔在科罗拉多滑雪时受伤，翌日在医院不治身亡。本来这个家族最后的希望都寄托在肯尼迪总统唯一幸存的儿子小约翰·菲茨杰拉德·肯尼迪身上。他仪表堂堂，很有人缘，有在政治上振兴肯尼迪家族的实力。可是 1999 年，小约翰·菲茨杰拉德·肯尼迪死在了空难事故中，这差不多是断绝了肯尼迪家族最后的指望。此外，车祸、吸毒、强奸指控等都不断困扰着这个家族的其他幸存成员。

从 1941 年开始到 1999 年，已有近 10 位“肯尼迪”死于非命。

肯尼迪经典语录

* 如果自由世界的自我约束无法与军事力量的强大原则匹配的话，那么自由面临的威胁将会继续加剧。

* 评断一个国家的品格，不仅要看他培养了什么样的人民，还要看它的人民选择对什么样的人尊敬，对什么样的人追怀。

* 我不是说所有人在其能力、个性或意志方面是相同的，而是说他们在发展他们的个性、意志和能力方面应有平等的机会。他们应得到公

平的机会发挥他们具有的一切才能。

* 社会中总有五分之一的人什么都反对，永远在旁边说风凉话，说三道四。

* 只要有一个人被奴役，全世界都不自由；只要有一个人被侮辱，整个人类都失去了尊严。

* 被上帝赏赐了很多东西的人，就有必要做很多的事情。

盘点美国历史上遇刺身亡的总统

在美国的历史上，除了约翰·肯尼迪之外，还有三位遇刺身亡的总统，他们是亚伯拉罕·林肯、詹姆士·加菲尔德和威廉·麦金莱。

（一）亚伯拉罕·林肯

亚伯拉罕·林肯

亚伯拉罕·林肯是美国第16任总统。他领导了美国南北战争，颁布了《解放黑人奴隶宣言》，维护了美联邦统一，为美国在19世纪跃居世界头号工业强国开辟了道路，使美国进入经济发展的黄金时代，被称为“伟大的解放者”。

由于亚伯拉罕·林肯的卓越功绩，1864年，他再次当选为美国总统。然而，半年之后，悲剧发生了。1865年4月14日，就在南方军队投降后第5天，林肯在华盛顿福特剧院遇刺，凶手是约翰·威尔克斯·布斯。

布斯出身于美国戏剧界名门世家，他高超的演技一直是女性戏迷追逐的对象。但是布斯同时也是一个坚定的南部联邦支持者。

1865年4月14日晚，林肯夫妇在华盛顿福特剧院看戏。当晚演出的是歌剧《我们美国的表兄弟》。10点钟，布斯趁总统警卫离开之时，悄悄溜到总统包厢。之后，他平静地把枪瞄准了林肯的头部，扣动了扳机。因为布斯选择了在戏剧的高潮处开枪，全场的大笑声和枪声混杂在一起，很难听清，甚至坐在旁边的林肯夫人和几个陪同看戏的人都没有对枪声太在意。

接下来包厢里一片混乱，布斯从包厢里跳到舞台上，转身向观众喊了句："一切暴君都是这个下场。"全场皆惊。布斯在逃跑的过程中中弹身亡。

遇刺的第二天，林肯停止了呼吸。在关系到国家生死存亡的南北战争中，林肯领导美国人民取得了胜利，给黑奴带来了崭新的生活，却在和平时期丧命黄泉。他是美国建国以来第一位被刺杀的总统。

（二）詹姆士·加菲尔德

詹姆士·加菲尔德是美国第 20 任总统。他出身贫寒，1859 年进入俄亥俄州议会。为反对奴隶制，在南北战争期间投笔从戎，参加联邦军，32 岁时即晋升为陆军少将。后被林肯赏识，弃军从政，1862 年，进入美国国会。1881 年 3 月 4 日，当选为美国第 20 任总统。

当选总统后，加菲尔德被激烈的党争弄得焦头烂额。他明知"政党分肥"的弊端，但又缺乏改革的信心，只好在分配官员职务时尽量照顾平衡，这样各派又均不满意。他自己成为了这一做法的牺牲品。1881 年 7 月 2 日晨，他被一个谋官未成者枪杀，昏迷 79 天后，死于感染和内出血。加菲尔德是美国第二位被暗杀的总统，也是美国总统中最默默无名的一个。

（三）威廉·麦金莱

威廉·麦金莱是美国第 25 任总统。他发动了美国与西班牙的战争，侵占了古巴和菲律宾，镇压了菲律宾当地的民族起义运动，对中国实行门户开放政策，加入八国联军入侵中国。在他的带领下，美国开始了内战后的大规模对外扩张，进入了帝国主义时期。在经济方面，他实行金本位制度，使美国经济大大繁荣，被称为"繁荣总统"。

威廉·麦金莱

1900 年，麦金莱连任。1901 年 9 月 6 日，麦金莱出席布法罗泛美博览会。在招待会上，宾客们排起了长队，等待着与慕名已久的总统先生握手。在热情的人群中，潜伏着一名无政府主义者。他叫利昂·乔尔戈斯，28岁，出生于波兰移民家庭，他到此的目的绝不是为了与麦金莱总统握个手而已。

乔尔戈斯混迹在狂热的人群里，越来越接近麦金莱。他悄悄地从衣袋中掏出枪，用白色的绷带样的布包裹住右手，并把手枪藏在了里面。警卫人员正在四处扫视着等待与总统握手的人群，根本没有注意到他。

乔尔戈斯终于走到了麦金莱的面前，面对着麦金莱递出的右手，他伸出了自己的左手。趁麦金莱诧异地一愣时，他迅速地用左手拨开麦金莱的手，右手扣动扳机，朝麦金莱连射两枪，大厅里立刻充满了人们的尖叫声。警卫人员被这突如其来的变故惊呆了，一时间竟不知所措。迟疑了一下，他们才蜂拥而上，当场擒住了凶手，当时身中两枪的麦金莱还不忘高喊保护刺客："别让人伤害了他！"

医生们取出了麦金莱胸部的子弹，但怎么也找不到那颗射进总统腹部的子弹，于是便缝合了总统的伤口。1901年9月14日，威廉·麦金莱以微弱的声音说出他最喜爱的圣歌歌词："上帝，我离你越来越近了。"之后便昏迷过去，再也没有醒来，成为美国立国后被刺身亡的第三位总统。

酒后驾车惹的祸

——戴安娜王妃死亡谜团

戴安娜王妃

1997年8月31日，戴安娜王妃因车祸死于法国巴黎。

人物小档案

NO1. 戴安娜·弗兰西斯·斯宾塞（1961－1997年），爱德华·斯宾塞伯爵的小女儿，英国王储查尔斯的第一任妻子，威廉王子和哈里王子的亲生母亲。

NO2. 查尔斯·菲利普·阿瑟·乔治（1948— ），英国女王伊丽莎白二世和爱丁堡公爵菲利浦亲王的长子。1958年，被封为威尔士亲王（英国王位继承人在储位期间的专用封号）。

戴安娜属于斯宾塞家族，这是一个贵族世家，斯宾塞家族与英王查理二世以及美国的五位总统——华盛顿、柯立芝、富兰克林·罗斯福、乔治·布什父子都有血缘关系。戴安娜的父亲是第八世伯爵，做过英王乔治六世和伊丽莎白女王的宫中侍从。戴安娜的外祖父曾是下院保守党议员，也是乔治六世的射击和网球伙伴。外祖母作为王太后的宫廷侍女任职达30年，她也是王太后最要好的女友，和王室关系亲密。

1961年7月1日，戴安娜出生在这个贵族之家。小时候，戴安娜生活在诺福克的帕克庄园。这里距离英国王室在桑德林汉的乡间别墅很近，戴安娜和弟弟经常与女王伊丽莎白二世的两个儿子安德鲁和爱德华一起玩耍。

戴安娜和查尔斯王子的故事要从1977年的冬天说起。有一天，查尔斯王子来到斯宾塞世袭府邸艾尔索普庄园，他是作为戴安娜姐姐莎拉的男友来他们家里做客的。为了欢迎王子的到来，斯宾塞家举办了盛大的舞会。当时的戴安娜年仅16岁，长着一头金色的秀发，尚未褪去婴儿肥。在满堂的绅士淑女中间，戴安娜就像是一个小朋友。这是两个人第一次见面，彼此谁都没有说一句话。但查尔斯王子却觉得，“这个16岁的小姑娘活泼有趣，怪招人爱的”。

舆论一度认为莎拉很有可能成为英国未来的王后，但是，由于她对抛头露面的热衷远远超过了王室成员女友应有的谨小慎微这个原因，查尔斯与她的关系渐渐冷下来。

1978年11月，白金汉宫举办查尔斯王子30岁生日晚会。“丑小鸭”戴安娜居然也在被请之列。

从此以后，戴安娜和查尔斯王子的关系越来越亲近。她们开始约会、聊天，甚至热情地亲吻。对此，情窦初开的戴安娜感到十分惬意和自豪。

1981年2月6日，度假回来的查尔斯约戴安娜在温莎堡见面。那天，查尔斯对戴安娜说，他非常想念她，随后就直截了当地向她求婚，戴安娜接受了他的求婚。

1981年7月29日，在筹备了6个月之后，戴安娜和查尔斯王子的一场耗资巨大、规模恢弘的世纪婚礼揭开了它神秘的面纱。

那一天，服饰鲜艳的英国皇家骑兵仪仗队护送着王室的婚礼车队驶向教堂，沿途是上百万欢呼不已的民众。查尔斯王子身着海军指挥官的制服，英俊挺拔；戴安娜戴着闪闪发光的钻石皇冠，拖着长达8米的洁白婚纱，美丽端庄，在人们的热烈祝福中来到大教堂。

戴安娜和查尔斯王子的世纪婚礼

婚前宣誓之后，这对新婚夫妇在白金汉宫的阳台上以传统方式露面，他们空前、缠绵的皇室之吻使亿万观众惊喜不已。

英国广播电视公司用33种语言向世界转播了婚礼的盛况，全球7亿多观众沉浸在这童话般的王子与公主的爱情中。

可是，沉浸在喜悦之中的戴安娜并不知她以后的婚姻生活，也像她的婚礼一样，拥有的只有无尽的华丽、璀璨，而没有实用的内在。

不管从什么方面来看，这都是一场非同寻常的罗曼史，戴安娜与查尔斯几乎没有任何共同之处。

查尔斯是剑桥大学毕业生，对他来说，没有什么比安安静静坐下来，读一本充满睿智的心理学或历史学书籍更享受的事；戴安娜却是个连补考都不及格的高中辍学生。查尔斯特别热衷马上活动，夏天打马球，冬天去狩猎，每星期三到四次，从不间断；戴安娜10岁那年在桑君汉公园骑马摔断胳膊，一朝被蛇咬，十年怕井绳，从此不好此道。查尔斯爱听歌剧，戴安娜迷恋芭蕾。查尔斯痛恨的流行音乐是戴安娜的嗜好；戴安娜擅长的网球查尔斯却从来不玩。查尔斯喜静，他可以拿着一小盒水彩颜料和速写本子，画上几小时，或者坐在河岸垂钓一整天，专等鱼儿上钩；戴安娜好动，她愿意与人接触，与人交谈，特别是与家人和朋友打电话，电话线简直是她的生命线。查尔斯在认识戴安娜之前，曾与三任女友正式论及婚嫁；而戴安娜在认识王子之前，感情的经历一片空白，是个根本还没长大成人的孩子。

总之，他们根本就不是一类人。或许就是因为这些太明显的差异，戴安娜曾经带给查尔斯从未有过的新鲜感，但是随着时间的流逝，这些潜在的婚姻危险，如冰山一样逐渐浮出水面，给戴安娜带来无法弥合的隔阂与无尽的痛苦。

查尔斯之所以选择和戴安娜结婚并不是爱情使然，而是他作为一个王储，作为未来的国王，肩上背负着生儿育女、传承香火的责任，而这个责任需要一个王妃来完成。于是，他随意地选择了天真烂漫的戴安娜，而他这个决定，无疑是把戴安娜推向了人间地狱。而戴安娜并不知道这一切，她依然单纯地以为查尔斯是真心爱她的。

婚后，戴安娜的生活并不如意，她发现查尔斯对自己十分冷淡，漠不关心。王室的繁文缛节与她自然活泼的性格格格不入，查尔斯对她在公共场合每每风采夺人也心有不悦。后来，戴安娜生了威廉王子和哈里王子，但是二人的关系并没有好转。她在绝望中甚至企图以自杀的方式来引起查尔斯的注意，但查尔斯却无动于衷，甚至更讨厌她了。

1985 年，王储夫妇不和的消息首次传出。次年，查尔斯恢复了与他的老情人卡米拉的关系，这使戴安娜受到极大屈辱。

有一次,戴安娜发现两张卡米拉的照片从查尔斯的日记本中掉出来;而在另一次招待埃及总统和夫人的晚宴上，查尔斯戴了一副新袖扣，扣子的形状是两个纠缠在一起的“C”，而这正是查尔斯和卡米拉两个人的名字缩写,查尔斯直言不讳地对戴安娜说是卡米拉送给他的。对这些，戴安娜在一次电视访问中公开说：“我的婚姻里有三个人，这有点太挤了。”

面对不幸的婚姻，戴安娜痛不欲生，在她的信中就有这样的话：“谢谢你，查尔斯，让我经历了地狱一般的生活，你也给我机会从你对我的残酷行为中吸取教训。我一直迅速前行，我流过的眼泪比我所知道的任何人都要多。”戴安娜意识到，查尔斯王子已经不再爱自己，他已经是属于卡米拉的，自己再怎么做也是无济于事。而这个社会有太多需要帮助的人正在死亡的边缘挣扎，他们需要自己的帮助。于是，戴安娜王妃把自己的不幸放在一边，精神饱满地投身到慈善事业中。

她拥抱艾滋病人，对瘾君子、麻风病人、无家可归者、受虐待的儿童倾注了深切的感情。她像一个天使，为拯救无助、贫困的人游走在世界各地，她曾出访非洲、澳大利亚、波斯尼亚、埃及、印度、巴基斯坦和许多欧洲国家，访问那里的学校、慈善机构，在她的努力下，许多人的生活得到改善。她利用自己的高知名度为慈善事业做宣传和筹款，在她的努力下，许多人的生活得到改善。作为一位真正的人道主义者，她得到了人们的尊敬。

她还提倡废雷，探视战乱区因触雷而导致伤残的平民。正因为她的影响力，使得这些以往不被关注的弱势群体进入了人们的视野。在她的支持下，“国际反地雷运动”蓬勃发展，这个原本名不见经传的非官方组织，在戴安娜的支持下名声大振，先后有60余个国家、上千个团体加入。到本世纪初，全世界超过135个国家签署了禁雷条约。

1992年2月，查尔斯和戴安娜一起出访印度。这天正是情人节，按照惯例，这天王子会对王妃献上情人节之吻，以示恩爱。可是当查尔斯王子把嘴伸向戴妃的脸庞时，戴妃却把脖子一转，时间拿捏得正到好处。王子的吻被妻子无情地拒绝了！100多个专业摄影师和5000多兴高采烈的印度观众亲眼目睹了这一幕。王子和王妃感情冷漠，被暴露在世人面前。

1992年12月9日，英国首相梅杰代表皇室宣布戴妃和查尔斯王子的婚姻出现了危机，两人正式分居。分居后的戴安娜心力交瘁，她与皇家驯马师、骑兵上尉、她的骑马教练休伊特发展了一段恋情，然而后者竟为300万英镑将两人的关系公之于众，这给她很大的打击。

1996年7月12日，查尔斯和戴安娜达成离婚协议，结束了15年的婚姻。戴安娜走出了婚姻的桎梏，开始新的生活。但谁也不会想到，她的生命也将很快走到尽头。

1997年8月30日，英国王妃戴安娜与其男友、埃及亿万富翁之子多迪·费伊德在法国南部旅游胜地圣托贝度假一周后回到巴黎。午夜过后，他们在巴黎里茨饭店用完晚餐，准备前往多迪在巴黎16区的私人住宅。

当时，他们乘坐一辆黑色镶银边的梅塞德斯－奔驰轿车，时速高

车祸现场的戴安娜

达150公里以上。31日凌晨约零时30分，汽车行至巴黎市中心塞纳河畔的阿尔玛桥下公路隧道时突然失去控制，撞上了隧道中央的水泥隔离带，滚了360度，车头掉转了180度，轿车顶棚被压扁，玻璃全碎了，汽车的安全气囊也打开了。两个小时后，警方锯开车顶，发现多迪和司机当场身亡，戴安娜与她的保镖身负重伤，被送进医院抢救。戴安娜手臂骨折、大腿严重划伤、脑震荡和胸腔大面积出血，经抢救无效，也宣告死亡，年仅36岁。

事发当晚，她的遗体在查尔斯王子和她两个姐妹的护送下由专机运送回英国。

9月6日上午，戴安娜的葬礼在英国伦敦威斯敏斯特大教堂举行。当灵车驶向大教堂时，百万群众肃立沿途，向“人民的王妃”告别，全世界十几亿人通过电视观看了葬礼。葬礼结束后，戴安娜被葬在故乡奥尔索普的斯宾塞家族墓地。

整个世界都为戴安娜的早逝叹惋。旧金山举行了万人烛光游行；汤加人用传统的守灵方式怀念她；巴黎人在出事地点放满了鲜花和悼词，经过这里的车都要放慢速度以表示哀悼；澳大利亚的土著孩子举着横幅悼念王妃，上面写着：“你温暖了我们的心灵”……联合国秘书长安南在获悉这一噩耗后发表声明，表示“戴安娜的死使世界的贫困者和老弱病残者失去了一个重要的人道主义的声音”。

戴安娜就这样离去了。她宛如上帝的天使，带着仁爱与至美来到人间，为充满战争和恶行的世界带来一束善与美的光辉。如今她已经完成了上帝的使命羽化而去，将一个迷人的美丽形象永远定格在人们的心中。

然而，痛定思痛，人们不禁要问，是什么导致了这场惨祸？

根据周密调查，法国法院认为给戴安娜开车的司机保罗酒后开车、超速行驶，是造成车祸的直接原因。

但很多人认为，戴安娜的车之所以开得那么快，是由于受到7名骑摩托车的“狗仔队”的围追堵截。还有一种说法，传闻戴安娜之死是英国王室下的毒手。据说戴安娜当时已怀有身孕，为避免未来国王威廉有个异父兄弟，王室遂指派间谍机构军情五处和六处下毒手。但是直到目前为止，并没有证据证明英国王室与戴安娜之死有任何牵连。

> 军情五处：是世界上最具神秘色彩的谍报机构之一。1905年英国陆军大臣R·B·霍尔丹实施的军队改革促使军事情报部门的成立。但是总参谋部为情报部门的归属问题争论不休，争论的结果导致MI5（军情5处）的成立，它起先归属于陆军部，后来由外交部接管。军情五处成立以来，在对付颠覆和恐怖活动上立下累累战功，一度拯救英国于危亡之中。

还有人怀疑戴安娜的死是自杀——一个绝望女人的最后反击，为的是报复查尔斯对她的严重伤害。在与查尔斯婚姻破裂前，戴安娜曾5次试图自杀，那么，这一次，会不会是以前的延续？这里有一个小细节支持这种怀疑：出事时，戴安娜没有系安全带。而平日里，即便是穿晚礼服，戴安娜也坚持系安全带。

另外还有以下几种说法：

地雷商谋害说：这种说法指责地雷制造商杀害了戴安娜，甚至有人说在出事当时听到一声状似地雷爆炸的响声。因为戴安娜一直关心地雷带来的祸害，倡议全球禁制地雷，因而损害了地雷制造商的利益。

汽车故障说：有报纸称，肇事车辆曾被人盗去控制刹车的电脑中枢组件，令人怀疑车祸可能与汽车机件故障有关。

特工谋杀说：当时的伊拉克《巴格达日报》称，戴安娜是被英国特工干掉的，因为她逾越本身的权限，牵涉到政治圈子里去。该报还指出特工选择在法国下手，目的是为了推卸责任。

医生延误说：英国著名心脏外科专家巴纳德表示，如果戴安娜在车祸发生后的10分钟内被送往医院，她可能已被救活了，因为只有手术才能制止大出血。而营救人员却在现场磨蹭了1个多小时。一位法国医生弗雷德里克回忆说，戴安娜当时看上去“还不错，有活下来的机会”。

甚至还有一个最夸张的版本，即英国社会流传的“摆脱”说，这种说法认为，戴安娜是“诈死”，她仍活在世上。她之所以“诈死”，是想摆脱传媒追踪，重新过平淡生活，以逃避世俗的纷扰。有人称，出事后4个小时才对外界宣布戴安娜死亡，是为了有足够的时间隐瞒真相及让戴安娜改头换面。

戴安娜的死因究竟是什么？是意外？谋杀？还是自杀？也许终有一天会有个明确的说法，也许它将永远是个谜。

相关链接：

英国女王在戴安娜王妃葬礼上的讲话

1997年9月5日，下午6点，英国女王伊丽莎白二世在白金汉宫向全国发表了讲话：

自从上星期那场可怕的意外之后，我们已经在英国和全世界看到，人们对戴安娜的逝世表达出的极大悲痛。

我们都试图用不同的方式来表达，要表达出这种痛失亲人的情绪并不容易，最初的震惊过后，随之而来的，往往是其他的种种情绪，怀疑，迷茫，愤怒以及对生者的关切。

我们在过去几天里已经尝遍了这些情绪，所以我在此所言，不只是以一个女王，更是以一个祖母的身份抒发内心的感受。

首先，我想要称颂戴安娜本人，她是一个特殊而具有天赋的人，无论时世艰难与否，她从来没有失去微笑，用温暖和善良去激励他人。

我赞赏和尊敬她——她对人们的热情和承诺，尤其是她对她的两个儿子的付出。

这个星期在巴尔莫勒尔堡，我们所有人都尝试着帮助威廉王子和哈里王子接受我们大家遭受的毁灭性的损失。

没有人会忘记戴安娜，甚至数以万计从未谋面的人，都会感觉到她的亲切，并将她铭记于心。

举例来说，我相信从她的一生中可以有所借鉴，从对她去世的这些非同寻常、感人至深的反应当中，我与你们一样决心珍藏对她的记忆。

我会和你们一样在对她的回忆中感到快乐。我希望无论明天我们在何处，都能够加入表达我们悲戚之情的行列，感激她过于短暂却又贡献巨大的一生。

查尔斯与卡米拉

卡米拉，因她是查尔斯的长期情妇和第二任妻子而被人们熟知，她也出身于贵族世家。她的母亲罗莎兰德是艾诗康伯家族的第四代勋爵即艾诗康伯勋爵的女儿。她的父亲布鲁斯·尚德担任过皇家骑兵团第十二单元的少校。在第二次世界大战中，他因勇敢善战曾两度获得十字勋章。

1970 年 6 月，一个典型的英国式的夏天，狂风伴随着阵阵大雨。

在温莎大公园的马球比赛场，十分喜爱马球的查尔斯王子站立在那里，头发被雨淋得透湿。突然间，一个女人独自来到他的旁边。“这是匹好马，先生。”这就是查尔斯与卡米拉的第一次见面，但就是这次见面却让他们都有一种似曾相识的感觉。这段恋情牵动了查尔斯王子的真情，查尔斯告诉他的一位密友说：“你知道，卡米拉是我在这个偌大世界上最好的朋友。”与此相比，十年后查尔斯向戴安娜求婚的一幕则平淡了许多。

与查尔斯和戴安娜的反差不同，查尔斯与卡米拉非常合拍。

到了该上学的年纪，卡米拉被送进一所以苛严著称的斯巴达式管理的学校。查尔斯王子年幼时也曾就读一所同样苛严的学校——后来这点也成为他和卡米拉的共同话题之一；卡米拉骑术精湛，热衷骑马、打猎、钓鱼等活动，这些正是查尔斯最喜欢的。由于十分倾心于查尔斯，卡米拉对他的所有爱好——马球、狩猎、绘画、钓鱼都表现出同样的热情和接受；他们还有着一个共同点——喜爱乡村生活。

卡米拉长得并不漂亮，但她的性格活泼开朗，为人处世脚踏实地，别有一番成熟女性的自信和风韵。有些男人或许不以为然，可查尔斯就是喜欢。

两人关系开始密切，但在王子 1971 年加入皇家海军后，关系冷淡了下来。1972 年 6 月，两人在伦敦一家俱乐部邂逅，关系得以延续。但是在 1973 年，卡米拉却嫁给了长期追求她的英国陆军军官安德鲁·帕克·鲍尔斯。婚后的卡米拉与查尔斯仍然保持着联系，两人的关系从1979年开始又密切起来，但是这时卡米拉已经是别人的妻子，并有了自己的孩子，两个人知道他们的感情绝不会被王室认可。

与戴安娜结婚后，查尔斯王子仍与卡米拉保持着比较亲密的关系，而且越来越密切。

查尔斯和卡米拉之间的暧昧关系是在1992年录音带事件曝光后才为人所知的。在1989年12月两人的电话交谈中，查尔斯王子对卡米拉说“我爱你”，还说了许多非常亲密的私语。卡米拉作为查尔斯和戴安娜婚姻生活中的第三者，长期受到公众谴责，但她一直保持沉默，从不谈论自己与王子间的关系，不承认也不否认自己就是查尔斯的“另爱”。相比之下，查尔斯王子显然沉不住气，他在1994年曾在电视上公开宣布：“帕克·鲍尔斯夫人是我非常要好的朋友，保持了很长时间的朋友，今后很长时间内，她仍将是我的朋友。”后来，王子还公开承认，他曾在与戴安娜王妃的婚姻危机期间与卡米拉私通。

在与王子的私情被曝光后，1995年，卡米拉与帕克·鲍尔斯离婚，之后就成为查尔斯王子在格洛斯特郡家中的常客。在戴安娜去世后，卡米拉与查尔斯的关系更是由地下转到了地上。卡米拉多次陪同王储出席公开活动，甚至获准参与王室内部的私人晚宴，但他们两人能否结婚一直是一个争议性话题。

2005年4月9日，查尔斯和卡米拉苦恋35载终成正果，在温莎市政厅举行大婚仪式。相比20多年前查尔斯和戴安娜那场童话般的世纪婚礼，这次婚礼显然低调了许多，仅以平民形式举行。1981年与查尔斯王子结婚时，戴安娜

查尔斯和卡米拉

王妃看起来就像是从童话中走来的仙女。卡米拉则与她形成一个鲜明的对比。她与查尔斯结婚时，已是一个57岁、有两个孩子的离婚妇女。而与美丽时尚的戴安娜王妃相比，卡米拉相貌平平、衣着朴素。英国媒体曾经刻薄地说，卡米拉总像起床没梳洗就出门了一样。

戴安娜的高贵优雅、纯真善良使得英国民众对她有一种发自内心的喜爱，她的骤然离世更是将民众的这种情感凝结成永恒。面对戴安娜这朵永不凋谢的英格兰玫瑰，要想真正进入民众的心里，卡米拉还有很长的路要走。

戴安娜的情人们

詹姆士·吉尔贝 1989年，戴安娜王妃因与查尔斯王子婚后感情疏远，把绣球抛向了做汽车销售员的吉尔贝。吉尔贝亲昵地把戴安娜王妃称为“温香软玉”。1990年元旦之夜，吉尔贝与他的“温香软玉”用电话诉说衷肠时被人录了音，从而导致两人的恋情东窗事发，这就是当时著名的“温香软玉门事件”。

詹姆士·休威特 从1991年起，戴安娜王妃与从事救生员职业的休威特有过3年时间的恋情。休威特是个很重感情的情郎，在戴安娜王妃遭遇不测后，他竟然也想一死了之，去追随戴安娜王妃的灵魂。

奥利弗·豪艾 豪艾是一位古玩生意人，他与戴安娜王妃1994年在伦敦的切尔西海港体育馆相遇后，马上就成为了戴安娜王妃的爱情俘虏。

威尔·卡林 卡林曾任英国橄榄球联合会会长。1995年他与戴安娜王妃在伦敦的一座体操馆邂逅后双双坠入爱河，而且没过多久卡林还闪电般地与妻子离了婚。卡林坦率地承认自己深爱着戴安娜王妃。

克里斯托弗·威莱 1996年8月，房地产开发商威莱与戴安娜王妃在伦敦的切尔西海港体育馆相遇。也就是在同年，戴安娜王妃与查尔斯王子正式劳燕分飞。

汉斯纳特·科汉 科汉是名心脏病医师，他在戴安娜王妃心灵中占据了重要位置，戴安娜王妃生前曾表示，她想和科汉做堂堂正正的夫妻。

多迪·费伊德 费伊德是一位贵公子，1997 年 7 月他与戴安娜王妃在巴黎一起乘坐汽车外出时出了车祸，因而陪伴着戴安娜王妃一起离开了这个世界。